MARIA BACHMANN
BIN AUF SELBSTSUCHE KOMME GLEICH WIEDER

20 Jahre auf dem
Weg zum Glück

LUDWiG

Verlagsgruppe Random House FSC-DEU-0100
Das für dieses Buch verwendete
FSC®-zertifizierte Papier *Super Snowbright*
liefert Hellefoss AS, Hokksund, Norwegen.

Lektorat: Barbara Imgrund, Heidelberg
Umschlaggestaltung: Eisele Grafik·Design, München
Umschlagfoto: Kay Blaschke
Satz: Leingärtner, Nabburg
Druck und Bindung: GGP Media GmbH, Pößneck
Printed in Germany 2013

ISBN: 978-3-453-28039-7

Für Herbert

Inhalt

Liebe Leserin, lieber Leser,

ich weiß nicht, wie das bei Ihnen ist, aber ich gehöre nicht zu jenen, die als Glückskind auf die Welt kamen und jeden Morgen frohlockend aus dem Bett springen, um die Welt zu umarmen. Schon früh fand ich heraus, dass das Leben hier und da scharfe Kanten hat und dass ich dazu neige, mich daran zu stoßen und mir blaue Flecken zu holen.

Das fing schon damit an, dass ich bei der Schülerauswahl in die Volleyballmannschaft immer übrig blieb und als Teenager zu schüchtern war, um einen von den wirklich guten Jungs abzukriegen. Einmal sah es trotzdem so aus, als hätte ich es geschafft. Er hieß Zack, hatte einen blonden Wuschelkopf und war sehr begehrt. Aber dann stellte sich heraus, dass er nur einen Witz gemacht hatte, als er behauptete, er wolle mit mir gehen. Einen Witz, über den sich alle köstlich amüsierten, der mich aber dazu veranlasste, meine gesamte Garderobe zu überdenken: Meiner Meinung nach lag seine Abfuhr daran, dass ich keinen lässigen grobmaschigen Norwegerpulli aus dem »Dritte-Welt-Laden« trug wie die anderen, sondern den bunten, selbstgestrickten mit Zopfmuster von meiner Mutter.

Lag es an den Genen, an der Erziehung, am Wohnort oder am Schicksal, dass man so war, wie man war, und partout nicht anders sein konnte? Vielleicht konnte man ja doch anders werden, wenn man sich Mühe gab und dazulernte? Der Homo sapiens hatte es ja auch in geraumer Zeit von vier Beinen auf zwei geschafft! Diese Fragen interessierten mich schon sehr früh. Ich wurde zu einer engagierten Beobachterin meiner Umgebung und natürlich auch meiner selbst.

Ich beobachtete als Kind schon mehr, als ich mit Puppen spielte, was ich eigentlich sollte. Ich ließ mich gerade mal dazu hinreißen, einen unserer Stallhasen im Puppenwagen spazieren zu fahren. Aber dann musste er auch gleich wieder in den Hasenknast, damit ich weiterbeobachten konnte – ob oder wie die Welt funktionierte, vor allem mit mir mittendrin. Ich bemerkte immer wieder, dass auch andere in Fettnäpfchen tappten, und übte umso mehr, derlei Fauxpas zu vermeiden, was trotz großer Anstrengung nie gelang. Mein Fazit: Fettnäpfchen gehörten wohl einfach dazu. Aber so viele? Und wo blieb dabei das große Lebensglück? War da eigentlich irgendwas möglich? Was? Und vor allem wann? Ich versuchte, so manchen Blick hinter die offizielle Fassade meiner Mitmenschen zu erhaschen, um mehr über diese Zusammenhänge zu erfahren. So gesehen war mein Leben immer schon eine Art Selbstversuch.

Weil ich so wenig spielte, sondern lieber guckte, musste ich das Spielen im Erwachsenenalter nachholen. Vielleicht wurde ich deshalb Schauspielerin. Ab jetzt kam es auch noch darauf an, in aller Öffentlichkeit flexibel, bodenständig, inspiriert, belastbar und mutig zu sein und möglichst alle Scheuklappen abzulegen, mit denen man sich insgeheim doch recht kuschelig fühlte. Zudem schadete es nicht, wenn man seine geistigen Grenzen erweiterte, um Schauspielrollen tiefgründig anzulegen und facettenreich zu verkörpern. Und richtig großartig war es, wenn man gerade in diesem Business eine durchweg positive Ausstrahlung an den Tag legte.

Das klang plötzlich nach Arbeit an mir selbst! Jetzt hatte das, was bislang nur das Hobby meines frühen Forscherinnengeistes gewesen war, einen offiziellen Namen. Ich war auch nicht mehr allein damit. Ganz viele wollten an sich arbeiten oder weigerten sich partout, an sich zu arbeiten, um dann einzusehen, dass sie *doch* an sich arbeiten mussten, wenn sie nicht inmitten der Konkurrenz auf der Strecke bleiben wollten. Oder sie litten wie verrückt an Sinnkrisen, Versagensängsten oder Selbstzweifeln und kamen gar nicht an der Auseinandersetzung mit sich selbst vorbei. Auf jeden Fall ging es immer darum, dass sich erst etwas zum Positiven verändern musste, damit man endlich durchstarten konnte.

Dazu kam irgendwann die Frage, wieso wir das alles eigentlich machten und was am Ende dabei herausspringen würde. Klar, alle wollten glücklich und erfolgreich werden – ich vorneweg. (Die Frage, wieso wir nicht einfach von vornherein glücklich und erfolgreich waren, ließ sich nicht so leicht beantworten und setzte besagte Arbeit an uns selbst voraus.) Zudem wollte ich ein ziemlich guter Mensch werden – zumindest eine Zeit lang, bis ich merkte: Das bringt's auch nicht. All das zusammen konnte der Garant sein, verspätet, aber nicht zu spät doch noch zu jenem Glückskind zu werden, für das ich andere Menschen oft hielt und worum ich sie beneidete.

Deshalb ging der Selbstverbesserungs-, Sinn- und Selbstfindungsrummel überhaupt los. Er dauerte zwanzig Jahre. In dieser Zeit pendelte ich zwischen schlauen Büchern, Kursen, Trainings, Selbstcoachings, spirituellen Seminaren und Meistern und damit auch zwischen Enthusiasmus und Frustration hin und her. Nicht zu vergessen die Phasen, in denen gar nichts passierte oder die neu erworbenen Erkenntnisse wie ein Kartenhaus einstürzten und nichts mehr zusammenpasste. Der eine sagte »Hü«, der andere »Hott«! Dann wiederum schien glasklar zu sein, dass die Weisen und Gescheiten, deren Workshops ich besuchte, alle von ein und demselben redeten: der »Wahrheit«, dem »Jetzt«, der »Erleuchtung«.

Und zwischendurch musste ich ja auch noch Filme drehen, die Wohnung sauber halten und soziale Kontakte pflegen. Ich sage Ihnen, ich könnte Ihnen Geschichten erzählen … Was ich auf den nachfolgenden Seiten ja auch tun werde. Begleiten Sie mich durch zwanzig Jahre Selbstsuche und gestatten Sie mir die eine oder andere Prise künstlerischer Freiheit. Viel Spaß bei der Lektüre!

Namasté und Grüß Gott!
Ihre
Maria Bachmann
München im Januar 2013

Die Welt ist voll von Sachen, und es ist wirklich nötig, dass sie jemand findet.

ASTRID LINDGREN (1907–2002)

Richte dein Augenmerk auf dich selbst – und wo du dich findest, lass ab von dir. Das ist das Allerbeste.

MEISTER ECKHART (um 1260–1328)

1.

Ahnungslos

Eine Art Vorgeschichte

Ich betrete als Erste den Tanzsaal der Schauspielschule in Hamburg, stelle meine Wasserflasche ab und gehe in die Mitte des Raums. An einer Stelle knarzt der Parkettboden unter meinen Füßen. Es ist die Stelle, über die ich schon oft versehentlich getanzt bin. Sobald der Boden knarzte, wusste ich: Ich hatte die Richtung verloren. Ich bin zweiundzwanzig und eine der ältesten Studentinnen in meinem Semester.

Bevor ich auf die Schauspielschule ging, war ich ein paar Jahre Arzthelferin bei einem Urologen in der Kleinstadt. Ich legte Bakterienkulturen an und zapfte den Leuten Blut ab, um es dann mit Chemikalien aufzumischen und auf Harnsäure und Kreatinin zu untersuchen. Eines ganz normalen Tages saß ich hinterm Mikroskop und zählte die weißen und roten Blutkörperchen einer Urinprobe. Und gerade als ich mir dachte, dass die Patientin sicher unter einer gesalzenen Blasenentzündung litt, auf Sex bis auf Weiteres verzichten musste und um Antibiotika nicht herumkam, hatte ich eine plötzliche Eingebung. Sie erschien mir wie der Stern von Betlehem den heiligen drei Königen am Tag der Geburt Jesu. Mir ging auf, dass man sich seinen Traum unbedingt erfüllen musste, bevor es zu spät war, und wenn er noch so unerreichbar erschien. Mein Traum war, Schauspielerin zu werden. Also musste ich es werden. Dass auch Tanzen zur Ausbildung gehörte, war mir damals in der Arztpraxis noch nicht klar.

Aber das muss ich jetzt: tanzen. Vor allen anderen. Eine Diagonale in Pirouetten durch einen Raum zu tanzen ist für mich, als wollte ich die Wüste Sahara zu Fuß und ohne Kompass durchqueren. Ich bin sämtlichen Naturgewalten ausgesetzt: der trockenen Luft im Raum, den brennenden Füßen und dem erbarmungslosen Grinsen meiner Mitstudenten. Ich nehme mir vor, die knarzende Stelle heute zu meiden.

»Es wird nicht knarzen«, sage ich mir. »Es wird nicht knarzen.«

Durch das Oberlicht dringt Tageslicht herein. Man kann nicht erkennen, ob die Sonne scheint oder nicht. Das Licht ist neutral, wie alles im Raum. Und dieser Raum wartet darauf, von künstlerischem Können erfüllt zu werden. Ich stehe in der Mitte und versuche, mich dort zu entspannen.

Die Raummitte fordert jeden heraus. Sie ist ein Brennpunkt. Wer dort stark bleibt, obwohl er nicht weiß, wohin mit Armen und Beinen, ist gut. Wer sie durchtanzt und in zwei gleich große Teile teilt, ist gut. Wer dort die Fassung nicht verliert, wenn Zuschauer da sind, ist gut. Ich atme die stickige Luft ein und aus.

»Ich bin selbstbewusst, ich kann es. Ich kann alles erreichen«, sage ich mir im Stillen.

Die Tür wird aufgerissen, die anderen Studenten kommen, fläzen sich auf den Boden. Isa macht erst mal einen Handstand mit Übergang in die Brücke. Dann kommt Kim, die Dozentin. Kim schreit, wir sollen uns aufwärmen. Sie klatscht in die Hände wie im Film *A Chorus Line* und will gleich die Tanzfolge vom letzten Mal sehen. Ich melde mich als Erste.

Den Kopf aufrecht, den Rücken gerade, aber nicht verspannen, denke ich.

»Au-strallung!«, ruft sie.

Sie will, dass wir strahlen, auch wenn wir versagen. (Das sind Dinge, die in der Urologenpraxis zwar gern gesehen, letztlich aber zweitrangig waren. Besser war, nicht zu strahlen und dafür nicht zu versagen.) Ich sende ein Leuchten durch die angespannten Augen. Ich mache die ersten Schritte, die erste Pirouette.

Ich kann es, denke ich.

Die zweite Pirouette. Dann kommt mein Kopf nicht mehr mit, Arme und Denken sind nicht mehr synchron, das wiederum verwirrt meine Füße. Die dritte Pirouette, und ich höre, wie der Boden unter mir knarzt.

»Was machdt du?«, brüllt Kim. »Wo is dein *direction*? Da war gar nix, *where is your focus*?«

»*On the other side of the room*«, antworte ich.

»*No, your focus is nowhere.*«

Sie tastet sich durch die Gegend, als wäre sie blind, und es wird gelacht. Ich will ihr erklären, dass ich den Fokus sehr wohl habe, aber dann … Sie will nichts hören, sondern tanzt mir perfekte Pirouetten vor und streckt nach jeder rasanten Kopfdrehung den Zeigefinger Richtung Ecke, zum anvisierten Ziel.

»*Focus, focus, focus.*«

Ich nicke.

»*If you want to become successful, you better focus. Next one.*«

Ich setze mich auf den Boden, nehme einen Schluck aus der Wasserflasche und luge durch das Oberlicht, während Isa, die Begabteste im Jazzdance, leicht wie eine Feder durch den Raum fliegt. Eine Krähe setzt sich auf die Scheibe und pickt an einem nassen Blatt, das vorhin auch schon dalag. Es verfängt sich in ihrem Schnabel. Bis eben wusste die Krähe nicht, dass ihr dieses Blatt zum Hindernis werden würde. Weil sie nicht in die Zukunft schauen kann. Sie versucht, es abzuschütteln. Erfolglos. Sie fliegt krächzend damit weg.

Gut muss man sein. Authentisch. Besonders. Kraftvoll und ausdrucksstark. Besser als die anderen. Sonst fällt man durchs Raster. Banalsein ist langweilig. Und wenn schon banal, dann interessant banal. Individuell muss man sein. Sein Gesicht zeigen, sich selbst zeigen, alles zeigen. Man muss sich fokussieren. Grenzen sprengen. In meinem Semester ist zudem gerade Kaputtsein angesagt, abgewrackt, ein wenig fertig. Man sollte die Nächte durchgemacht haben. Oder durchgevögelt. Oder durchgeweint. Das hat was Künstlerisches. Das ist mysteriös. Ich gebe mir Mühe, wenigstens ein klitzekleines bisschen zu den Kaputten zu gehören.

Da, wo ich herkomme, ist man nämlich nicht kaputt. Man ist anständig, geht jeden Sonntag in die Kirche, und an Fronleichnam streut man frisch gemähtes Gras aufs Trottoir und stellt einen Altar mit Blumen und Kerzen auf. Damit alles schön ist, wenn die Gemeinde in einer Prozession loszieht und der Pfarrer mit der heiligen Monstranz vorbeiwallt. Am Hauptaltar werden sogar biblische Bilder mit bunt gefärbtem Sägemehl ausgelegt. Einmal war es eine Friedenstaube. Und man hofft jedes Jahr, dass es nicht regnet.

Meine Freundin sagt, ich müsse an meinem Selbstwertgefühl arbeiten: »Es muss dir egal sein, was die anderen denken. Du musst dir deiner Wirkung sicher sein. Und du darfst nicht an dir zweifeln.«

Das habe ich vor. Als Arzthelferin reichte es, am Telefon nett und deutlich zu sprechen, »umsichtig und gewissenhaft« zu arbeiten, wie es mir im Arbeitszeugnis bestätigt wurde, und vorausschauend zu denken, wie man es mir in den Fahrstunden für den Führerschein beigebracht hat. Das ist in meinem neuen Beruf zu wenig. Beziehungsweise zu viel: Wer zu weit vorausdenkt, ist berechenbar, und das ist für den Künstlerberuf ganz schlecht. Weil man den spannenden Moment verpasst, in dem das Außergewöhnliche passieren kann.

Ich werde an allem arbeiten, was mich daran hindert, gut, erfolgreich und zweifellos glücklich zu sein. Als Erstes nehme ich in einer Woche eineinhalb Kilo ab. Dünn sieht man schon mal besser aus, selbst wenn man falsch tanzt. Aber das reicht nicht. Ich muss generell an meiner Persönlichkeit feilen. Meine Persönlichkeit muss von der Ersatzbank aufs Spielfeld. Sonst ist meine Karriere beendet, bevor sie angefangen hat.

Ich überlege, an wen ich mich wenden könnte. Mir fällt niemand ein. Mir fällt nur ein, dass ich täglich auf meinem Weg zur Schauspielschule diese orange gewandeten Leute sehe, von denen es irgendwo ein Nest geben muss, so sehr belagern sie neuerdings das Karolinenviertel in Hamburg. Sie gehen in einen bestimmten Hinterhof, und es kommt mir vor, als ob sie sich täglich vermehrten. Sie lachen sehr viel, obwohl es meines Erachtens generell gar nicht so viel zu lachen gibt. Sie scheren sich nicht um den gängigen Modetrend. Ich glaube, dass sie eine eigene Mode erfunden haben, bei der jeder anzieht, was er will. Nur rot oder orange muss es sein. Die Männer gehen nicht zum Friseur und rasieren sich nicht, und die Frauen tragen keine Büstenhalter und rasieren sich auch nicht. Alle sehen besonders aus, selbstbewusst und so exotisch, wie ich es immer gern sein wollte. »Vergammelt« hätte man diesen Menschenschlag in meiner Kleinstadt geschimpft. »Befreit« würde ich sie nennen. Ich gebe mir einen Ruck und beschließe, mir diese Leute näher anzuschauen.

Ich gehe in den Hinterhof im Karolinenviertel und öffne die Eingangstür zum ersten Meditationszentrum Hamburgs. Ein warmer Luftstrom kommt mir entgegen. Es riecht nach Räucherstäbchen. Zu dieser Zeit weiß ich noch nicht, dass dieser Geruch mich die nächsten zwanzig Jahre immer wieder einholen wird.

Im Eingangsbereich sitzt eine Frau mit rotem Haartuch, roter Bluse und orangefarbener Hose. Erst als ich eine Weile dastehe, wird sie auf mich aufmerksam und fragt, ob sie mir helfen könne.

»Ich will mehr Power haben«, sage ich. »Selbstbewusster sein.«

Dass ich auch gern ein bisschen mehr Geld hätte und glücklich verliebt wäre, verschweige ich. Eins nach dem anderen.

Die Frau am Tresen sagt, es gehe hier nicht um Selbstbewusstsein, sondern um Selbstfindung.

Ein großes Wort, denke ich. Wo soll ich suchen und was werde ich finden? Aber es klingt nicht schlecht. Bei der Selbstfindung ist das Selbstbewusstsein ja mit drin. Auch Selbsterfahrung, Selbstverbesserung und Selbstverwirklichung. Ich habe also alles in einem Paket. Ich sage ihr, dass mich das interessiert, und frage, was es kostet. Sie empfiehlt mir kurzerhand eine Meditation, bei der man sich viel bewegt: die »Dynamische Meditation«. Morgens um sechs.

»Das macht mir nichts aus«, sage ich. Je früher man sich findet, umso länger hat man sich.

In meinem kleinen Heimatort war Meditation etwas, von dem eigentlich niemand genau wusste, was es ist und was es soll. Da gab es nur Diaprojektionen an ausgewählten hohen Feiertagen in der Kirche, mit Fotos von sich der Schöpfung beugenden Grashalmen, von Muttergottesmosaiken und Kruzifixen am Wanderweg. Dazu las jemand mit eindringlicher Stimme einen Bibeltext, meist irgendetwas über die Auferstehung Jesu. Dazu wurde Richard Clayderman vom Band gespielt. Bei diesen Meditationen guckten alle Gläubigen sehr grimmig, was in unserem Dorf als kontemplativ galt, und hinterher versicherte man einander, wie »besinnlich« es gewesen sei. Und dass es mal »was anderes« war. Dann gingen alle nach Hause und aßen Sauerbraten mit Knödeln. Das Mittagessen schmeckte nach der Meditation nicht anders als sonst. Und hängende Mundwinkel blieben hängende Mundwinkel. Vielleicht auch, weil das Wort »Meditation« so was Anrüchiges hatte, als ginge es um eine Sekte.

Zu solch einer Sekte pilgere ich jetzt, und das fühlt sich verwegen an. Die Luft ist morgens um halb sechs noch unverbraucht und frisch. Auf dem Weg frage ich mich, wie ich wohl sein werde, wenn ich mich zu meinem Vorteil verändert habe. Ob man es mir ansehen wird. Ob man mich darauf ansprechen wird: »Du hast dich selbst gefunden, stimmt's?«

Und wie viel Zeit ich wohl einrechnen muss, bis ich mich gefunden habe. Wenn ich es bis zu meinem beruflichen Durchbruch schaffen würde, hätte ich den Rest meines Lebens zum Auskosten. Ich würde den perfekten Mann finden – natürlich einen, der sich auch gefunden hat –, und ich würde in einem großen Haus mit Garten leben, gemäß meinen Bedürfnissen. Ich würde Gutes tun, wäre souverän, stark, großzügig, liebevoll, erfolgreich, würde mich gesund ernähren und einen traumatisierten Hund aus dem Tierheim holen. Ich hätte keine Fragen mehr. Ich wäre erfüllt und wunschlos glücklich.

Die Zentrumstür steht sperrangelweit offen, ich gehe hinein.

Ich bin die Erste im Meditationsraum und habe Zeit, mir den Meister anzuschauen. Er heißt Bhagwan Shree Rajneesh, ist Inder, hängt in Überlebensgröße an der Wand und schaut mich an. Er hat Augen wie eine Kuh. Seine Hände sind manikürt und feingliedrig und erinnern mich an die Hände von Jesus. Zumindest so, wie ich sie mir als Kind vorstellte. Aber da Jesus angeblich Zimmermann oder Fischer war, konnte er unmöglich diese manikürten Hände haben, korrigiere ich mich im Nachhinein.

Als Kind war ich in Jesus verliebt wie andere in Howard Carpendale. Jesus gehörte zu den Guten. Er flößte mir Vertrauen ein, und wenn ich mich vor Schulaufgaben fürchtete, konnte er immer noch helfen, mir eine gute Note zu verschaffen. Wenn nicht, dann hatte er es aus unerfindlichen Gründen nicht gewollt. Da war Jesus eigenwillig.

Immer, wenn ich in der reich bebilderten Kinderbibel – ein Geschenk meines Cousins zu meiner ersten heiligen Kommunion – jene Seite aufschlug, auf der Jesus auf dem See Genezareth mit ausgebreiteten Armen und feingliedrigen Händen dem Sturm gebot und seinen Jüngern die Angst nahm, fühlte ich mich sicher.

Das ist lange her. Bhagwan hat auch diese Jesushände. Deshalb bleibe ich.

Der Raum füllt sich mit Männern und Frauen, die alle rot gefärbte, weite Klamotten tragen. Manche verbeugen sich vor dem Bild ihres Lehrers und legen die Hände vor der Brust in Gebetshaltung zusammen. Aber anders als in der katholischen Kirche. Anmutiger. Freiwilliger. Die Dynamische Meditation beginnt, und ich bin bereit für die große Veränderung.

Die Trommelklänge kommen vom Band. Laut. Wummernd. Was wir tun sollen, wird angesagt. Ich schnaube wie die vierzehn anderen beharrlich durch die Nase, pumpe mit den Armen nach, presse die Luft aus mir heraus und mit ihr all meine Selbstbewusstseinsprobleme beim Jazzdance und auch sonst im Leben: die Liebeskümmereien, die Angst, die Schule nicht zu schaffen, die Neidattacken, die Sorge, dass meine Eltern recht haben könnten und ich mit diesem Beruf nie eine müde Mark verdienen werde und einfach nur größenwahnsinnig bin – und die Angst, dass ich selbst nicht merke, dass ich vielleicht wirklich größenwahnsinnig bin, und deshalb eines Tages unter der Brücke lande. Dann kommt die Katharsis. Explodieren, die Wut hinausschreien. Welche Wut? Ich schreie, ich schauspielere schlecht, weil in mir keine Wut ist. Ich soll nichts zurückhalten, sagt der Meditationsleiter, ein Mann, der einen Vollbart trägt und älter aussieht, als er ist. *Was* soll ich nicht zurückhalten? Es ist das Gleiche wie in der Schule. Ich soll etwas aus mir herausholen, was gar nicht da ist. Ich muss erfinden. Ich muss so tun, als ob. Ich bin mir sicher, dass das falsch ist. Und wieder werde ich angespornt, alles rauszulassen.

»Immer in Bewegung sein! Ausflippen!«, befiehlt er.

Wieso ist es so schwer, wütend zu werden? Habe ich in meinen jungen Jahren nicht schon genug erlebt, dass ich tagelang nur schreien könnte? Denk an Pitti, den dir deine beste Freundin weggeschnappt hat! Denk an Horst, für den du die halbe Nacht zu Klängen von Chris-de-Burgh-Schnulzen aufgeblieben bist! Und am nächsten Tag kam raus, dass die Platte praktischerweise noch vom Rendezvous am Vortag auf dem Plattenteller lag!

Jetzt in die Luft springen. Ich springe, weil ich glaube, dass Hüpfen morgens um sechs das Beste ist, was es für mich gibt. Ich hüpfe und schreie: »Huh-huh-huh!« Weitermachen, den Schweinehund namens »mangelndes Selbstbewusstsein« besiegen. Man muss das Hüpfen wollen, man muss das Huh-Schreien wollen. Man muss überhaupt alles wollen, was man will, rast es mir durch den Kopf. Sonst macht es keinen Sinn. Man darf nicht nur so tun, als wollte man es – Karriere, Liebe, Glück. »Huh-huh-huh!«

Ich stehe weitere fünfzehn Minuten lang im »Freeze«, das heißt: Ich erstarre bewegungslos in der Haltung, in der ich gerade stand, als der Gong ertönte. Die Arme nach oben geworfen, als wäre ich eingefroren. Das ist die Übung. Ich halte den Schweiß aus, der mir aus allen Poren rinnt. Ich darf ihn mir nicht abwischen, auch nicht, wenn er mich kitzelt und mir den Rücken hinunterläuft. Ich spüre den Kampf in mir: Ich will mich bewegen und diesen anstrengenden Blödsinn beenden. Ich will sogar kurzfristig zurück ins Urinlabor.

Aber Bhagwan, der Chef, wird sich doch sicher etwas dabei gedacht haben, als er diese Technik erfand. Das Stillstehen kommt mir bei weitem kathartischer vor als das Explodieren. Ich glaube, ich spüre sie schon langsam, die Katharsis. Es ist ein Triumph: Ich bin stärker als der Drang, mich zu bewegen. Ich bin stärker als das Weichei in mir. Ich bin voller Energie. Absolute Stille im Raum. Ich höre nur Atmen. Auch die anderen sind stärker als ihr inneres Weichei, und das gibt mir noch mehr Power. Wenn viele durchhalten, funktioniert es besser.

Als endlich ganz fein, wie aus weiter Ferne, spielerisch tändelnd die Musik beginnt, bewege ich mich langsam, auflösend, erlösend. Ich tanze zu indischen Klängen. Ich kenne die Instrumente nicht. Der Schweiß klebt getrocknet an mir. Ich bin müde und wach zugleich. Die Männer und auch einige Frauen um mich herum stinken wie die Tiere. Mein Schweiß riecht nicht. Ich bin sicher, dass ich an das stinkende Tier in mir noch nicht richtig rangekommen bin. Aber wenn ich es erst mal gefunden habe, werde ich wie ein ganzer Raubtierkäfig stinken.

»Der Verstand muss Sklave werden«, sagt der schwarz gelockte Typ neben mir unter der Dusche. Frauen und Männer duschen zusammen, und ich tue so, als würde es mir nichts ausmachen.

Ich sage ihm, dass ich den doch zum Denken brauche, den Verstand. Wie soll ich sonst die Straße überqueren? Wenn er versklavt ist, wer hat denn dann das Sagen?

»Das Ego muss weg«, widerspricht der Lockenkopf.

Aber als egoistisch habe ich mich nie wirklich empfunden. Ich müsste eigentlich viel egoistischer sein. Sicher habe ich etwas Grundlegendes auf meinem beginnenden Selbstwerdungsweg noch nicht verstanden. Aber wie gesagt, ich komme vom Land, wo kein Mensch er selbst wird. Das wäre pure Zeitverschwendung. Weil man in der Zeit, die es braucht, man selbst zu werden, längst den Vorgarten umgegraben oder die frisch gewaschenen Wohnzimmergardinen aufgehängt haben könnte.

Ich habe viel nachzuholen. Erst viel später erfahre ich, dass das Ego nicht unbedingt etwas mit Egoismus zu tun hat. Und dass Verstand und Ego ein und dasselbe sein sollen.

»Ich komm jetzt öfter«, sage ich.

Der Schwarzgelockte seift mit Hingabe seinen Penis ein und antwortet mit einem bestätigenden »Yeah«. Dann bin ich ganz schnell weg.

Als Kim in der nächsten Jazzdancestunde fragt, wer anfangen will, gehe ich in Position. Ich halte den Kopf gerade, hebe das Kinn über mein gewohntes Maß hinaus: Schritt, Schritt, Schritt, Drehung, Drehung, bislang alles gut, Drehung. Ich bemerke, wie meine Arme nicht nachkommen, aber ich halte durch, ich bin stark, denke an die kathartische Standphase bei der Dynamischen, bleibe standhaft und konzentriert, Drehung, Drehung. Meine Füße wollen sich verstolpern, aber sie tun es dann doch nicht, als hätten sie sich angesichts eines eventuellen Happyends umentschieden, Drehung, Drehung. Ich verliere die Kontrolle, merke, dass ich versage – und lasse es laufen. Drehung, Drehung. Ich versage gleich.

Ich drehe mich, ich versage – nicht! Ich lande nicht in der anvisierten Ecke, sondern an der Wand. Aber: Der Boden hat nicht geknarzt!

Mir ist schwindlig, und Kim schreit nicht. Die Dynamische funktioniert, frohlocke ich und blicke durch das Oberlicht, das heute mit nassen Herbstblättern übersät ist. Ich möchte wissen, wie sie riechen.

»Next«, ruft Kim und zu mir: »Da war viel besser.«

Ich hole Luft und sage es endlich. Nach Monaten der Zurückhaltung wage ich, es ihr zu sagen. »Kim, es heißt ›das‹, nicht ›da‹. *Das war viel besser.*«

Sie schaut mich irritiert an: »Meine Deutz ist ein Katastroph.«

Ja, denke ich. So wie früher meine Pirouetten. Ich bin mir sicher, dass mein Verstand bald Sklave wird und nicht mehr denkt, dass ich nicht gut genug bin.

Nach der Stunde rutscht es mir in der Cafeteria vor den anderen raus: »Ich mache jetzt die Dynamische.« Das war ein großer, großer Fehler und ich wurde von den Ehrgeizigsten der Klasse sofort umringt. Aber egoistisch war ich nicht.

Tatsächlich bin ich das nächste Mal nicht mehr allein beim Dynamischen Meditieren. Isa ist da. Trotz ihrer Dauermüdigkeit, mit der sie ständig kokettiert, hat sie es sich nicht nehmen lassen zu kommen. Zusammen mit Jan. Dann noch Christian und Sybille. Jetzt gibt es selbst hier einen harten Konkurrenzkampf. Vor allem in der Wutphase. Sie wälzen sich hemmungslos auf dem Boden, brüllen herum und ernten Lob vom bärtigen Swami Prem Anand, der mich diesmal ignoriert. Ich stehe in der Ecke, schlage halbherzig auf ein Kissen ein und frage mich, warum. Ich spüre keine Wut. Erst recht nicht, wenn die anderen den großen Zampano geben und sich derart aufplustern, dass mein Meditationsradius auf die Größe eines Mauselochs schrumpft.

Es ist das Gleiche wie an der Schule: Leistungsdruck und mangelndes Durchsetzungsvermögen. Am Ende ist die Meditation eine Widerspiegelung meines Alltags? Ist es das, was ich erkennen soll? Geht es gar nicht darum, sich besser zu fühlen, sondern deutlicher zu sehen, was man falsch macht?

Auf dem Küchentisch in meiner Wohngemeinschaft finde ich den Bestseller *Schicksal als Chance* des Esoterikers Thorwald Dethlefsen, in dem steht, dass es in Wirklichkeit keine Probleme gebe. Und dass eine Situation für jemanden nur problematisch wird, wenn er das, was er erlebt, nicht in sein Bewusstsein integrieren kann. Und: Man solle immer daran denken, dass ein Problem nur den Niveau-Unterschied zwischen einer Situation und einer Bewusstseinslage darstellt und man deshalb herausgefordert ist, es zu lösen, indem man daraus lernt.

Was mich vom meinem Glück abhält, ist also nur eine winzige Kluft zwischen Bewusstsein und Lebenssituation. Und die zu schließen kann ja wohl nicht so schwierig sein.

Alles wird besser. Weil ich besser werde. Ich weiß es.

Es prickelt ...

Zehn Jahre später ist alles anders. Ich lebe nicht mehr in Hamburg, sondern in München. Eine Liebe und eine Comedyrolle haben mich nach Bayern verschlagen. Aber gerade bin ich für ein Dreivierteljahr in Berlin. Ich habe keine Zeit mehr für langwierige Selbsthinterfragungen. Ich habe es sowieso ohne große Arbeit an mir selbst geschafft. Vielleicht, weil ich doch ein Glückspilz bin.

Ich stehe vor der Kamera und drehe bis morgens um vier. Ich spiele die Hauptrolle in einer neuen Krankenhausserie. Kriege wenig Schlaf. Der Produktionsfahrer klingelt mich wach. Ich habe verpennt. Ich muss mit dem Programmchef von SAT.1 nach Hamburg zur Pressekonferenz. Mit dem Flieger selbstverständlich – es wäre uncool, mit dem Boss per Bahn zu reisen. Ich springe unter die Dusche, ich muss gut aussehen. Bin die einzige Schauspielrepräsentantin des Senders. Keine Zeit zum Zähneputzen. Ein Kaugummi tut's zur Not auch. Ich zwänge mich halbnass in Klamotten und Highheels. Zu spät für den BH. Ich pfeffere ihn zu Zahnbürste und Schminkzeug in meine coole Designertasche. Küsschen-Küsschen am Flughafen. Der Chef ist müde. Der Flug turbulent. Ich schnalle mir in der Flugzeugtoilette den BH um. Kleine Brüste halten mich nicht von einer großen Karriere ab. Dekolleté stimmt. Make-up na ja. Beim Aussteigen sehe ich um die Augen aus wie Alice Cooper. Der Flug war schuld.

Make-up-Reparatur in der Maske. Reichlich Presse bei der Konferenz: »Maria Bachmann, die Sympathieträgerin, die den Einschaltquoten des Senders Flügel verleihen wird! Die Frau, die für frauenaffines Fernsehen steht, weil sie großes Identifikationspotenzial mitbringt.«

Applaus-Applaus. Blitzlichtgewitter. Make-up-Refreshing und Fotoshooting für die neue Autogrammkarte. Draußen warten Autogrammjäger. Müssen mit der alten Autogrammkarte vorlieb nehmen. Ich sage ihnen, dass es bald eine neue gibt.

Zurück in Berlin. Meine Suite, siebzig Quadratmeter mit Blick auf den Potsdamer Platz, ist aufgeräumt und wohltemperiert. Habe die Qual der Wahl. Im Karton liegen drei Abendkleider. Eines glitzert zu sehr. Für das andere müsste ich mir die Brüste machen lassen. Ich nehme das dritte.

Die schwarze VIP-Limousine holt mich ab. Deutscher Filmpreis. Langer, roter Teppich. Gefühlte zehn Kilometer. Ich brauche eine halbe Stunde, bis ich drüber bin: Fotos knipsen, Journalistenfragen. Wer wohl den Preis kriegt, von welchem Designer mein Kleid ist. Und noch ein schönes Lächeln. Zweieinhalb Stunden Show, Preise und Prominente. Ich lächle immer noch. Smalltalk mit Kollegen und Produzenten. Buffet und Prickelwasser. Der VIP-Service wartet. Als ich rauskomme, steht eine champagnerfarbene Stretchlimo da. Sie fährt mich zur Paris Bar. Ich steige aus. Alles kriegt Halsstarre und guckt. Fotos fürs Familienalbum. Drin eigentlich alles voll. Man rückt zusammen. Die frische, gestärkte Tischdecke wird glattgestrichen.

Ein Absacker unter Künstlern, Geschäftsleuten, Feinsinnigen, Freunden, Angebern und Dünnbrettbohrern. Zigarrendunst. Sexappeal. Gesprächsfetzen. Ein Steak mit Bohnen, raw, am Nachbartisch. Muss ein Kannibale sein. Mein Regisseur ist da. Er lädt mich in seine Datsche ein. Ich weiß erst mal nicht, was das ist (und assoziiere die hessische Kopfbedeckung damit, die »Batschkapp«.) Aber jetzt weiß ich es. Der Kellner gibt einen aus. Sagt, wie schön die Dame ist. Er meint mich.

Ich falle todmüde ins Bett. Meine Füße tun weh. Habe Angst vor Hallux valgus. Weil ich dann keine Highheels mehr tragen kann. Nachts träume ich von orthopädischen Gesundheitsschuhen mit Klettverschluss, die ich zum Glitzerabendkleid trage.

Ein Tag später: Filmpremiere. Arnold Schwarzenegger holt mich auf dem Teppich ein. Die Presse stellt uns zusammen. Jetzt könnten wir auch ein Paar sein. Ich kenne Arnold nicht. Sie blitzen uns fast blind. Begeisterte Fotografen, die mich lieben. Bin sicher, dass sie mir eine heiße Milch ans Bett bringen, wenn ich krank bin.

Meine Serienrolle wird ausgebaut, ich kriege mehr »private Geschichte«. Habe mehr Text. Lerne ihn sonntags bei einem Gläschen

Schampus im Hyatt an der Bar. Zahle immer mit Kreditkarte. Regisseur und Drehpartner kommen dazu. Das Drehbuch funktioniert nicht. Wir besprechen die Szenen bis nachts. Ich schreibe Szenen um. Erst für lau, später für Geld.

Der Tag darauf: nach Drehschluss Opener-Dreh für die Serie mit neuem Team. Der Regisseur kennt die Rolle nicht, will sie anders inszenieren. Das geht nicht. Ich diskutiere, muss der Rolle treu bleiben. Nach sechzehn Stunden kleines Interview fürs Radio. Ich habe auch mal moderiert. Während der Schauspielschule.

Mich plagt ein weher Rücken, ein verkanteter Wirbel, was weiß ich. Muss frühmorgens zum Arzt. Werde vorgezogen, er setzt mir Akupunkturnadeln in den Kopf und gibt mir seine Handynummer. Falls was ist. Draußen wartet der Fahrer. Es geht direkt zum Modeshooting für ein Frauenmagazin. Vier Doppelseiten. Die Hairstylistin kämmt mir die vergessenen Nadeln aus den Haaren. Die Klamotten passen nicht, und die Auswahl wird klein. Wir faken fürs Shooting. Sehe »großartig« aus. Pose. Trinke zu wenig, dehydriere. Wir beeilen uns, das Wetter ist schlecht, und das Licht geht weg. Ich habe Kopfschmerzen. Gönne mir im Hotel eine Ganzkörpermassage. Ein Zwei-Meter-Bodybuilder mit Kopftuch um die Stirn trabt tapfer auf dem Laufband im Fitnessbereich und schwitzt sich zwei Kilo weg. Es ist der Kampfkunstschauspieler Steven Seagal aus L.A.

Anfrage für *Kochen für den guten Zweck* mit Kollegen aus Film und Fernsehen. Ich sage zu, rühre im Topf, werde dabei gefilmt, gucke interessiert in die Töpfe der anderen, werde auch dabei gefilmt, die anderen gucken interessiert in meinen. Ich erzähle in die Kamera, dass ich Hausmannskost mag, und kriege eine Kochschürze geschenkt. Keiner isst von den Köstlichkeiten, alle haben noch einen dringenden Termin. Schade um das schöne Essen. Aber allein mag ich auch nicht dasitzen. Hole mir später was vom Glutamat-Asiaten.

In der zwölften von dreizehn Folgen habe ich einen Blackout beim Drehen. Ich stehe im Studio vor dem Sonografiegerät, auf der Liege der Patient. Ich kriege den Text nicht raus. Medizinische Wörter. Es sind viele. Mein Kopf ist leer, nichts geht mehr. Auch nicht nach einer Pause. Ich kann nicht mehr logisch denken. Werde ins Hotel gefahren. Ich will keinen Arzt, nur Ruhe. Sie schicken mir Blumen – »Gute Besserung«. Am nächsten Tag geht es wieder. Bis zur letzten Klappe.

... wie Champagner

Als die wöchentliche TV-Serie ein halbes Jahr später anläuft, sitze ich mit ein paar Freunden vorm Fernseher und feiere meinen Erfolg. Wir lassen die Korken knallen.

Ich habe mich erholt und sage, dass ich den besten Beruf der Welt habe. Wenn die Kamera auf mich gerichtet ist, ist es so, als würde ich mich einem nahen Freund anvertrauen. Dieser Freund ist unbestechlich, ich kann ihm nichts vormachen. Er sieht immer, was echt ist und was nicht. Mit jeder Rolle erwecke ich einen erfundenen und auf Papier hingeschriebenen Menschen zum Leben. Und für den trage ich die Verantwortung.

Ich habe herausgefunden, dass ein Protagonist unablässig mit sich oder dem Leben streiten, hadern oder verhandeln muss. Seine Fragen dürfen nicht beantwortet werden. So bleibt er spannend. Man will erleben, wie es ihn beutelt, wie er wieder aufsteht, sich nicht unterkriegen lässt und siegt. Oder wie er mit seinen Unzulänglichkeiten, mit seinem Pech klarkommt. Verrückt, dass eine Rolle erst wirklich gut ist, wenn sie das bietet, was man im echten Leben unbedingt vermeiden will: Probleme. Und wenn die Rolle im Drehbuch keine hat, denkt man sich eben welche für sie aus. Manchmal ist das im echten Leben allerdings auch so.

Eine Rolle zu entwickeln ist ein Abenteuer. Vor allem, wenn man selbst gut drauf ist, nur den Himmel als Grenze hat, und wenn der Rubel rollt. So wie jetzt bei mir. Die nächste Staffel mit dreizehn Folgen soll bereits wenige Monate später gedreht werden, und ich freue mich auf die Arbeit, auf das Team und die Kollegen – und auf die dusseligen Wartezeiten zwischen den Szenen, in denen man immer versucht ist, ein Kilo der herumstehenden Süßigkeiten in sich hineinzustopfen, und mit den Kolleginnen über Diäten diskutiert, die man nach Drehende ganz bestimmt ausprobieren will. Alles ist in bester Ordnung. Das Einzige, was mir noch fehlt, ist der richtige Kerl. Und der wird mir höchstwahrscheinlich bei den anstehenden Dreharbeiten begegnen. Oder auf der Straße.

Aber wenn es das Leben wirklich gut mit einem meint, schickt es nicht den passenden Lebensmann, sondern ein mittleres bis großes, ganz persönliches Erdbeben, das einen wieder auf Spur bringt.

Am Ende der Fahnenstange

Mein Telefon klingelt. Es ist meine Agentin, die mir mitteilt, dass der Programmchef bei SAT.1 gewechselt habe und deshalb meine Serie trotz annehmbarer Quoten nicht weiterproduziert werde. Sie meint, dass es grandioses Pech sei, in einer solchen Umstrukturierungsphase durchs Raster zu fallen, und dass es ihr sehr leid tue. Es gebe zudem seit dem Ende der Dreharbeiten keinerlei Anfragen für mich, weil alle glauben, ich sei sowieso ausgebucht.

Ich lege auf, gehe ins Café um die Ecke und lasse mir einen Cappuccino und einen Käsekuchen bringen. Und zwei Minuten später einen Nussschnaps. Der Alkohol rinnt mir seidig den Rachen hinunter. Ich stiere minutenlang durch die verschmierte Fensterscheibe. Den Krümeln nach zu urteilen, muss ein Kind hier ein Croissant gleichmäßig auf der Scheibe verrieben haben. Dann greife ich nach der Zeitung vom Nebentisch. Ablenkung muss her.

Ich lese oberflächlich die Überschriften und bleibe im Wirtschaftsteil hängen. Der Fondsmanager einer US-Geldanlage ist am

Flughafen Frankfurt festgenommen und in Handschellen abgeführt worden. Unlautere Machenschaften. Was manche Leute so anstellen! Wie schön, dass mein Geld gut angelegt ist. Zwar auch in einer US-Anlage, aber bombensicher. Es steht sogar ein Foto neben dem Artikel. Ich schaue mir das Bild genauer an, man kann kaum etwas erkennen. Dann lese ich den Artikel ganz durch und sehe mir noch mal das Foto an. Mein Käsekuchen will mir wieder hochkommen. Ich seziere das Foto bis ins Detail. Eindeutig: Der Mann in Handschellen sieht aus wie der Kollege meines Anlageberaters! Es heißt, dass keiner der Anleger auch nur einen Dollar seiner Investition wiedersehen werde. Es *ist* der Kollege meines Anlageberaters. Ich leere das Schnapsglas, lehne mich zurück und gucke wieder durch die Scheibe.

Draußen läuft eine Frau mit einem Kinderwagen vorbei. Sie geht in Zeitlupe. Genau wie ihr Hund, der ihr in einigem Abstand folgt. Er bellt in Zeitlupe. Sein Schwanz wedelt in Zeitlupe. Ich frage mich, wie das Tier das hinkriegt. Die Musik im Café wird lauter und dröhnt mir durch den Kopf. Schreckliches Technozeug. Die Bedienung tanzt beim Tischeabräumen. Auch in Zeitlupe.

Alle Geldanleger, darunter ich, gucken in die Röhre. Meine mit Herzblut erarbeitete und angeblich krisenfest angelegte Erfolgsgage ist auf Nimmerwiedersehen weg. Meine finanzielle Sicherheit auch. Meine Rente! Und mein Rückhalt für Notzeiten erst recht. Ich bestelle einen zweiten Nussschnaps.

Mein vertrauenswürdiger Berater ist von diesem Tag an weder auf dem Handy noch in seinem Büro zu erreichen. Und ein paar Tage später gibt es keinen Anschluss mehr unter dieser Nummer. Der Mistkerl hat sich verdünnisiert und von einem Moment zum anderen meine gesicherte Existenz in ein Desaster verwandelt.

Es ist heiß an diesem Tag. Ich radle zur Isar und lege mich ins Gras. Ich schäme mich fürchterlich für mein Versagen. Wenn irgendwelchen abgehalfterten Schlagersängern so was passiert und darüber im Fernsehen berichtet wird, schüttle ich sonst nur den Kopf und zappe weiter. Und jetzt ich! Wie peinlich! Wie konnte ich nur so naiv sein!

Es ist schwer zu ertragen, dass eine einzige windige Person so viel Einfluss auf den Verlauf meines Lebens hat. Ich fühle mich betrogen, ausgenommen wie eine Weihnachtsgans. Aber es scheint nicht nur meine berufliche und finanzielle Niederlage zu sein, die mich so runterzieht … Da ist dieses allgemeine Unwohlsein, das ich bisher immer weggeschoben habe. Und das es schon länger gibt, wenn ich ehrlich bin. Das ich nie ernst genommen und als »Luxuslaune« bezeichnet habe. Und das angesichts meines finanziellen und beruflichen Desasters die Gelegenheit beim Schopf ergreift, sich aufbläht und nicht mehr kleinzukriegen ist. Es ist ein Gefühl, wie wenn man immer zu wenig Schlaf kriegt. Wie wenn man eigentlich langsamer gehen möchte, es aber nicht tut. Wie wenn man weniger lachen möchte, als man es tut. Und wie wenn man sich schelten möchte, weil es keinen Grund gibt, sich nicht bombig zu fühlen. Nun habe ich sogar einen richtig guten Grund, mich richtig schlecht zu fühlen.

Ich bin mir auf einmal sicher, dass mir vielleicht doch nur die große Liebe fehlt. Jemand, der mich glücklich macht oder den ich glücklich machen kann. Oder eine andere Schauspielagentin mit besseren Kontakten. Ein Steuerberater, der gewieft ist, und ein Hund von einem Anwalt, der mir mein Geld wieder beschafft. Oder doch die Brust-OP? Vielleicht sollte ich trotz fehlender finanzieller Mittel nach Berlin ziehen. Mir wurden schon mehrere Wohnungen am Prenzlauer Berg angeboten, für die Hälfte meiner Münchner Miete. Am Prenzlberg würde schnell alles besser werden. Ich könnte auch innerhalb Münchens umziehen – Tapetenwechsel wirkt manchmal Wunder.

Vielleicht neue Klamotten? Eine Typveränderung wäre es vielleicht. Oder öfter mal raus in die Natur? Ich könnte einen Kletterkurs machen, Extremsport. Aber es gibt keinen Impuls, auch nur eine dieser Ideen umzusetzen. Vielleicht sollte ich freiwillig im Altenheim aushelfen, damit ich nicht mehr so viel um mich selbst kreise. Ich bin sicher zu egozentrisch geworden und kann nicht mehr über den Tellerrand meiner aufgebauschten Problemchen gucken.

Erfolg verdirbt den Charakter, heißt es. Sicher bin ich schon verdorben. Gemeinnützige Arbeit machen, anderen Gutes tun – das wäre es! Eine Hospizausbildung absolvieren und Sterbende begleiten. Da sein, wenn sie etwas brauchen, zuhören, ihnen vorlesen und dabei mein kleines, aufgeblähtes Ego schmelzen lassen. Dabei würde ich ganz schnell demütig und zufrieden werden. Ich würde am Abend mit einem guten Gefühl zu Bett gehen und wüsste: Ich habe etwas Sinnvolles getan.

Aber ich komme mir vor wie ein verloren gegangenes Mitglied der Blechbüchsenarmee aus der Augsburger Puppenkiste, das mit verbeultem Blechbüchsenkörper auf dem Rücken liegt, noch ab und zu unmotiviert strampelt und zusehen muss, wie die anderen euphorisch zu ihren lebenswichtigen Blechbüchsenkampfeinsätzen rollen. Ich dagegen stöhne nur dumpf in der Staubwolke, die sie hinterlassen. Die Luft ist raus. Ade, Kampfgeist!

Ich erinnere mich an meine Schauspielschulzeit, in der das Kämpfen so wichtig war wie das Atmen. Und ich denke an Bhagwan Shree Rajneesh, der inzwischen Osho heißt, und daran, wie er mich »Huh-huh« rufend auf und ab hüpfen ließ. Man muss das Wollen wollen, denke ich. Man darf nicht aufgeben. Man muss die Verbesserung wollen, die Arbeit an sich selbst. Ich raffe meine demolierten Blechbüchsengliedmaßen zusammen und: will.

»Da ham S' a Glücksphase …«

Ich will keineswegs zu denen gehören, die erst einen Nervenzusammenbruch erleiden müssen, um dann in der Reha zwischen EKG, rhythmischer Gymnastik und Ausdrucksmalen auf die Idee zu kommen, sich selbst genauer unter die Lupe zu nehmen. Ich muss vorsorgen.

Ich muss Sinnlosigkeitsprophylaxe betreiben. Ich muss mich

wieder auf die kreative Welle aufschwingen, die mir Richtung gibt. Die Richtung ist: oben bleiben und weitersurfen. Sonst bin ich in meinem Beruf an der falschen Adresse. Denn unten brodelt dickflüssig und modrig der Trübsinn, dem nur mit diversen legalen wie illegalen »Muntermachern« beizukommen ist. Aber die lassen einen zum Statisten im eigenen Dasein verkommen. Und das ist nun wirklich unter meinem Künstlerniveau!

Ich brauche konkrete Arbeitsansätze für meine seelisch-berufliche Rekonvaleszenz. Es würde mir nichts nützen, bei irgendeiner esoterischen Fantasiereise vom Band auf einer imaginären grünen Wiese in gleißendem Licht zu baden oder mich von rauschgoldenen Engeln durchs All zerren zu lassen. Ich will Fakten, mit denen ich meinen Weg weitergehen kann. Weiter und weiter, bis ich wieder auf der perfekten Welle reite.

Bei der Zahnprophylaxe bekomme ich von meiner Dentalhygienikerin einen Geheimtipp, den sie nur ihren Lieblingskunden verrät: Sie empfiehlt mir Annegret Wachs, eine Kartenlegerin aus Oberbayern. Sie sei bezahlbar und total toll. Sie habe ihr die Anschaffung ihres Hundes vorausgesagt. Dabei habe sie niemals einen Hund gewollt. Alles habe sich nun geändert. Sie würde sogar Nordic Walking machen, seitdem sie den Hund besitze.

»Aber das Beste kommt erst«, sagt sie, nimmt den Mundschutz ab und schaut mich mit ihren großen türkisfarbenen Augen eindringlich an. »Ich habe beim Nordic Walking meinen Mann kennengelernt. Wenn Frau Wachs mich nicht auf den Hund gebracht hätte, wäre ich heute ein vertrockneter Single mit einem frustrierten Botoxgesicht.«

Sie zeigt mir ihren Ehering mit dem blitzenden Brilli. Ich beuge mich langsam über das kleine Waschbecken, spüle den Mund aus und tupfe ihn sorgsam mit dem Papiertaschentuch ab. Das ist weiß Gott nichts für mich, die ich mich ernsthaft für die Wiederherstellung meines Seelenheils interessiere. Zu einer Wahrsagerin gehen meines Erachtens nur verzweifelte Hausfrauen.

Das Haus von Annegret Wachs liegt an der Hauptverkehrsstraße; die Hauswand ist schwarz gefärbt von Autoabgasen. Der

Verkehr rast mit achtzig Stundenkilometern so haarscharf an mir vorbei, dass sich eine Zukunftsvorhersage beinahe erübrigt. Der erste Schnee ist gefallen. Als ich die Straße überquert habe und vor dem Wahrsagerhaus stehe, bin ich bis zur Hüfte mit Schneematsch besprenkelt. Ich klingle, drücke beim Summen die Tür nach innen auf und steige die ausgetretenen Treppenstufen hoch. Ich pendle zwischen Neugier und Abwehr. Im Vorraum steht die Tür offen, und eine Frauenstimme ruft auf Bayerisch: »Gehn S' in den Warteraum.«

»Ja, mach ich«, rufe ich zurück.

Der Korridor ist mit einem beigegrauen PVC-Boden ausgelegt, dunkel und ohne Fenster. Es riecht nach kaltem Zigarettenrauch. Ich atme vorsichtiger, setze mich auf die alte Eckbank hinter dem Küchentisch mit der altmodischen, geblümten Wachstuchdecke, dessen Mittelpunkt ein grüner Glasaschenbecher bildet. Von hier sieht man die Nirostaspüle und den Wandschrank. Ich durchblättere die abgegriffenen Frauenmagazine von vor zwei Jahren. Draußen donnern die Autos vorbei.

Das hatte ich mir anders vorgestellt. Aber da ich nun mal hier bin, überprüfe ich mein Aufnahmegerät, das ich zu Dokumentationszwecken mitgebracht habe. Die Tür geht auf, und Frau Wachs bittet mich in ihr »Beratungszimmer«.

Zuerst ist sie kaum zu sehen, weil sich der Zigarettenrauch wie künstlicher Trockennebel beim Film gleichmäßig im Raum verteilt hat. Aber dann. Frau Wachs ist voluminös, trägt einen fetzigen Kurzhaarschnitt und einen kamelfarbenen Pulli mit Glanzfäden. Behäbig und mit unübersehbarer Routine mischt sie die Karten. Sie sehen noch abgegriffener aus als die Zeitschriften im Warteraum. Das flößt mir gleich Vertrauen ein. All die Menschen, die sich hier schon die Zukunft haben weissagen lassen, können nicht irren.

»Hebn S' ab«, sagt sie.

Ich hebe einen kleinen Stapel von den Karten ab. Sie legt die übrig gebliebenen in Höchstgeschwindigkeit nach einem undurchschaubaren System aus.

»Des is doch gar ned so schlecht«, sagt sie. »Wie hoaßn S' denn?«

»Maria Bachmann«, antworte ich und will ihr endlich meine Fragen stellen. Aber sie unterbricht mich.

»Schwere Krankheiten und Tod sag i Eahna nur, wenn Sie s' wissn woin, Frau Bachmann. Aber da is bei Eahna eh nix. Was woin S' denn wissen?«

»Ich …«, setze ich an.

Sie fällt mir unbeirrt ins Wort: »Sie ham's a bissl mitm Selbstzweifel, gell? Des brauchen S' ned ham. Damit machn S' Eahna nur's Leben schwer.«

»Ja, ich weiß.«

Sie dreht die Karten um.

»Und Sie ham kürzlich an finanziellen Verlust hinnemma miassn. Da san S' ned die Oanzige zurzeit. Des verschmerzen S'. Da brauchn S' Eahna ned so vui Sorgn macha. Schaun S', ich seh hier a Arbeit, an Vertrag, da schaut's ganz guad aus. Aber des kommt erst in zirka acht Wochen. Des is ganz was Guads. Was machen S' denn beruflich? Was Künstlerisches, was Musisches?«

»Ich bin Schauspielerin, aber zurzeit sieht's ganz schlecht aus.«

Frau Wachs ist nun voll in ihrem Element. »Des ändert sich, glaubn S' mir. Des wird noch ganz toll. Wie schaut's denn mit der Liebe aus?«

»Ich dachte, das wissen Sie«, antworte ich und schiebe das Aufnahmegerät näher zu ihr hin.

»Ja mei, do is a Mo, des is a guada Mo, aber der bremst Sie aus. Do is zwar a große Leidenschaft, aber der is gar ned guad für Sie.«

Ich starre auf die Karten. Sie hat recht.

Kurz nach meinem Finanzdesaster ging ich aus Verzweiflung zum Contact-Tanzen, um meinen Frust abzuarbeiten. Contact-Tanzen ist keine Kuppelveranstaltung, sondern eine Tanzform, die aus Improvisation und losem Tanzkontakt zu anderen besteht. Man soll seinen Impulsen folgen. Contact berühre die Sinne, schule das Körpergefühl und wecke die Lust an der Bewegung, so ähnlich heißt es in der Beschreibung. Ich wollte eigentlich überhaupt keinen Kontakt, sondern nur tumb vor mich hin hotten, damit mein Körper auch mal merkte, dass er noch da ist. Und das in der Hoffnung, dass niemand zusah. Deshalb ging ich auch ungeschminkt hin. Ich wollte unsichtbar sein. Aber ich wurde gesehen.

Er saß verschwitzt, barfuß und mit wildem Blick unter buschigen Augenbrauen in der Ecke, schüttete einen Liter Apfelschorle in sich hinein, stand auf, ging direkt auf mich zu und tanzte mich an. Bis dahin wusste ich nicht, wie Contact-Tanzen praktisch funktioniert. Er zeigte es mir im Schnellverfahren, wirbelte mich um seine Hüfte, kroch wie ein Leguan durch meine Beine, ließ seine Hände spielerisch über meinen Rücken gleiten, verbog mich sanft, sodass ich mir wie ein Skulpturenmodell für Rodin vorkam, und drehte mich um mich selbst. Die Musik übernahm die Regie, und ich ließ mich auf ihn ein. Ehrlich gesagt blieb mir gar nichts anderes übrig. Der Mann war Rhythmus pur. Und ehe ich es mich versah, spürte ich nicht nur meinen eigenen Körper ansatzweise wieder, sondern auch seinen.

»Spürst du mich?«, raunte er mir ins Ohr, während wir über den Holzschwingboden glitten. »Spürst du mich?«

Wo sollte das bloß enden … Am Schluss des Stückes klebten sein und mein T-Shirt schweißgetränkt aneinander, und ich dachte, dass mein derzeitiger Aufenthalt in der Talsohle doch für etwas gut gewesen war: für das hier. Er hieß Harry und war Theaterregisseur und Musiker. Er sagte, er leide unter Schlaflosigkeit und wolle nicht nach Hause. Aber ich. So kamen wir zusammen. Dass er verheiratet war und zwei kleine Kinder hatte, erfuhr ich erst, als ich schon längst in die Liebesfalle getappt war.

Ich fixiere noch immer die Karten und dann das Gesicht von Frau Wachs, die meine Sprachlosigkeit genutzt hat, um sich eine Zigarette anzustecken und einen Lungenzug zu tätigen, der bis in ihre Eingeweide reichen muss.

»Woher wissen Sie das?«

»Mei, die Karten zeigen S' halt. Der is scho anderweitig gebunden und sogt Eahna zwar, dass er sich trenna wui, aber des wird er ned mochn, wegen der Kinder. Des is a feiga Mo. A guada Mo, aber feig.«

Beim Ausatmen nebelt sie mich komplett ein. Auch noch dafür bezahlen zu müssen, dass sie mir das sagt, ist bitter. Ich nicke.

»Wenn S' können, werdn S' den Mo los.«

»Wie bitte?«, frage ich.

»Werden Sie den Mann los«, übersetzt sie. Ich nicke wieder.

»Gsundheitlich is ois okay, aber Sie ham S' a bissl mim Rücken, da müssen S' aufpassen. Mit der Halswirbelsäule müssen S' aufpassen.«

Ich nicke, diesmal aus Verständnislosigkeit: »Ich habe aber keine Beschwerden.«

Sie schnippt Asche in den Glasaschenbecher. »Des ko noch kemma. Passen S' einfach auf.«

Ich weiß nicht, ob ich das alles wissen will. Doch, ich will.

»Und, da is a Freindin, die is foisch.«

»Was meinen Sie mit falsch?«

»Des is koa guade Freindin. Ned, dass's schlecht is. Aber in Ihrer Bransch, da is ja ois voller Neid und Missgunst. Da müssen S' sich schützn. Was ham S' denn fiara Sternzeichn?«

»Wassermann Aszendent Wassermann.«

Sie steht auf, gibt meine astrologischen Daten in den Computer ein und druckt mir meine Transite aus. Sie verspricht mir, dass mir als Wassermann ein Glücksjahr bevorstehe. Dann mischt sie die Karten wieder und legt sie aus. »Sie sollen Eahna koane Sorgn macha, nur Geduld ham. Gsundheit schaut guad aus, bis auf den Hois, ab und zu ham S' seelische Durchhänger, aber Sie ham Glück im Beruf, Glück in der Liebe.«

»Ich staune«, sage ich.

Sie tippt auf die Karten und wundert sich selbst. »Mei, die Karten sagen S' halt. Da kommt a Mo, a ganz a sensibla, der hot a Tochta, des passt.«

Ich frage, woher sie das alles wisse. Sie sagt, sie mache den

40

Job seit dreißig Jahren, und die Karten hätten immer Recht. Ich drucke ein wenig herum und frage sie dann, ob sie mir nicht irgendein Haustier oder eine Outdoorsportart empfehlen würde, etwas, das die guten Voraussagen begünstigen könne. Nordic Walking oder so ...

Sie mache keine Voraussagen, sondern zeige nur Tendenzen auf, korrigiert mich Frau Wachs.

»Also kein Haustier.«

»Wenn S' oans woin, warum ned? Woins a Katz? An Hund?« Ich bin nicht zufrieden mit der Antwort. »Manche meng aa an Vogel.«

»Ich hatte mal einen Wellensittich«, sage ich frustriert.

»Do seng S'«, nickt Frau Wachs und schiebt wieder die Karten hin und her.

Überraschenderweise überkommt mich Wehmut. Da gab es Jockel, meinen zerrupften grünen Sittich. Ich bekam ihn, als ich zehn war. Wenn ich ihn aus dem Käfig ließ, flatterte er als Tribut an seine Pseudofreiheit zwei Runden durch die Küche und schiss anschließend immer in die Küchenlampe. Das Beste war, mit dem Saubermachen zu warten, bis alles angetrocknet war. Er schmuste jahrelang mit seinem eigenen Spiegelbild, indem er zärtliche Laute ausstieß. Ich scheute mich, ihm die Illusionen zu rauben und ihm die Wahrheit über sein Leben zu sagen: nämlich dass er mutterseelenallein im Käfig saß. Ich fühlte mich grässlich. Er starb im Jahr seiner Volljährigkeit – mit achtzehn.

Ich bezweifle stark, dass die erneute Anschaffung eines Vogels mich meinem Traummann näher bringen könnte.

»In dera Wohnung bleiben S' ned«, sagt Frau Wachs. »Da steht a Veränderung an, aber des kommt von innen raus.«

»Ham S' Geduld«, meint sie zum Abschluss und häuft die Karten auf einen Stapel. »Des is alles seelisch bei Eahna.«

Ich stoppe das Aufnahmegerät, bezahle Frau Wachs und gehe hinaus in den Schneematsch. Der Autolärm dringt in meinen Schädel. Der Spaziergang zum Bahnhof und das leichte Frösteln unter der Jacke tun mir gut. Der Zug hat Verspätung, und ich rekapituliere, was mir gesagt wurde: »Glück in der Liebe und im Beruf.« Das hört sich an wie die Beratungen beim Astrosender. Allgemeinplätze, passend für jeden.

Mit dem sensiblen Typen und der Tochter hat sie mich allerdings überzeugt. Leider habe ich vergessen, wann er auf der Bildfläche auftauchen soll. Die Aussicht auf den »Vertrag«, der in zwei Monaten kommt, lässt mich leichtfüßig in den Regionalzug springen. Aber im Abteil beginne ich wieder zu zweifeln. Wenn Frau Wachs die Karten nun falsch gedeutet hat, weil sie einen schlechten Tag hatte? Dann bin ich aufgeschmissen. Zu viele Zigaretten könnten ihr Einfühlungsvermögen geschmälert und ihre hellseherischen Kanäle verstopft haben. Trotzdem: Sie wusste von meinem Geldverlust. Wahrscheinlich, weil mir der Schreck darüber ins Gesicht geschrieben stand. Aber woher wusste sie von meinem Tänzer?

Zuhause spule ich mein Diktiergerät zurück und analysiere akribisch die Aufzeichnung der Sitzung. Ich habe der Kartenfrau ziemlich viel von mir erzählt. Keine Fakten, aber Stimmungen. Hier ein Seufzer, da ein Halbsatz. Sie führte die Sätze zu Ende, und ich antwortete: »Ja, genau.« Das hörte sich an wie eine Beratung, aber eigentlich habe ich mir selbst die Antworten gegeben. Weil ich auf eine gute Antwort gierte, habe ich sie ihr wahrscheinlich in den Mund gelegt. Sie beherrscht die Kunst des perfiden Einfühlungsvermögens.

Aber mit reiner Logik komme ich nicht weiter. Sie wusste definitiv vieles einfach so! Wahrscheinlich konnte sie hellsehen. Ich nehme ihre Prognosen schicksalsergeben hin.

In den nächsten Tagen gehe ich alle Kolleginnen und Bekanntschaften bis hin zu meiner besten Freundin durch und seziere die letzten Begegnungen mit ihnen. In jeder sehe ich plötzlich eine potenzielle Verräterin, und als Andrea, eine Kollegin, mich anruft, lasse ich sie vorsichtshalber aufs Band sprechen, um ihre Stimme zu analysieren. Schwingt da ein falscher Ton mit? Will sie mich ausnutzen, hintergehen? Eigentlich will sie sich aber doch nur meine Videokamera ausleihen und klingt erbarmungswürdig.

verschnupft dabei. Ich werde ihr die Kamera mit einem Erkältungstee höchstpersönlich vorbeibringen.

Keine Sorgen machen und mich in Geduld üben – das bleibt hängen. Da hat Frau Wachs mich und all ihre anderen Kundinnen mit hundertprozentiger Trefferquote durchschaut. Nur will man ausgerechnet diese Weisheit von einer Wahrsagerin nicht hören. Ich weigere mich vehement, mich an die Hoffnung zu klammern, dass irgendwann der Traummann und der Vertrag auftauchen. Aber wenn beide kommen wollen, bitte schön! Ich ertappe mich dabei, wie ich nach dem nächsten rot gedruckten Transit schiele, der mir eine Glückssträhne verspricht.

Und tatsächlich passiert an diesem Tag etwas Außergewöhnliches: Ich erhalte eine lustige Postkarte von einer Schauspielerkollegin, die seit zwei Monaten in Mexiko einen Zweiteiler dreht: »mit lieben Grüßen«. Und meine Handyrechnung ist lange nicht so hoch wie angenommen, weil die vielen Telefonate wegfallen, mit denen ich meinen Drehalltag manage. Der absolute Glückstag! Toll!

Nach ein paar Wochen, in denen ich hoffe und leide, werde ich schweren Herzens den »Mo« los, der »zwar guad, aber feig« ist. Und ich höre endgültig auf damit, meine Freundinnen des Verrats zu verdächtigen.

Mein Leben als B-Promi

Es geht mir prima. Ich habe kein Geld, kein Erspartes, keine Rollenangebote, viel Zeit und Aussicht auf ein reichlich bewegtes Leben. Wenn ich mich nicht schminke, habe ich die Ausstrahlung eines gebrauchten Geschirrhandtuchs, das seit Wochen im Wäschekorb vergammelt.

Meine Schauspielkarriere schleppt sich dahin wie ein altersschwacher Esel, dem man die Mohrrübe vors Maul zu halten vergessen hat. Die Filmevents, auf denen ich mich sonst pudelwohl fühle, fangen an mich zu überfordern. Und mit ihnen die vielen zu gut gelaunten Kollegen, die großartigen Regisseure, mit denen ich schon immer mal arbeiten wollte, die Besetzungschefs und Caster, die schon Meilen gegen den Wind riechen, wer angesagt ist und wer nicht. Ich schaue zu, wie mir beim Dahinstolpern der Networkinggespräche übel wird und ich mir am liebsten eine Brechschale unters Kinn halten würde.

Die Zeiten sind vorbei, in denen ich mit den wichtigsten Leuten aus der Branche locker über deren Schlafgewohnheiten im Flugzeug, ihren Lieblingskäse oder ihre Weihnachtsdeko plaudern konnte. Ich bin glücklich, wenn ich für zehn Minuten mal ein lockeres Gespräch hinkriege, bei dem ich nicht gleich mit der Tür ins Haus falle: »Der Film, den Sie gerade besetzen … äh … gibt es da vielleicht eine spannende Rolle für mich?«

Ich bin draußen. Kein Hahn kräht nach mir, und die neuen Autogrammkarten verstauben im Keller. Wenn ich über den roten Teppich gehe, warten die Fotografen ungeduldig, bis ich vorbeigelaufen bin, um andere abzulichten. Ich bin heilfroh, dass ich mich nicht für die Busen-OP entschieden habe: mit neuen Brüsten unbeachtet auf dem roten Teppich – ein Albtraum.

Um nicht ganz ins Bodenlose zu verschwinden, betreibe ich wenigstens etwas Öffentlichkeitsarbeit und folge der Einladung zu einer Oldtimer-Autoshow auf dem Land. Dort lehne ich mich elegant über die Motorhaube, sodass ich einen halben Bandscheibenvorfall bekomme, lächle unentwegt in die Kameras und sage, dass ich sehr gern Oldtimer fahre. Zuhause leide ich tagelang unter Gesichtsmuskelstarre und muss zur Krönung in der Presse unter dem Oldtimerfoto lesen: »Die Schauspielerin Marianne Bachmeier liebt es rustikal.« Werden sie je aufhören, mich mit der Frau zu verwechseln, die im Gerichtssaal den Mörder ihrer Tochter erschossen hat?

Ich verkrieche mich daraufhin in meiner Wohnung. Ich will nicht darüber reden. Nicht über die Namensverwechslung, nicht über meine PR-Maßnahme. Aber es ruft eh keiner an. Ich untersuche schließlich mein Telefon. Am Akku kann es nicht liegen, den habe ich gerade ausgewechselt. Und wenn ich mich selbst anrufe, funktioniert es. Ich sitze in der Küche, gucke auf den Hinterhof und lausche bis Montag dem Schweigen des Telefons. Und den sexuellen Aktivitäten der Nachbarn zur Frühstückszeit. Dann klingelt es zweimal.

Das erste Mal an der Tür: Ein Zeuge Jehovas, im grauen Anzug, mit Krawatte und einem jovialen Lächeln, das mir ein wenig Angst macht. Er will mich auf »neue Gedanken« bringen, wie er gleich beim Türöffnen verkündet. Ich sage, dass ich meine alten Gedanken, auch wenn die nicht toll sind, unbedingt lieber mag als seine neuen, und schließe die Tür. Dann sinne ich darüber nach, was an den Zeugen Jehovas eigentlich so schrecklich ist. Man hat uns in meinem Heimatort beigebracht, dass diese Leute extrem gefährlich seien und man ihnen die Tür vor der Nase zuknallen müsse. Keinesfalls durfte man sich in ein Gespräch verwickeln lassen, weil sie einen vom rechten Weg abbringen würden. Aber bin ich nicht sowieso schon abgekommen? Und was ist eigentlich der »rechte Weg«?

Dann klingelt es zum zweiten Mal, diesmal das Telefon. Meine Mutter. Sie erinnert mich daran, dass meine Patentante nächsten Montag siebzigsten Geburtstag hat. Und dass sie sich sicher über eine Karte freuen würde. Ich bin kurz davor, sie zu fragen, was sie damals mit dem »rechten Weg« eigentlich gemeint hat. Aber meine Mutter muss zum Friseur, und wir legen auf.

Die Welt hat sich gegen mich verschworen. Und das ausgerechnet zu einer Zeit, in der ich ganz besonders viel Zuwendung gebrauchen könnte. Ich tue mir ein ganz klein wenig selbst leid und mache gramgebeugte Spaziergänge an der Isar, die mich immer mag, egal, wie ich drauf bin. Als ich an einer ruhigen Stelle im Wasser mein Spiegelbild erblicke, sehe ich nicht mich selbst, sondern eine frustrierte, arbeitslose Schauspielerin mit zwei tiefen Furchen zwischen den Augen, die sie zehn Jahre älter machen. Diese Frau würde ich auch nicht anrufen wollen. Ich habe eine schlechte Ausstrahlung, und mir fehlt der Elan. Der ist mir ganz nebenbei abhanden gekommen, wie einem im Winter Handschuhe abhanden kommen.

45

Allerdings: Letzten Winter sah ich auf dem Rückweg vom Einkaufen einen lilafarbenen Handschuh schneematschgetränkt auf einem Fenstersims liegen. Ich dachte: »Der sieht ja aus wie meiner!«, griff in die Manteltasche und fand dort nur noch einen. Es war meiner! Ich hatte ihn gefunden, obwohl ich ihn gar nicht vermisst hatte. Das kann's natürlich auch geben.

2.

Furchtlos

Nur der Verstand blockiert

Wegsehen nützt nichts. Also stemme ich meinen müden Hintern hoch und zwänge mich in meine Fitnesspants. Die Hose liegt so hauteng an, dass man sämtliche Jahre ahnt, die an meinen Oberschenkeln *nicht* spurlos vorübergegangen sind. Sie anzuziehen ist per se schon ein mutiger Schritt auf dem Weg zur Konfrontation mit dem Istzustand. Ich und die Fitnesspants haben einen Plan: Wir wollen dem nahegelegenen Fitnessstudio einen kleinen Besuch abstatten und nachsehen, ob sich mein Elan vielleicht dort zwischen zwei Sit-ups wiederfindet. Denn Sport ist gut gegen Verstimmungen aller Art, das sagt auch jeder Hausarzt.

Vor dem Trainingsraum tummeln sich flüsternde Frauen in losen Baumwollhosen und engen Tops mit zusammengerollten Matten unter dem Arm. Nicht die üblichen hibbeligen Bewegungsfanatikerinnen, deren Bauch, Beine, Po es kaum erwarten können, gequält zu werden. Der Fitnessplan hat sich seit meinem letzten Besuch vor einem Jahr geändert: Es gibt jetzt einen Yogakurs.

Yoga – das ist doch diese langweilige Gymnastik, die auf dem Lammfell praktiziert wird und die ich eigentlich verabscheue, weil sie die Leute in unwürdige Körperhaltungen bringt, die meines Erachtens nicht in die Öffentlichkeit gehören. In den Abbildungen des ersten Yogabuchs, das ich 1975 durchblätterte, streckten die Leute ihren Hintern jedenfalls schamlos in die Höhe, spreizten hemmungslos die Beine und ließen die Zunge bis zum

47

Anschlag heraushängen. Das war animalisch und meinem damaligen Erfahrungshorizont zufolge unanständig.

Doch inzwischen ist eine fast auf dem Boden schleifende Zunge oder ein kreisendes Becken nichts weiter als eine Lockerungsübung für Kiefer und Zungenwurzelbereich oder die Ausgangsposition für eine Bewegungsimprovisation. Und da ich nun schon mal da bin, setze ich mich auf eine Matte, singe lauthals »Ommmm« und verknote mich in den unsinnigsten Verrenkungen. Die Übungen haben unaussprechliche Namen, die dem Yogalehrer keinerlei Schwierigkeiten bereiten, denn er sagt sie oft und gern. Ich habe keinen blassen Schimmer, welche Philosophie hier verfolgt wird; auch dass ein Elefant, der aussieht wie Dumbo mit angelegten Ohren, ein Gott sein soll, will mir partout nicht in den Kopf. All das ist mir suspekt und gestaltet sich anstrengender, als ich dachte. Ich überlege schon, zu gehen – doch dann kommt die Entspannungsphase, in der man nur daliegt und nichts tut …

Mein Körper sinkt in die Matte und wird schwer, und alle trüben Gedanken fliegen davon. Ich verfalle in eine Art Trance, begleitet von sonorem, fremdländischem Gesang. Der Sänger heißt Krishna, und als letzter Gedanke kommt mir noch: Wenn er so aussieht, wie er singt, dann muss er viele weibliche Fans haben. Dann trägt man mich auf einer Sänfte durch einen wild wuchernden Rosengarten und flüstert mir kontinuierlich ins Ohr, wie schön das Leben ist. Ich hauche »Ja«, und mein Atem geht langsam und tief in den Bauch, tief, tief, so tief. Ich bin so entspannt, wie ich es noch nie erlebt habe. Ganz ehrlich: Ich habe das Gefühl, meinen Körper verlassen zu haben. Denn wie sonst sollte ich zu der Ansicht kommen, dass ich von oben betrachtet einem schlafenden Eichhörnchen ähnlich sehe?

Von da an bin ich yogasüchtig. Ich kaufe mir eine Yogamatte. Ich kündige die Mitgliedschaft im Fitnessstudio und organisiere mir eine Jahreskarte für das neu eröffnete, superschicke Yogazentrum. Alle Atemübungen, genannt Pranayama, alle körperlichen Abfolgen, die Asanas, in denen ich zu angesagten spirituellen

Soundtracks in meinen Körper schnaufe, machen plötzlich Sinn. Sie sind die Vorbereitung auf die Entspannungsphase, in der ich loslasse und mich dem puren Sein hingebe. Während man »ist«, wird einem Hals und Nacken mit einer wohlriechenden Lotion massiert. Leider nur fünf Sekunden lang, aber besser als gar nicht. Ich muss mir danach regelmäßig die angefetteten Haare waschen, aber das ist es mir wert. Wenn der Kurs voll ist, gehe ich als zwanzigste Yogini hinten im Eck auch mal leer aus, muss mir dann aber zur Belohnung für den Verzicht auch nicht die Haare waschen.

Mit Inbrunst gehe ich drei- bis viermal pro Woche zur Yogastunde und werfe mich mit noch größerer Inbrunst in die einzelnen Stellungen: den Krieger, die Krähe, den Bogen und den Fisch. Ich atme und schnaufe. Wenn es irgendwie schmerzt, piekst und drückt, atme ich mich hindurch. Das seien nur Blockaden des Verstandes, heißt es. Nur der Verstand blockiere die völlige Hingabe an die Yogastellung, in der die Befreiung aller menschlichen Belastungen auf mich warte. Mir ist das schon vertraut. Yoga kommt mir vor wie eine andere Form der Dynamischen Meditation.

Nach jeder Stunde fühle ich mich seltsam friedlich und von innen heraus sauber und aufgeräumt. Alles ist an seinem Platz. Als habe ein Putzkommando durch mich durchgewischt. Das ist ein so natürlicher Zustand, dass ich ihn mir möglichst lange erhalten will. Ich habe das Bedürfnis, mir nach der Yogastunde im Lokal nicht Schnitzel, sondern Tofuburger zu bestellen. Ich will keinesfalls meinen friedlichen Innenraum mit Fleisch verderben, in dessen Poren noch die Todesangst der Tiere sitzt. Ich werde zu einer überzeugten, fünfundachtzigprozentigen Vegetarierin. Die übrigen fünfzehn Prozent von mir lieben hin und wieder ein halbes, einst glückliches Hendl mit Pommes.

Eines Tages bekomme ich aus heiterem Himmel Halswirbelprobleme und Schulterschmerzen. Ich kann mich beim Rückwärtsfahren im Auto nicht mehr umdrehen, und morgens beim Aufwachen sind meine Hände oft eingeschlafen. Ab jetzt gehe ich fünfmal pro Woche zum Yoga. Als Power-Yogini weiß ich, dass Yoga jede Verspannung, ja sogar jede Krankheit heilen kann. Wahrscheinlich bin ich gerade an einem emotionalen Knackpunkt angelangt, an dem ich keinesfalls aufgeben darf. Die Schmerzen seien ein Zeichen und etwas Gutes, sagt mir die Yogalehrerin. Sie erinnern mich an die Widerstände in mir. Ich soll fürsorglich damit umgehen und hineinatmen. Aber so gut die Schmerzen auch für mich sind, sie werden nicht weniger. Ich bekomme sogar Schluckbeschwerden. Und ich bin mir nicht mehr ganz sicher, ob Yoga alles, wirklich alles heilen kann.

»Geh doch zum Osteopathen«, sagt meine Freundin Sybille jedes Mal nüchtern, wenn ich ihr am Telefon die Ohren volljammere. Sybille ist eine Autorenkollegin, schreibt Drehbuchfolgen für Daily Soaps und ist immer im Abgabestress. Deshalb hat sie nie Zeit, liebt es praktisch und kommt schnell auf den Punkt. Nach einer Weile gebe ich klein bei.

Der Osteopath verbietet mir strengstens, weiter Yoga zu machen, und da mir seine Behandlungen helfen, vertraue ich ihm. Die Yogastunden werden bis auf Weiteres von meiner Wohlfühlliste gestrichen. Fortan gehe ich stattdessen einmal pro Woche zur Krankengymnastik in eine sterile, immer etwas überheizte Praxis aus den Achtzigern, in der es nach ungewaschenen Socken und Massageöl riecht, und pflege Schultern und Rückgrat. Durch den angegrauten Vorhang, der mich von meinem rückenkranken Nachbarn trennt, höre ich nun keinen animierenden Yogasoundtrack mehr, sondern das Piepsen des Ergogeräts.

Man muss nur wollen

Während einer der Anwendungen erwähnt die Krankengymnastin beiläufig, dass lädierte Halswirbel für »unterdrückte Wut« und »Angst vor Liebesentzug« stehen. Ob ich damit etwas anfangen könne? Nur peripher, antworte ich und bekomme dabei rote

Ohren. Sie erklärt, dass alle körperlichen Beschwerden eine Botschaft an uns enthalten und auf ein emotionales Defizit oder ein Ungleichgewicht hinweisen.

Da Neugier zu meinen Grundeigenschaften gehört, kaufe ich mir das Buch von Louise L. Hay, das mir meine Behandlerin nahelegt. Darin gibt es für jedes kleinste Zwicken eine Erklärung. Bei Problemen mit der Halswirbelsäule steht als vermutliche Ursache: »Weigerung zu wissen oder zu verstehen, Groll und Vorwurf, Verhältnis zum Leben unausgeglichen, Leugnung der eigenen Spiritualität.«* Das nenne ich mal eine Diagnose!

Das sei aber nicht schlimm, schreibt Frau Hay, wir müssten nur lernen, anders zu denken. Dass man das eigene Denken erziehen kann und nicht mehr sein Sklave sein muss, klingt nicht uninteressant. Mir und meiner Wirbelsäule schlägt Louise L. Hay folgendes »neue Gedankenmuster« vor: »Ich bin eins mit dem Universum und allem Leben. Es ist gut für mich, zu wissen und zu wachsen.«**

Na bitte! Das kann ich so unterschreiben. Laut der kreativen Amerikanerin kann man alles mit ein paar einfachen Affirmationen heilen und so zu einem glücklicheren Menschen werden. Und da ich schon mal dabei bin, durchforste ich ihre alphabetische Körperliste, um nach weiteren Missständen in meinem System zu fahnden, die es mit einem positiven Satz zu verbessern gilt. Wenn schon, denn schon. So lese ich, dass Ermüdung für »Langeweile und mangelnde Liebe für das, was man tut«, stehe. Die passende Affirmation, die bekräftigende Aussage, mit der man alles wieder ins rechte Lot bringen kann, lautet: »Das Leben begeistert mich und erfüllt mich mit neuer Energie.«***

Jeder Körperteil hat eine geistig-seelische Entsprechung: Der Daumen etwa steht für Intellekt und Sorgen, der Zeigefinger für Ego und Angst und – ganz bezeichnend – der Mittelfinger für Wut

---

* Louise L. Hay: *Heile deinen Körper. Seelisch-geistige Gründe für körperliche Krankheit*, Lüchow 200352, S. 48.
** Ebenda.
*** Ebenda, S. 21.

und Sexualität. Kurz nachdem ich das gelesen habe, zeigt mir auf einer verstopften Kreuzung doch tatsächlich ein Typ mit hochrotem Kopf und Halbglatze diesen Finger. Ich denke bloß: »Oh mein Gott, wahrscheinlich leidet der arme Mann fürchterlich unter Impotenz!« Ich kann ihm gar nicht böse sein. Bestimmt ist ihm überhaupt nicht klar, wie sehr er sich mit dieser Geste öffentlich outet.

Nachts liege ich im Bett und sage mir innerlich meinen persönlichen Halswirbelsatz vor: »Ich bin eins mit dem Universum und allem Leben.« Eindringlich, zärtlich und manchmal auch wie eine ungeduldige Krankenschwester flüstere ich ihn mir zu. Ich denke über die Aussage dahinter nach. Will ich wirklich eins mit dem Universum sein? Und eins mit allem Leben? Hilfe! Das ist mir eine Nummer zu groß. Mir würde es schon reichen, einigermaßen mit mir selbst eins zu werden. Und selbst da weiß ich nicht, worauf ich mich einlassen würde.

Tags darauf stehe ich in der Küche, und mir kommen die Tränen. Ich hacke Zwiebeln für meinen Wirsingeintopf. Ich muss herausfinden, ob ich mich wirklich so eng mit »allem Leben« zusammentun will und was das überhaupt heißt. Denn sonst funktioniert die Autosuggestion nicht, und an meinen Halswirbelproblemen wird sich auch nichts ändern.

Ich setze mich an den Küchentisch, den Kochlöffel in der Hand, und lausche dem Satz von Frau Hay nach, als hätte ich inwendig Ohren. Als ich aufstehen will, um den Wirsing umzurühren, wispert der mir zu: »Bleib sitzen.«

Ich weiß, dass Gemüse nicht sprechen kann, und erhebe mich renitent. Da wird der Wirsing deutlicher: »Beweg deinen Allerwertesten auf den Stuhl zurück!« Er drückt sich vornehm aus, und ich gehorche ohne Widerrede. Er brennt zwar kurz darauf an und ich muss ihn wegwerfen, aber er hat sich für eine gute Sache geopfert. Ich bleibe noch eine Weile sitzen und meditiere über die Affirmation, und plötzlich wird mir ganz warm und gemütlich im Bauch. Wenn ich nicht wüsste, dass das unmöglich ist, würde ich glauben, jemand habe mir eine Wärmflasche eingepflanzt.

Eins mit dem Universum und dem Leben! Das klingt mit einem Mal so okay ... Warum auch nicht? Wenn ich mit dem Leben und dem Universum eins bin, kann das ja nur heißen, dass es da »draußen« keine Feinde mehr gibt. Das wäre absolut genial! Nur noch Freunde! Keine Niederlagen, keine Tricks. Ich bin verblüfft.

Nicht immer habe ich Gemüse bei mir, das mir einflüstert, bei der Sache zu bleiben. Manchmal schlafe ich über meinen Überlegungen ein, habe am nächsten Tag ein schlechtes Gewissen und suche dann einen Satz, der mir dabei helfen soll, es wieder loszuwerden. Ich werde erfinderisch: »Ich habe immer ein reines Gewissen« oder »Wie ein Magnet ziehe ich die schönsten Momente des Lebens an«.

Eine Woche nach jenem Wirsingtag gönne ich mir ein Bad mit einem exklusiven Badezusatz: zerbröselte, handverlesene Wildkräuter aus dem hauseigenen Biogarten der Kosmetikfirma. Wellness pur. Es soll der Höhepunkt des Tages werden. Ich zünde Teelichter an und lege Jan Garbarek auf. Aber das Bad hält nicht, was es verspricht: Ich komme mir vor wie in einem umgekippten Tümpel. Ich versuche mich zu entspannen: »Ich vertraue dem Leben und genieße es voll und ganz.« Wirkung Fehlanzeige. Dennoch harre ich aus, denn die ätherische Wirkung der Naturwildkräuter will ich mir keinesfalls entgehen lassen. »Ich vertraue dem Leben und darauf, dass ich mich gleich entspannen werde.« Wieder nichts. Auch nicht, nachdem ich einmal untertauche. Ich verspüre lediglich einen Juckreiz aufgrund der Krümel, die sich beim Auftauchen auf meinem Gesicht abgesetzt haben.

Aber richtig schlimm wird es erst, als ich aus dem Tümpel steige und das Badewasser ablasse: die handverlesenen Kräuter sind gerade klein genug, um im Siphon zu verschwinden, aber zu groß, um das Abflussrohr zu passieren. Es ist sofort verstopft. »Ich vertraue dem Leben ...« Nein, das geht gar nicht. »Ich meistere meinen Alltag problemlos und mit Freude.« Das erscheint mir noch verlogener. »Ich werde von Tag zu Tag geduldiger.« Vollkommener Blödsinn. Endlich bricht das passende Denkmuster für diese Situation aus mir raus: »Scheiße, verdammte!«

Ich fühle mich sofort viel besser. Ich pule die handverlesenen Kräuter erst mit spitzen Fingern, dann mit einer Pinzette aus dem Abfluss und kippe fluchend eine Ladung umweltschädliches, giftiges Rohrfrei hinterher. Am liebsten würde ich dieser amerikanischen Affirmationstrulla die Reste meines Superbadezusatzes, angereichert mit etwas Rohrfrei, per Post schicken. Dann wollen wir mal sehen, ob sie sich den Ärger mit positiven Formulierungen aus den Rippen schwitzen kann. Aber wahrscheinlich hat sie grundsätzlich keinen mehr. Da ist sie mir um Meilen voraus.

Zugegeben, Affirmationen haben durchaus etwas für sich. Man sollte dabei nur nicht auf die Wirkung warten, sondern entspannt bleiben. Am besten wirkt die Methode gegen meine Flugangst. Wenn ich im Flieger sitze, sage ich mir gebetsmühlenartig: »Ich reite diesen stählernen Vogel und bin eine tapfere Kriegerin.« Ich steigere mich förmlich in diesen Satz hinein. Dabei vergesse ich meine Angst völlig, steige am Ankunftsort innerlich gefestigt als Amazone mit Lendenschurz und Speer aus dem Flieger und begebe mich gelassen und geschmeidig und mit alles durchdringendem Siegerblick zum Gepäckband.

Aber dass man mit Sätzen Krankheiten heilen oder ein grundsätzliches Lebensgefühl nachhaltig verändern kann … Ich weiß nicht. Immerhin, meinem Rücken geht es allmählich besser. Doch wie soll ich je herausfinden, ob die Besserung der Krankengymnastik, der Schonung oder einer der Affirmationen von Frau Hay geschuldet ist?

Bestell dir dein Glück

Eine ähnliche Frage hat mich schon mal vor Jahren beschäftigt, als jedermann sein Glück beim Universum bestellte. Die Autorin Bärbel Mohr hat einen Bestseller darüber geschrieben: Man musste seinen Wunsch nur positiv formuliert ins Universum sprechen und ihn – das war wichtig – nicht anzweifeln. Ja, man musste so tun, als ob der Wunsch bereits erfüllt wäre. Das war viel verwegener als bei Frau Hay, und als Neuling brauchte man auch Courage, weil man etwas forderte. Dann sollte, wie beim Versandkatalog, irgendwann die Bestellung frei Haus geliefert werden: die neue Wohnung, das Geld für die tollen Stiefel, der passende Mann.

Ich stellte mir vor, dass das Universum Hunderttausende von Mitarbeitern beschäftigte, die alle Wünsche der Besteller erfüllten. Das ganze Leben ein einziges Wunschkonzert! Wieso war mir das vorher nie aufgefallen? Freie Parkplätze konnte man natürlich auch ordern. Mit der Parkplatzsache kriegte mich Bärbel Mohr, es klappte tatsächlich. In München einen Parkplatz zu finden ist wie ein Sechser im Lotto, aber wenn ich rechtzeitig beim Universum bestellte, war jedes Mal direkt vor meiner Nase eine Lücke frei. Toll! Aber irgendwann gingen dem Universum dann wohl die Helfer aus – oder ich vertraute ihm nicht mehr genug: Es gab wieder genauso viele Parkplätze wie Autos (meines nicht mitgezählt), und die spezielle Beziehung zwischen mir und dem Universum war am Ende. Jedenfalls, was das Parken anging. Aber vielleicht gab es ja andere Bereiche, in denen der Trick noch funktionierte.

Der Glaube versetzt Berge. Mein Freund Jesus hat das schon gesagt, damals, als ich klein war, und wenn Jesus etwas sagte, dann stimmte das auch. Der Pfarrer sagte es ebenfalls: »Glaubt!«, forderte er uns auf, und ich glaubte und glaubte. Ich glaubte, dass Gott, der Vater, der Allmächtige, schon alles richten würde. Er war nur oft etwas langsam und manchmal ein wenig angsteinflößend, wenn er drohte, dass wir alle in der Hölle mit den Zähnen knirschen würden. Aber er war ja auch schon älter und konnte sich eine gewisse Theatralik leisten.

Inzwischen fiel mir das Glauben allerdings nicht mehr so leicht. Ehrlich gesagt wurde auch niemandem in der Kirche beigebracht, wie man »richtig« glaubte und dass es vielleicht um mehr ging, als beim Vaterunser ordentlich »mitzudenken«.

Ich glaubte jedenfalls nicht an die Wunscherfüllung per Post-express und sah ein, dass sie deshalb auch nicht funktionieren konnte. Ich musste nachlesen, was es zu beachten gab.

Bärbel Mohr empfahl, auf Zeichen zu achten, weil das Universum durch Zeichen und Symbole mit uns kommuniziere. Ein Vogelschiss auf dem Autodach konnte demnach alles bedeuten. Er konnte für alles herhalten, was lebensthematisch gerade angesagt war. Wenn ich mich in einer Liebeskrise befand, konnte ich mir beispielsweise sagen: »Vogelschiss auf dem Auto bedeutet Schlussmachen, kein Vogelschiss bedeutet Weitermachen.«

Ich versuchte es: Nun, da war der Vogelschiss. Aber als ich ihn von allen Seiten genauer betrachtete, war ich mir nicht mehr sicher, ob es nicht doch nur Schmutz von einem Blatt war, das vom Baum gefallen war? Ich entschied, dass es kein Vogelschiss war, machte mit der Beziehung weiter und wartete auf ein anderes Zeichen: Wenn er morgen nicht anrief und sich entschuldigte, war dies das Zeichen zum Schlussmachen. Er rief nicht an.

Aber inzwischen wollte ich das Zeichen doch lieber anders deuten: Es forderte mich nämlich auf, in mich zu gehen und herauszufinden, was ich tun könnte, damit ich wieder für ihn interessant wurde. Bestätigt wurde das durch die Elster, die am Morgen auf meinem Fenstersims saß und etwas, das aussah wie Frühstücksspeck, aus ihrem Schnabel fallen ließ … Dann aber sah ich beim Joggen einen alten Einkaufszettel, den jemand weggeworfen hatte, und ich folgerte, dass ich wahrscheinlich bald von einem neuen Mann einen Liebesbrief bekommen würde. Oder dass der aktuelle mit selbst geschriebenen Gedichten reumütig zurückkam und ich mir überlegen musste, ob das mit uns beiden überhaupt eine Zukunft hatte …

Irgendwann war das Bestellen und Zeichenlesen dann von selbst zu Ende. Einfach so. Weil es zu Ende war. Wie wenn man die Lust am Mensch-ärgere-dich-nicht-Spielen verliert. Ich vergaß, mir Dinge und Ereignisse zu bestellen. Und weil jeder Kondensstreifen am Firmament eine Botschaft für mich hatte, guckte ich schon gar nicht mehr rauf. Das Universum kam mir mit seinen

Zeichen mittlerweile wie ein altes Tratschweib vor, das immer was zu sabbeln hatte. Ich fragte es, ob es nicht einfach mal die Klappe halten könnte. Das Universum bestrafte mich für meine Undankbarkeit, indem es in meiner Tiefgarage tagelang aus einem Heizungsrohr kalkhaltiges Wasser auf mein Auto tropfen ließ. Bis ich das bemerkte, war mein Auto bereits großflächig mit angetrockneten Flecken übersät, die ich panisch mit Essigwasser, Badezimmerreiniger, Glasreiniger und einer Fahrt durch die Waschanlage zu beseitigen versuchte. Was blieb, war ein Lackschaden vom Putzschwamm, der mich täglich an die Rache des Universums erinnerte.

All die sorgfältig formulierten Wünsche waren nichts weiter als eine Spielerei mit Möglichkeiten. Ein Trostpflästerchen! Als würde man sich Honig auf eine Eiterwunde schmieren und glauben, nun sei wirklich alles gut. Doch darunter brodelte der Infektionsherd namens Unzufriedenheit munter weiter. Was mich viel mehr beschäftigte: Was machte alle Menschen so unzufrieden? Warum wollten wir uns alle nur so viel wünschen?

Klar. Wünschen war zauberhaft. Das Wünschen selbst war ohne gefährliche Folgen. Unschuldig und so einfach. Denn zwischen dem Wunsch und seiner Erfüllung steckte diese cremige Schicht von Sorglosigkeit und freudiger Erwartung, dass sich jemand anders – das Universum – um einen kümmerte und man selbst gar nichts tun musste. Und das Warten gestaltete sich aufregend. Die Wunscherfüllung selbst war später nur noch die langweilige, logische Konsequenz, und die Freude darüber hielt sowieso nicht ewig an. Am leichtesten ließ sich das an Heiligabend nach der Bescherung feststellen. Zudem hatte ich für das, was ich mir gewünscht hatte, nun sogar noch die Verantwortung an der Backe. Vor allem, wenn es ein Haustier war, wie damals mein Wellensittich. Als ich zur Schauspielschule nach Hamburg ging, ließ ich ihn bei meiner Mutter. Und als ich mit der Ausbildung fertig war, saß er immer noch auf der Stange und wartete auf mich.

Mein erstes Wunder

Ich stelle mich nackt in meinem Schlafzimmer vor den Spiegel. Das bin also ich. Etwas über dreißig. Mit Wünschen und Verantwortung für meine Wünsche. Mit einer allmählich genesenden Halswirbelsäule. Mit einer Schulter, die schon immer tiefer hing als die andere. Mit einem Bein, das kürzer ist, und mit einer krummen Wirbelsäule. Wenn die Wirbelsäule schief ist, sagt meine Physiotherapeutin, blockiert der ganze Körper. Die Lebensenergie kann nicht fließen, weder auf geistiger und emotionaler noch auf körperlicher Ebene. Deshalb dürfe ich mit der Krankengymnastik nicht aufhören und müsse wenigstens Schadensbegrenzung betreiben. Ich sage, dass meine Schulter schon von Kindheit an schief sei. Sie schaut mich mitleidig an.

Ganz klar: Ich bin nicht im Fluss. Da kann ich mir Affirmationen einflüstern, bis mir der Mund fusselig wird. Wenn der Körper das grundsätzlich anders sieht, kommt man nicht dagegen an. Das meint auch Irma, die Rezeptionistin in der Physiotherapiepraxis, mit der ich meine Behandlungstermine vereinbare. Ihre langen Haare sind leicht angegraut, und die Haarspitzen hätten dringend eine Pflegespülung nötig. Irma trägt jedes Mal eine andere labbrige Strickjacke und lächelt permanent.

Als ich feststelle, sie sei immer so gut gelaunt, meint sie: »Es gibt immer etwas, über das man sich freuen kann.«

Sie muss weit über fünfzig sein, denn vorher kommen einem solche Weisheiten wohl kaum so flüssig über die Lippen. Dann beugt sie sich über den Tresen und flüstert verschwörerisch: »Der Körper hat ungeheure Macht, wenn die Energie richtig fließen kann.«

Sie wartet ab, ob ihre Worte auch bei mir angekommen sind. »Das kann man hier« – sie meint die Praxis und guckt auffällig unauffällig nach rechts und links – »aber nicht beheben.«

Dann greift sie in ihre indische Stofftasche, steckt mir heimlich eine Visitenkarte zu und bittet mich, Stillschweigen zu bewahren.

Es sei hier nicht gern gesehen, wenn sie Patienten zur Konkurrenz schicke. Ich verstehe gar nichts. Sie deutet auf die Visitenkarte und sagt, ich solle sie nach Feierabend anrufen.

Als ich das am gleichen Abend tue, erfahre ich von einem Geistheiler, der allein durch die Kraft des Geistes eine sichtbare Behebung der Beschwerden herstellen könne. »Achtung, Sie verlassen die Sicherheitszone«, signalisiert mein Kopf. Ein Geistheiler ist mir noch nicht untergekommen. Ich wollte bisher nichts mit diesem Hokuspokus zu tun haben und belächelte die Leute, die ehrfürchtig auf Esoterikmessen von einem Stand zum anderen wanderten und ihre Aura fotografieren ließen, um sie sich anschließend übers Klo zu hängen. Ein Geistheiler kann bei mir sowieso nichts ausrichten, weil ich viel zu viele Vorbehalte habe und alles verstehen will. Aber Irma sagt, es sei völlig egal, ob ich daran glaube oder nicht. Es funktioniere trotzdem. Es funktioniere sogar bei Tieren. Und die glauben ja wohl an gar nichts, meint sie.

Der Geistheiler, so heißt es, reist regelmäßig aus dem Allgäu nach München, wo er in einer homöopathischen Praxis von neun bis achtzehn Uhr Rücken begradigt und Beckenschiefstände richtet. Als ich sein Sprechzimmer betrete, erwarte ich einen ätherischen Yogi mit Glatze oder einen weltfremden Esoteriker in bestickter, weißer Bluse mit Stehkragen. Aber der Mann könnte handfester nicht sein. Kariertes Hemd, kurz geschorene Haare, kräftiger, durchtrainierter Körperbau, gesunde Gesichtsfarbe und Hände, die aussehen, als würden sie täglich Holz mit der Axt spalten.

Er fragt mich, was er für mich tun könne, und ich sage ihm, ich sei schief.

»Stimmt«, sagt er und heißt mich Platz nehmen, betastet meinen Rücken und die Schultern und misst die Beine aus. Das eine ist eindeutig zwei Zentimeter kürzer als das andere.

Er meint, dass der Energiefluss unser Denken und Fühlen beeinflusse und dass er mir ganz leicht helfen könne. Ich würde es sicher gleich merken. Ich drapiere mich auf die Liege, und er erklärt mir, dass er sich nun konzentrieren und die Wirbelsäule und die Schultern begradigen werde.

Ich bin aufgeregt. Das Ganze klingt abartig. Gleich wird etwas passieren. Ich werde vielleicht leuchtende Farben sehen, meine oder seine kosmische Aura oder unserer beider Aura zusammen in einem wilden Muster vereint. Werde ich Glücksgefühle haben oder einen Energieschub, der mich schweben lässt?

»Es könnte sein, dass Sie Wärme oder ein Kribbeln spüren«, sagt er, und meine Bedenken schwinden. Dann wird er still, geht um mich herum, ohne mich zu berühren, und atmet stoßweise aus. So hört es sich zumindest an, und so sieht es auch aus, als ich vorsichtig zu ihm hinüberlinse. Ich nehme an, dass das sein spezieller Heilungsatem ist.

Aber ich spüre: nichts. Rein gar nichts. Falsch, ich spüre nicht nichts, sondern das, was man fühlt, wenn man Wärme oder Kribbeln erwartet, beides aber nicht eintritt. Das ist viel blöder als nichts. Ich bin enttäuscht.

Er meint, die Schulter sei jetzt okay. Er werde nun die Beinlängen ausgleichen. Ich spüre in mich hinein, in die Hüfte, in die Beine. Da! Da ist was! Bilde ich mir das Ameisenkribbeln nur ein? Oder ist es real? Ist es überhaupt ein Kribbeln? Oder ist es eher, wie wenn jemand an den Beinen zieht? Wahrscheinlich kribbelt es nur, weil ich ein Kribbeln haben will, weil ich der Meinung bin, dass gefälligst irgendwas kribbeln soll, wenn man begradigt wird. Auch die Beingeschichte passiert in gerade mal fünf Minuten.

Als ich mich aufsetze, sind die Beine gleich lang und die Schultern beidseitig gleich hoch. Ich kann es im Spiegel sehen.

»Hammer's«, sagt er schlicht. »Da war ein ziemlicher Stau drin, aber ich hab ihn weggekriegt.«

Ich schaue ihn erwartungsvoll an, als müsste noch irgendetwas Mystisches folgen. »Worauf muss ich jetzt achten?«, bringe ich endlich hervor, um das persönliche Gespräch einzuleiten.

»Auf nichts, jetzt ist alles okay. Sie brauchen nicht wiederzukommen. Alles Gute.«

Er öffnet schon mal die Tür, während ich umständlich nach dem Geld suche, um Zeit zu schinden. »Steh auf, nimm dein Bett und geh«, schießt mir ein Bibelvers durch den Kopf.

»Also, dann … dann gehe ich jetzt … Vielen Dank.«

Sie kann und wird nicht in Gang kommen, denke ich, die Unterhaltung über sein Arbeitsgeheimnis. Er wird mich nicht einweihen. Und so ist es auch. Er wirft mich förmlich raus.

»Nichts zu danken, auf Wiedersehen«, sagt er, reicht mir seine starke Pranke, nickt mir freundlich zu, und schon stehe ich wieder auf der Straße.

Als ich mich zu Hause vor den Spiegel stelle, bin ich immer noch kerzengerade. Und bleibe es auch am nächsten Tag. Und am übernächsten. Und ein Jahr später bin ich es immer noch. Ein richtiges Wunder.

Ich denke an Jesus, daran, wie ich ihn in meiner Kindheit wahrgenommen habe. Ich bin mit seinen Wundern aufgewachsen, und eigentlich sind Wunder für mich in der Tiefe meines Herzens immer noch ganz selbstverständlich.

Mein Vater war Oblatenbäcker. Dreißig Jahre lang schöpfte er Teig aus Mehl und Wasser auf eine heiße Herdplatte und presste ihn zu großen Oblatenbögen. Weil mein Vater Oblaten buk, hatte ich schon als Kind einen Hang zum Transzendenten. Denn neben Oblaten für Kuchen und Gebäck stellte er auch Hostien her. Sie hatten in der Mitte ein Kreuz, und jedes Mal, wenn in der Kirche die heilige Kommunion ausgeteilt wurde, war ich stolz auf meinen Vater. Am Freitag brachte er einen Beutel mit Oblatenresten mit, das Highlight der Woche. Man konnte sie auf dem heißen Ölofen im Wohnzimmer rösten, und wenn sie sich in der Mitte nach oben bogen, waren sie fertig und kross – und schmeckten köstlich.

Da gab es gebrochene, ungleichmäßig dicke Hostien oder Hostien mit einem verwackelten Kreuz in der Mitte. Oft waren sie noch im Oblatenbogen eingestanzt. Es bedufte einiger Arbeit, bis alle Hostien aus dem Bogen möglichst heil entfernt waren und ich mit meinem Bruder »heilige Messe« spielen konnte.

Mein Bruder hatte zu Weihnachten ein echtes Weihrauchfass mit echtem Weihrauch geschenkt bekommen. Seitdem konnten wir sogar »Hochamt« spielen, und wir verräucherten auf Teufel komm raus so viel Weihrauch, dass man es auf der Straße bis vor zum Rathaus riechen konnte. Mein Bruder war der Pfarrer und ich der zu dieser Zeit wahrscheinlich einzige weibliche Messdiener weltweit. Die für die Wandlung benötigten Schellen – für den Moment, in dem Jesus aus dem Himmel fuhr und in die Hostie schlüpfte – hatten wir nicht. Wir mussten improvisieren. Als geeignet stellte sich das Kuhglöckchen vom Andenkenladen aus Altötting heraus. Mein Bruder und ich verwandelten tagelang weiße Limonade in Christi Blut und krosse Oblaten in Christi Leib.

Ich fühlte mich mit Jesus in Oblatenform reichlich privilegiert und konnte seine Präsenz in unserem Wohnzimmer jedes Mal deutlich spüren. Weit deutlicher als in der Kirche, wo der Altar so weit weg war und mir regelmäßig große Menschen mit breiten Rücken und dunklen Mänteln die Sicht versperrten. In unserem Wohnzimmer aber geschah alles direkt vor meinen Augen. Ich schloss daraus, dass ich Jesus viel näher sein musste als viele andere.

Jesus war bekannt dafür, dass er denen, die ihm nahe waren, ab und an mal ein Wunder schickte. Und so wartete ich auf eins dieser Wunder. Allerdings war ich mir nicht sicher, ob er auch wusste, dass ich gleichzeitig unsägliche Angst davor hatte. Deshalb betete ich jeden Abend, er möge das Wunder bitte so schicken, dass ich nicht erschrak. Und ich betete auch darum, dass es bitte keine Marienerscheinung sein möge und erst recht keine Erscheinung mit ihm am Kreuz, Dornenkrone und Nägel in Händen und Füßen inklusive. Das hätte mich umgebracht. Aber generell war ich für Wunder in jeglicher Form ganz offen, sie waren nach meinem Ermessen ohnehin Jesu Spezialität. Er machte Blinde sehend, trieb Besessenen die Dämonen aus und in Schweine hinein und machte so Ungläubige gläubig. Mein Wunder aber sollte sich erst viele Jahre später einstellen, als ich es auch wirklich zu schätzen wusste. Und deshalb bedanke ich mich nachträglich bei ihm für die Wunscherfüllung meiner Kindheit.

Ich rufe Irma noch am gleichen Tag an und lobe den Rückenbegradiger in den höchsten Tönen. Daraufhin verabreden wir uns auf eine heiße Schokolade für Irma und einen Cappuccino für mich. Ich würde gern mehr über diesen Heiler erfahren, sage ich zu Irma, würde gern wissen, wie er seinen Geist dazu bringt, seinem Willen zu gehorchen. Der Mann wirkt so unprätentiös und entschlossen. »Wie macht er das?«

»Der ist halt bei sich angekommen«, erwidert Irma. Sie setzt die Tasse ab und wischt den Milchbart weg. »Der will nichts, außer dem, was eh schon ist.«

»Du meinst, er hat keine Ziele?«

»Keine, von denen sein Glück abhängt.«

»Tja«, sage ich. Dann muss ich auf das »Ankommen« bei mir verzichten. Denn ich habe noch eine ganze Menge Ziele, von denen eine ganze Menge abhängt.

Als ich zu Hause ankomme, fällt die Geistheilereuphorie von mir ab. Ich bin plötzlich überzeugt, dass ich einem Placeboeffekt aufgesessen bin. Wahrscheinlich habe ich mich durch meine Gutgläubigkeit selbst begradigt. Aber ich bin wirklich gerade, wo ich sonst krumm war. Es ist keine optische Täuschung. Habe ich nicht schon im Religionsunterricht gelernt: »Für Gott ist kein Ding unmöglich«? Und Shakespeare war auch der Meinung, dass es »mehr Dinge zwischen Himmel und Erde gebe«, als sich unsere Schulweisheit träumen lasse. Und wieso sollten Gottes Kräfte und Shakespeares Wissen nicht auch in einem Allgäuer Bergbauernbuam mit starken Pranken wirken?

Irma hat mir sogar von einem Heiler berichtet, der um die Welt reist und aus dem Nichts Münzen verbiegen oder mit Heilkraft aufgeladenes Parfum aus seinen Händen tropfen lassen kann. Sie habe es selbst gesehen und gerochen. Er sei als Kind vom Blitz getroffen worden, und seitdem habe er übersinnliche Fähigkeiten. Als ich aber höre, wie viel ein Besuch bei ihm kostet,

verliere ich sofort das Interesse. Wunder sollten für alle Gesell-
schaftsschichten erschwinglich sein. Bei Jesus gab es sie ganz
umsonst.

Mein Fazit: Wenn der Geistheiler es geschafft hat, meine Knochen zu motivieren, sich selbst zu heilen und gerade zu werden,
und diese auch noch problemlos mitspielten, hat der Mann
Großartiges bewirkt.

Film ab!

Ich weiß nicht, ob es an meinem frisch ausbalancierten Körper
liegt. Aber etwas bewegt sich in meinem energetischen Umfeld:
Mein Telefon klingelt! Ich bekomme mal wieder ein Filmangebot.
Meine Selbsterforschung muss eine Zwangspause einlegen. Vorerst erforsche ich nur das Leben meiner neuen Filmrolle. Ich
fliege nach Berlin.

Die Zeit der Business-Class-Flüge und der Hotelzimmer-Upgrades ist vorbei. Als ich die Tür zu meinem Zimmer öffne und
meinen Koffer hinter mir über die Schwelle ziehe, offenbart sich
mir ein grandioser Ausblick: die nackte, graue, mehrfach abge-
blätterte Hauswand des Nachbarhauses. Das Fenster lässt sich
nicht öffnen, dafür rattert die Klimaanlage unermüdlich. Sie lässt
sich auch nach mehrfachen Versuchen nicht abschalten. Es
riecht nach Zigarettenqualm, als hätte sich ein Kettenraucher
Ketten rauchend unterm Bett versteckt. Ich gehe in die Knie, um
nachzuschauen, aber er ist gerade nicht da.

Ich rufe die Rezeption an und bitte um ein Nichtraucherzim-
mer. Eins mit Blick auf eine graue Hauswand, die zumindest mit
Efeu berankt ist, wäre schön. Ich kriege aber keins, weil das Hotel ausgebucht ist. Ohnehin kann ich in diesem Hotel nur zwei
Nächte bleiben. Wo es danach hingehen soll, weiß keiner.

Ich schlafe unruhig. Die Klimaanlage rumort fleißig vor sich
hin und übertönt selbst den Regen, der an die Fensterscheibe

prasselt. Der Kettenraucher unterm Bett qualmt weiter vor sich hin. Ich lege mir ein T-Shirt über die Nase; es riecht frisch gewaschen und nach meinem Schlafzimmerschrank.

Der erste Drehtag beginnt mit Lampenfieber und langem Warten. Da ich keinen Wohnwagen in meinem Vertrag habe, lädt mich die Hauptdarstellerin in ihren ein. Draußen regnet es noch immer, und es ist kalt. Mein Drehkostüm – ein Business-Outfit – ist dünn und zu eng, sodass ich kein Wärmehemd darunter tragen kann. Da sitze ich nun also im Frühsommer mit Moonboots, einer viel zu großen Daunenjacke überm Drehkostüm und Lockenwicklern in einem Trailer, der nicht meiner ist.

Ich warte. Schon seit zwei Stunden. Zum x-ten Mal gehe ich die Szene durch: Ich habe gleich zu Beginn meine Hauptszene, in der ich über fast vier Seiten lang betrunken sein und reden muss. Ich bin gut vorbereitet. Ich gehe raus auf die Straße und suche die Maskenbildnerin. Sie muss unbedingt die Lockenwickler entfernen, wenn ich nicht wie eine Fünfzigerjahre-Werbeikone für Waschmittel aussehen soll. Passanten umringen die Absperrzone und gucken neugierig, ob sie irgendeinen Star zu Gesicht bekommen.

»Die Maskenbildnerin ist am Set und kommt gleich«, sagt der Aufnahmeleiter und ruft sie gleich noch mal durchs Walkie-Talkie.

Als ich zum Cateringtisch gehe, werden die Zaungäste auf mich aufmerksam. Ihre Blicke scannen mich ab: einmal von oben nach unten und wieder zurück. Ich kann an ihren Gesichtern ablesen, dass sie überlegen: Ist sie nun ein Promi oder nicht? Während ich ein pappiges Käsebrötchen in mich hineinstopfe, fragt mich einer der Passanten, ob er ein Foto mit mir machen könnte. Er stellt sich neben mich – ich spüre, wie gerade mein Rücken jetzt ist –, seine Frau nimmt den Fotoapparat, wir beide strahlen in die Kamera, bis der Blitz uns erlöst. Ich sehe, wie die zwei ihren Regenschirm aufspannen, die Straße überqueren und in einem Café verschwinden.

Die Maskenbildnerin kommt nicht. Auf dem abgegrasten Brotzeittisch entdecke ich in einer aufgerissenen Papiertüte das letzte süße Blätterteigteilchen, das die anderen übersehen haben müssen. Ich schlage zu. Zum Nachtisch noch zwei Schokoriegel, einer mit Kokos, der andere mit Nougat. Dafür werde ich aufs Mittagessen verzichten.

Mein Kostüm spannt.

Da kommt die Maskenbildnerin atemlos auf mich zu gerannt: »Es gab Probleme am Set«, schnauft sie. »Ich musste die ganze Zeit dableiben. Tut mir leid!« Sie musste nach jedem Take die Haare der Hauptdarstellerin neu fixieren.

Wir laufen ins Maskenmobil, und sie bürstet furios an mir herum. Nun sehe ich auch ohne Wickler aus, als wären sie noch drin. Die Haare schnellen immer wieder nach oben.

»Ich hab dir gleich gesagt, die sprechen auf Heißwickler schnell an«, sage ich vorsichtig.

»Mhm«, macht sie schuldbewusst.

»Die dürfen nicht länger als fünf Minuten drin sein.« Ich versuche, nicht unfreundlich zu klingen.

»Ja, aber das hab ich noch nie erlebt. Normalerweise ...« Sie beendet den Satz nicht und sprüht meine Haare nass.

»Ich habe keine normalen Haare«, erwidere ich. Ich bereue zutiefst, ihr vertraut zu haben, als sie sagte, *ihre* Heißwickler könnten problemlos lange im Haar bleiben, aber sie sei sowieso gleich wieder da. Sie kommt ins Schwitzen, genau wie ich. Da reißt der Aufnahmeleiter die Tür auf und will mich zu meiner ersten Szene abholen. Alle warten schon, aber ich sitze mit nassen Haaren in der Maske. Die Maskenbildnerin bekommt hektische Flecken, ich werde noch nervöser.

»Fünf Minuten«, sagt sie.

Ich schweige. Ich versuche, mich zu beruhigen, indem ich schlichtweg nicht aufhöre, ein- und auszuatmen. Es funktioniert.

Fünf Minuten später habe ich irgendeine Frisur. Nur nicht die, die wir ausgemacht hatten.

Am Drehort ist die Hauptdarstellerin bereits dabei, dem Regisseur einzubläuen, dass meine Szene gekürzt beziehungsweise ganz gestrichen werden sollte. »Die Szene ist langweilig, nicht gut geschrieben und bringt für die Story gar nichts«, behauptet sie.

Ich muss plötzlich um meine Szene kämpfen, bevor sie unwiderruflich gestrichen wird. Ich argumentiere, dass ich die Szene total wichtig finde, vor allem für die Hauptfigur. Weil mehrere Wendungen drin sind, die das Verhältnis zur Hauptfigur verdeutlichen und dadurch die Hauptfigur eine noch größere Motivation für ihr Handeln hat und dem Zuschauer größeres Identifikationspotenzial bietet.

So hat meine Kollegin – die Hauptfigur – das noch gar nicht gesehen. Sie will die Szene plötzlich gar nicht mehr unbedingt gestrichen haben. Der Regisseur mag die Szene ohnehin, nicht nur, weil die Autorin des Buches seine Frau ist. Die Szene ist gerettet, ich ziehe für die nächsten Stunden den Bauch ein, und wir drehen endlich.

Ich werde von jetzt auf gleich sturzbetrunken und lache und schimpfe und jammere. Noch ein Take und noch einer. Und noch einer. Es macht Spaß, wir kommen gut in Fluss.

»Du warst super. Das Ganze genau noch mal so, Kamerafehler«, sagt der Regieassistent. Also Wiederholung. Ausgerechnet vor meinem wichtigsten Take, dem Close-up, wird die Mittagspause angesagt.

Ich tausche die Highheels gegen die Moonboots, lasse den krampfhaft eingezogenen Bauch herausschnellen, ziehe die Daunenjacke über und gehe zum Mittagscatering. Ich muss die Spannung meiner Rolle halten, muss konzentriert bleiben und bin wortkarg gegenüber den Kollegen vom Team. Ich verstehe nicht, wie andere so locker sein können und bis kurz vorm »Bitte« noch Witze reißen oder telefonieren. Für mich ist Drehen ein ständiger Ausnahmezustand. Ich brauche etwas zur Beruhigung. Ich nehme mir einen Teller, lasse mir Nudeln daraufhäufen und esse sie genüsslich, genau wie das Tellerchen Tiramisu. Der Vorteil beim Close-up ist, dass nur noch das Gesicht zu sehen ist, nicht der Blähbauch. Trotzdem: Ein voller Magen dreht nicht gern. Ich nehme mir vor, das Abendessen definitiv ausfallen zu lassen.

Dann erfahre ich, dass ein Kollege am Nachmittag dringend zum Arzt muss und deshalb seine Szene vorgezogen werden soll. Ich habe also wieder Pause. Es wird nicht lange dauern, heißt es. Man warte nur auf ein Sonnenloch. Wegen des Drehanschlusses.

Es regnet in Strömen. Die Hauptdarstellerin muss weg, ich werde mein Close-up ohne Partnerin spielen müssen, aber so tun, als sei sie da. Wahrscheinlich werden sie mir den Regieassistenten hinstellen.

Ich habe jetzt den Wohnwagen für mich allein. Mich hinzulegen traue ich mich nicht, das würde meine Frisur ruinieren und zwanzig Minuten Restaurierung kosten. Also sitze ich mit perfektem Make-up wie die Zuckerpuppe auf einer Hochzeitstorte an meinem Tischchen und gucke aus dem Fenster.

Aus-dem-Fenster-Schauen wird auch als Lebenszeit angerechnet, denke ich. Also mach es mit Freude.

Draußen telefoniert der Kollege, der nachher dringend zum Arzt muss, und läuft dabei unruhig auf und ab; man sieht, dass es ein ganz wichtiges Gespräch ist.

Ich ziehe mein Handy aus der Tasche und schaue nach, ob mir jemand eine SMS geschickt hat. Da ich keine bekommen habe, denke ich darüber nach, ob ich eigentlich überhaupt jemandem wichtig bin und wenn ja, wem. Ich mache gedanklich eine Liste. Dann überlege ich, wem ich denn selbst eine SMS schicken könnte und wer mir wichtig ist. Gibt es nicht irgendjemanden, den ich ganz dringend anrufen muss? Die Nudeln liegen schwer in meinem Bauch, direkt neben den halb verdauten Schokoriegeln und dem gar nicht verdauten Blätterteigteilchen. Ich fühle mich körperlich und energetisch verstopft. Aber das sieht man vier Stunden später nicht, als ich endlich mein Close-up mit dem bärtigen Regieassistenten drehe und mir vorstelle, er sei meine Spielpartnerin.

Nach Drehschluss ziehe ich um in ein angesagtes Designerhotel, um das mich alle beneiden und in dem die Abendessensportion so klein ist, dass sie für mich als »kein Abendessen«

durchgeht. Mein Zimmer ist eine Art OP mit Chromwaschbecken, Blutablaufrinne und einer grellen Lampe, unter der ich beinahe in Narkose falle. Vergeblich suche ich nach OP-Kittel, Gummihandschuhen, Skalpell und Knochensäge. Ich bin erledigt, das Zimmer ist stickig. Ich öffne das Designerfenster und lasse mir Regenluft ins Gesicht wehen, bis ich friere. Unten wühlen sich Autos durch die Berliner Nacht. Dann schließe ich das Fenster, falle schwer ins Designerbett, strecke alle viere von mir und ziehe die raschelnde OP-Decke bis unters Kinn.

Da fällt mir endlich, endlich Louise L. Hay ein. Ich hätte schon viel früher an sie denken müssen. Welche Affirmation würde sie mir jetzt wohl empfehlen? »Ich bin so erfüllt von pulsierender Lebendigkeit«?

Ich suche das pralle Leben in mir, das ich so gut vor der Kamera darstellen kann. Nach diesem Dreizehnstundentag ist es nicht mehr ganz so prall, von meinem Bauch mal abgesehen. Langsam dämmere ich hinüber.

Leider packt mich im Halbschlaf eine Frage nach der anderen und will mich nicht mehr loslassen. Wie viel gefühlte Lebendigkeit ist eigentlich das Mindestmaß, um ein halbwegs glückliches Leben zu führen? Haben die anderen Menschen alle mehr Energie? Sind sie lebendiger und deshalb glücklicher und erfolgreicher? Vielleicht ist sprudelnde Lebendigkeit für sie ein Normalzustand, und ich gehöre zu den Scheintoten, ohne es zu merken?

Die OP-Decke raschelt wieder, während ich mich zu einer Schnecke einrolle. Diese Körperhaltung gefällt all den Fragen wohl nicht besonders, denn sie entlassen mich aus ihren Krallen, und der Schlaf kommt endlich und überfährt mich ungefragt wie ein ICE. Wie schön.

Die tausendprozentige Energietherapie

Gut, dass ich so viele Kontakte habe! Eine befreundete Casting-frau aus Berlin empfiehlt mir eine Energietherapie, die mir nach zwei bis drei Sitzungen meine hundertprozentige Lebendigkeit zurückgeben wird. Was auch immer das bedeuten mag. Sie schwärmt mir vor, dass ich von allem befreit würde, was mich bisher daran gehindert habe, meine Ziele zu verfolgen und zu erreichen. Ich erwarte nicht, dass ich danach fliegen kann. Aber zu neuen Ufern aufbrechen, warum nicht? Meine Bekannte ist seitdem viel besser drauf, kauft sich auf ihre alten Tage Rollerblades, macht ihren Kiez unsicher und kennt jemanden, der sogar seine Depressionen mit dieser Behandlung komplett losgeworden ist.

Nach zwei Stunden Autofahrt aufs Land werde ich am Gartentor von Olga und ihrem Mann empfangen. Olga strahlt übers ganze Gesicht, als wäre ich eine Uraltfreundin und hätte eine Schwarzwälder Kirschtorte im Kofferraum. Ihr Mann wirkt sensibel und ernst und drückt mich in einer Ganzkörperumarmung an sich, bei der ich mehr von ihm fühle, als ich jemals fühlen wollte. Olga serviert Jasmintee und selbstgebackene Dinkelkekse. Sie schmecken köstlich.

Nach kurzem Kennenlernen geht es in die hellen Praxisräume. Ich lege mich angezogen auf eine Liege, und Olga testet meinen Körper energetisch aus. Das Gerät, das sie dazu benutzt, ist ein langer Metallstab. So was habe ich noch nie gesehen. Ich fürchte, dass das Instrument mir Elektroschocks beibringen, meine Hirnmasse durcheinander wirbeln und mein Erinnerungsvermögen löschen wird. Wobei: Auf einige ausgewählte Erinnerungen könnte ich gut und gern verzichten. Aber wenn ich nicht aus erster Hand wüsste, dass Olga aus reiner Natürlichkeit und Menschenliebe lächelt und der seltsame Stab garantiert keine Funken sprüht, würde ich von der Liege springen.

Olgas Mann steht als Assistent parat, und schon beginnt die Austestungsphase. Olga findet alle möglichen Störungen und

Signale und diagnostiziert, dass sich zu wenig fließende Energie in meinem Körper befinde. Ich erwähne, dass ein Rückenbegradiger schon vorgearbeitet habe, aber es gibt wohl immer noch genug zu tun bei mir.

Sie benutzt zusätzlich ein Pendel, das ich faszinierend finde. Sie testet damit aus, dass ich Joggen lieber mag als Yoga. Und dass ich mit Harry, dem Contact-Tänzer, gar nicht wirklich zusammensein wollte. Nur mein »Mind« habe mir das suggeriert. Der Körper aber wisse es besser, denn das Pendel sage Nein. Sie stellt mir Fragen zu meinen Lebensumständen und Wünschen, überprüft die Werte und Überzeugungen, nach denen ich lebe, und schreibt meine Hauptthemen auf, die mich von der hundertprozentigen Lebendigkeit abhalten.

Dann löst sie auf sieben Energieebenen meine Belastungen auf. Sagt sie zumindest. Vom Scheitel bis zum Unterleib arbeitet sie sich mit ihrer Konzentration durch die einzelnen Energiezentren oder Chakren vor. Aber was heißt »arbeitet«: Sie tut gar nichts und hält nur den Stab! Ich frage, was sie da macht.

Sie erklärt: »Ich mische mich nicht ein. Das ist das ganze Geheimnis. Ich bin nur im Moment und warte ab, was passieren will.«

»Und was will passieren?«

»Das wirst du sehen. Das macht dein Bewusstsein.«

Aha. Ich hoffe, dass mein Bewusstsein schön aufpasst.

»Was auch immer das heißt – ich vertrau dir jetzt einfach mal. Ich werde ja wohl kaum zum Analphabeten regredieren, nur weil mein Bewusstsein Lust darauf hat«, sage ich in Erwartung einer beruhigenden Antwort, die aber nicht kommt.

Olga lacht herzlich. Sie wirkt versiert und unaufgeregt.

Ich verspüre ein wenig Anspannung, aber nach einiger Zeit legt sie sich und machte einer beschwingten Heiterkeit Platz. Es ist ein Gefühl, wie wenn man zum Frühstück Prosecco trinkt.

Als die Session vorbei ist, stehe ich auf und gehe ein paar Meter im Garten spazieren. Olga bringt mir ein großes Glas Wasser – ich soll viel trinken. Ich bin erfrischt und aufgeräumt: »Ich fühl mich so präsent.« Sie schweigt nur.

Mein Sehvermögen hat sich schlagartig verbessert, obwohl ich Olga von der Sehschwäche gar nichts erzählt habe. Es ist, als hätte man mir eine 3-D-Brille verpasst: Der Garten ist plötzlich hyperdreidimensional und gestochen scharf. Ein Kosmos von Insekten umwimmelt mich, die Blumen im Beet protzen mit Farben und Blüten. Und wenn ich genau hinhöre, kann ich sogar das Miauen der Katze dechiffrieren: Sie will was zu futtern, aber nichts aus der Dose. Es würde mich nicht wundern, wenn jetzt Peter Pan aus dem Neverland vorbeigeflogen käme.

»Du bist in deiner Mitte«, erklärt mir Olga.

»Da ist was dran, mittiger kann ich nicht sein«, stimme ich ihr zu.

Am liebsten würde ich vor Lebensenergie auf den alten Apfelbaum neben ihrem Haus klettern, aber Olga rät mir ab. Die Äste sind schon sehr morsch.

Am nächsten Tag geht es um das Aktivieren der Selbstheilungskräfte. Olga testet mit dem Pendel Wüstenblüten – eine Art Bach-Blüten, nur exklusiver, sagt sie augenzwinkernd und stellt mir einen Cocktail davon zusammen.

»Ab jetzt gibt`s kein Weißmehl mehr, nur noch Dinkelbrot«, bestimmt sie. Sie rät mir, ab jetzt mein Brot selbst zu backen und will mich zum Kauf einer Getreidemühle animieren.

Ich sage, das sei mir zu öko. Ich habe da ein paar Vorbehalte, ein Identifikationsproblem mit der Getreidemühle und dem alternativen Ansatz dahinter. »Am Ende ziehe ich noch in eine Kommune aufs Land!«

Olga lacht nur.

»Ich mein's ernst«, sage ich. »Eine Getreidemühle kommt mir nicht ins Haus!«

Aber Olga geht gar nicht darauf ein.

Sie testet mit dem Pendel einzelne Nahrungsmittel für mich aus und gibt mir Ernährungstipps. Die wichtigste Botschaft kommt ganz am Schluss: Sie warnt mich davor, je wieder in chronische Unzufriedenheit abzurutschen. »Die Welt steht dir ab jetzt sperrangelweit offen.«

»Aha«, mache ich nur.

Ich kann mit dieser Prophezeiung nichts anfangen. Wahrscheinlich habe ich einfach noch zu verschwommene Visionen oder weiß noch nicht, was mir bislang alles entgangen ist. Meine energetische Festplatte sei jetzt gereinigt, flüstert sie im Hintergrund. Es sei nun an mir, nicht mehr in alte Verhaltensmuster zu verfallen und Leiden zu erzeugen. Ich müsse nichts tun, nur mich immer wieder an die hundertprozentige Energie, die ich jetzt habe, anschließen. »Du musst dich nur erinnern.« Sie lächelt wieder ihr Menschenliebelächeln.

Ihr Mann packt mir Dinkelkekse ein und zwinkert mir seltsam zu. Jetzt kann mich nichts mehr davon abhalten, zu tun, was ich wirklich will. In diesem 3-D-Zustand bin ich bereit für das eigentliche Leben, für neue Herausforderungen, aber auch für alte: Ich bin bereit für meine Mutter. Ich beschließe, sie auf der Rückfahrt in meinem Heimatdorf zu besuchen. Dabei kann ich gleich den Härtetest machen.

Ich habe einmal erlebt, wie ein erfolgreicher Filmproduzent mit viel Einfluss und Grips zu einem verhuschten Bubi mutierte, der in Gegenwart seiner Mutter nur noch Grießbrei mit Kirschen mümmelnd »Das sehe ich genauso« sagen konnte. Er hat den Härtetest nicht bestanden. Wenn ich diesmal also nicht wieder in der Haustür zu Mutters kleinem »Mädle« schrumpfe, sondern selbst in Mutters Beisein die Lebenskünstlerin bleibe, die tatsächlich Auto fahren, lesen und schreiben kann, dann ist sie zumindest nicht schädlich, die geheimnisvolle Energietherapie. Und von ihrer positiven Wirkung will ich mich jetzt unbedingt überzeugen.

Ich wähle Mutters Telefonnummer. Auf meinem Handydisplay steht zwar immer noch »Eltern«, aber mein Vater ist schon vor Jahren ins Himmelreich umgezogen und beobachtet von dort – wahlweise ungläubig sein Resthaar raufend oder stolz lächelnd – das Streben seiner Tochter hier auf Erden.

»Wo bist du?«, ruft sie ins Telefon. Sie hört sich durch die Freisprechanlage an, als säße sie in Patagonien auf einer Eisscholle.

»Ich bin noch auf der Autobahn.«

»Ach so, der Kaffee ist schon fertig. Ich lasse ihn auf der Warm-halteplatte.«

Meine Mutter ist im letzten Jahr älter geworden, älter, als sie ist. Sie liest die Zeitung mit der Lupe, und die Kleider, die sie trägt, werden von Jahr zu Jahr immer größer, obwohl sie nicht weniger isst.

»Mama, ich trinke doch keinen koffeinfreien Kaffee.«

»Ach so. Carokaffee?«

»Im Notfall.«

»Was anderes hab ich nicht. Soll ich Bohnenkaffee besorgen?«

»Nein, ich trinke Saftschorle.«

»Ich hätte noch löslichen Kaffee, mit Koffein, den magst du doch.«

»Nein, danke, Mama, das ist lieb. Ich brauche nichts.«

»Also gut.« Sie klingt unzufrieden. »Ich mische immer den lös-lichen und den Carokaffee, dann schmeckt er wie Bohnenkaffee«, fängt sie wieder an.

»Nein danke, Mama.«

»Er schmeckt wie im Café.«

»Nein, danke.«

»Aber du musst doch was Warmes trinken!«

»Ich bringe Torte mit«, versuche ich abzulenken.

»Ich will keine Torte.«

»Wieso nicht? Du magst doch Kuchen.«

»Die nehmen es auch nur von den Lebenden, die Konditoren. Viel zu teuer. Bloß keine Torte.« Sie klingt ehrlich entrüstet.

Ich lächle. »Ich hätte auch Dinkelkekse.«

»Was?«

Noch bin ich voll an meine Energie angeschlossen, und meine Mutter erscheint mir liebenswert, liebenswert und noch mal lie-benswert. Weil die »psychisch-emotionalen« und die »faktischen« Erinnerungen aus der Vergangenheit voneinander getrennt sind, bin ich rein und unschuldig wie ein weißes Blatt Papier. Das hat mir Olgas Mann bei der Ganzkörperumarmung zum Abschied erklärt.

Mutter meint sorgenvoll, sie habe keine Ahnung, was wir zusammen unternehmen könnten, wenn ich gleich komme. Aber sie brauche Medikamente aus der Apotheke, und die Erde auf dem Familiengrab müsse aufgelockert werden, weil eine Katze wieder darauf gewütet habe. Dann wolle sie zur Kapelle, Blumen hinbringen, und es wäre auch sehr schön, wenn ich die Fußmatten ausschütteln würde.

Ich sage ihr, dass ich alles gern mache, aber noch heute wieder zurückfahren müsse. »Ich habe Termine, eine Drehbuchbesprechung.«

»Ach so«, sagt sie enttäuscht. »Termine.« Aus ihrem Mund klingt das Wort wie eine tödliche Krankheit. »Heutzutage haben alle Termine.«

Ich fühle mich mies und lege auf. Mein Energiepegel gerät erstmals in Gefahr. Während ich mich unserem mittelgroßen Dorf nähere, kommt die Sonne raus und blendet mich. Das Hoftor steht bereits sperrangelweit für mich offen. Ich fahre hinein; die Reifen holpern auf den Pflastersteinen, wie immer. Ich entdecke meine Mutter mit ihrem Gehstock an der Haustür. Sie steht mit ihrer geblümten Küchenschürze da wie eine »Nana« – eine bunte, gut gelaunte Pop-Art-Plastik von Niki de Saint-Phalle. Und das, obwohl sie seit Längerem von »Malästen« vom Herzen bis zu den Knien heimgesucht wird. Den letzten Schliff verleiht ihr die neue Dauerwelle, die sie mit der rechten Hand immer wieder in Form drückt. Sie begrüßt mich: »Mein Mädle!«

Ich freue mich auch, und mein Energiepegel steigt wieder.

Stufe, Stufe, Stufe. Und dann bin ich drin. Im Elternhaus. Und von jetzt auf gleich bin ich wieder Kind. Als hätte ich dieses Haus niemals verlassen. Sind es die tapezierten Wände, die plötzlich hochinfektiöse Kindheitsviren ausspucken? Oder die rosafarbenen Alpenveilchen auf dem Küchenfenstersims, die schon immer hier stehen? In einem von beiden steckt eine rote Schleife mit einem Schornsteinfeger, der ein Fähnchen schwenkt: »Die Jahre eilen so geschwind, hoch lebe das Geburtstagskind.«

Meine Cowboystiefel im Retrolook, die ich wohlweislich zur

Demonstration meines Frau-von-Welt-Status aus dem Kofferraum gezerrt und angezogen habe, kommen mir wie eine Faschingsverkleidung vor. Ich bin einfach ich selbst, denke ich. Ganz natürlich lebendig.

Meine Mutter hat den Tisch gedeckt, und während sie meine mitgebrachte Torte auspackt, löst das höchste Kritik und Freude in einem aus. Die Käsesahne hätte sie selbst viel besser hingekriegt, beschwert sie sich und steckt eine volle Gabel der fluffigen Masse in den Mund. Dann fragt sie mich, ob ich einen Freund habe. Ich bleibe zu tausend Prozent energiereich und sage erst mal nichts.

Meine Mutter redet weiter, als hätte sie ohnehin keine Antwort erwartet. Die Hirmer-Ute aus meiner Realschulklasse habe jetzt geheiratet. Ganz ausgefallen, mit Hut. Mutter macht eine etepetete Handbewegung und kräuselt die Lippen dazu. Eine Geste, die sie selten bemüht und die mich jedes Mal überrascht, weil sie dabei gar nicht wie meine Mutter aussieht. Eher wie eine Episodenschauspielerin aus dem *Traumschiff*. Jeder habe geglaubt, die Ute kriege keinen mehr ab, weil die Ute doch eigentlich nichts Gescheites geworden sei. Aber jetzt habe sie doch einen gefunden, die Ute, einen, der sie genommen hat. Mutter lächelt aufmunternd.

Ich stehe auf, gehe zum Kühlschrank und genehmige mir ein Achtel Frankenwein. Ich weigere mich vehement, meine für viel Geld gereinigte Festplatte wegen der Eheschließung von Ute Hirmer zu beschmutzen, die ich seit der Zeugnisvergabe in der Zehnten nicht mehr gesehen habe und von der ich nur noch weiß, dass sie nie jemanden abschreiben ließ und beim Turnen hässliche Gymnastikschläppchen trug.

»Toll, dass sie glücklich ist«, sage ich selbstlos.

»Sie ist halt nicht mehr allein …« Meine Mutter pausiert und wirft mir einen seltsamen Welpenblick zu. Ich wusste bis heute nicht, dass sie so große, runde Augen machen kann.

»Mhm«, antworte ich und habe große Lust, das ganze Haus zu putzen, das Familiengrab von Katzenschiss zu befreien, neu zu bepflanzen, den Grabstein – auch den der Nachbarn – auf Hochglanz zu polieren und zur Apotheke zu fahren, um alles aufzukaufen, was für Mutter und mich gut ist.

»Wenn du nur einen anständigen Beruf hättest«, haucht meine Mutter fast nicht mehr hörbar.

»Was wäre dann?« Der Rest Käsesahnetorte will nur zusammen mit einem kräftigen Schluck Müller-Thurgau meinen Schlund hinunter.

Maria! Halte die Festplatte rein!

»Dann hättest du ein festes Einkommen.« Mutter kippt schwungvoll einen Schuss Glückskleemilch in ihren Kaffee.

»Ja, Mama.«

Ich atme tief. Sauerstoff. Das zählt alles noch nicht als »Leiden«, das ist alles noch im Toleranzbereich.

»Dann würdest du vielleicht auch eher jemanden finden. Vielleicht jemanden von hier.«

Jetzt ist es raus. Sie hofft tatsächlich, dass ich in meinem Heimatort als Filmschaffende erblühen oder den Mann meiner Träume finden könnte! In meinem Dorf, in dem es keine einzige Ampel gibt, in dem das Wort »Selbsterfahrung« mit Gruppensex gleichgesetzt wird und in dem man früher zu Weihnachten zehn Pfennige in die Märklin-Modelleisenbahn-Jesuskrippe geworfen hat, damit das Jesuskind im Stall beleuchtet wurde. Obwohl: Bei Gott ist kein Ding unmöglich. Meine Mutter nippt bedächtig an ihrem Kaffee, bohrt die Gabel in den Biskuitteig ihrer Torte und steckt sich den Bissen in den Mund.

»Hier sind die Mieten auch viel billiger«, schiebt sie nach und kaut nicht, bevor sie schluckt.

Jetzt merke ich ganz deutlich, dass meine Festplatte sich schwarz verdunkelt, wie der Himmel an dem Tag, an dem Jesus den Geist aufgab und im Tempel der Vorhang von oben bis unten entzweiriss. Ich kann zusehen, wie meine funkelnagelneue Lebensenergie unter der Tür zur angrenzenden Waschküche hinausflutschen will. Ich erwische sie gerade noch am Zipfel.

»Mama, alles ist genau richtig, wie es ist. Mach dir keine Sorgen.«

Sie nickt ergeben und seufzt tief.

Es ist immer wieder erstaunlich, dass ein paar dahingesagte Worte von Müttern so hohe emotionale Wellen schlagen können. Ich schüttle die Fußmatten aus und bearbeite den Flurteppich mit dem Teppichklopfer, bis meine Mutter neben mir im Staubnebel erscheint und meint: »Es reicht.« Dann statte ich dem Grab meines Vaters sowie der Apotheke einen Besuch ab und packe anschließend meine Mutter ins Auto.

Die Marienkapelle liegt über dem Ort im Wald. Von dort aus kann man die feinsäuberlich angelegten Weinberge überblicken, den Main, der sich am roten Steinbruch entlangschlängelt. Die Gemeinde ist kuschelig eingebettet zwischen Fluss und Wald; von hier aus erkennt man sogar mein Elternhaus.

Wir sitzen auf dem hölzernen Bänkchen, vor uns die Muttergottes, fast lebensgroß, handgeschnitzt vom Onkel meiner Mutter. Das Zepter in ihrer Hand hat jemand gestohlen oder abgebrochen. Jetzt steckt ein neues da. Es ist aus einem anderen Holz. Es passt nicht ganz dazu. Gerade das mag ich; ich komme überhaupt gern hierher. Auf dem kleinen Altar blühen Gartenblumen in einem Einmachglas. Kerzen brennen. Es ist lauschig. Meine Mutter stellt Blumen aus unserem Garten vor die heilige Maria und zupft daran herum, bis die Blüten in die Richtung zeigen, in die sie zeigen sollen. Die Zeit bleibt stehen. Deshalb ist es okay, dass ich mich jetzt gerade, und nur eben jetzt, wie das Dorfmädchen von damals fühle. Ich stimme mit meiner Mutter sogar das Marienlied an, das wir früher immer hier oben gesungen haben. Wir kriegen es sogar zweistimmig hin.

Danach singt nur noch der umliegende Wald: raschelnd, klopfend, wehend, zwitschernd und knirschend. Das Gesicht meiner Mutter ist bewegt, während sie betet – als würde sie vergangene Geschichten an sich vorbeiziehen sehen. Ich glaube, dass auch sie nie aufgehört hat, ein Mädchen zu sein. Wie immer steht sie mit den Worten »Alles Gott zulieb« auf, hakt sich bei mir unter und will nach Hause.

Ich kann sie noch dafür begeistern, in der Nachbarstadt eine

Getreidemühle mit mir zu kaufen. Ich sage, dass frisch geschrotetes Getreide viel gesünder sei und dass ich meine Ernährung umstelle. Sie staunt über meine Willenskraft, den unverschämten Preis und die Technik, und nach einer dick belegten Pizza beim Italiener mache ich mich auf den Heimweg. Ich steige in den Wagen und setze über die Pflastersteine auf die Hauptstraße zurück.

»Vergiss unseren Herrgott nicht«, ermahnt mich meine Mutter von draußen.

»Mach ich nicht, Mama.«

Ich winke durchs Schiebedach, während meine Mutter immer kleiner wird und hinter der ersten Kurve ganz verschwindet. Wenn sie nur wüsste, auf wie vielen Wegen ich dem Herrgott auf den Fersen bin!

Nach meiner Drehbuchbesprechung backe ich mit Begeisterung mein erstes Dinkelbrot. Beim Teigkneten fällt mir die Wohngemeinschaft ein, in die ich in den Achtzigern hätte einziehen können, es aber nicht tat, weil das Klo keine Tür hatte und keiner daran interessiert war, eine einzubauen. Ich lege mit klebrigen Fingern Musik aus den Achtzigern auf: Karat. »Über sieben Brücken musst du gehn, sieben dunkle Jahre überstehn, siebenmal wirst du die Asche sein, aber einmal auch der helle Schein.« Das Brot gerät ein wenig flach, und die ganze Wohnung riecht wie eine Backstube.

Irma kommt nach der Arbeit vorbei; wir probieren das Brot noch lauwarm mit Butter. Sie meint: »Da fehlt Salz«, und lässt den Rest der Scheibe liegen.

Ich finde, dass sie einfach nur verwöhnt ist, und esse den ganzen Laib allein.

Altlasten

Ein paar Tage später merke ich, dass meine Energie im Sink-
flug begriffen ist. Das Universum lässt mich energetisch zwischen Himmel und Hölle hängen. Ich esse mein Dinkelbrot mit
zu viel Butter und zu viel Schokocreme und ärgere mich unver-
hältnismäßig über meine Betriebsnebenkostennachzahlungs-
forderung. Der Alltagsgrauschleier legt sich wieder auf mein Gesicht, und ich beschließe, zur Kosmetikerin zu gehen. Vielleicht
haben sich ja in ein paar Mitessern schlechte Schwingungen
versteckt.

Ich liege unter dem Dampfbad und lasse mir das Gehirn ver-
nebeln. Es ist natürlich nicht möglich, die gute Energie zu halten.
Ich bin wieder in die alte Falle von Negativität und Selbstzweifeln
getappt, genau das, was ich nicht tun wollte. Im Nachhinein finde
ich es doch sehr fragwürdig, dass eine andere Person meinen
Energiefluss in zwei Sitzungen angeblich *für immer* und *unwiderruflich* in Schwung gebracht haben will.

Was für ein Übermensch muss man sein, um eine solche Hun-
dertachtziggradwende erstens zu machen und zweitens beizubehalten? Die Behandlung kann höchstens ein Ansporn sein,
sich nicht mehr permanent zum Sklaven seiner schlechten Ange-
wohnheiten zu machen. Oder, wenn man es doch tut, es wenigstens zu bemerken. Man bekommt einen Glücksappetizer auf einem
Teller serviert, damit es einem auffällt, wenn der wieder leer ist.
Befriedigend ist das nicht. Aber ein guter Anfang.

Zu Hause presse ich Blutorangen aus – wie früher meine Mutter – und trinke den Saft schlückchenweise. Dabei fällt mein Blick
durch die Balkontür, und ich sehe mich plötzlich wieder von der
Grundschule mit meinem Schulranzen nach Hause gehen. Ich
bin sieben. Ich nehme noch einen Schluck, der mich endgültig in
die Vergangenheit zurückkatapultiert:

Ich gehe recht schnell, schaue mich dauernd um, ich hetze. Da
ist schon wieder dieses Mädchen aus der höheren Klasse; sie ist
dick und trägt einen speckigen, jägergrünen Pullover mit viel zu

kurzen Ärmeln. Sie verfolgt mich. Die Mädchen aus meiner Klasse haben ihr gesteckt, dass ich in der Pause Blutwurst esse.

Blutwurst war damals etwas Normales für mich. Bei uns wurde ein- bis zweimal jährlich geschlachtet. Zu diesem Zweck verriegelte mein Vater das Hoftor, und ich stellte mich ins Wohnzimmer hinter die Gardine. Vor hier aus sah ich das Schwein aus dem Stall rennen. Es freute sich über seine neu gewonnene Freiheit, wuselte neugierig quer über den Hof und grub seine Schnute grunzend in die Pflastersteinritzen. Kurz darauf fiel ein Schuss. Das Schwein quiekte und fiel hin. Ich stand dabei mit großen Augen hinter dem Vorhang und konnte vor Schreck nicht wegsehen. Das Schwein war tot, mausetot. Dabei hatte es bis eben doch noch meine Essensreste gefuttert.

Unsere Küche wurde daraufhin in eine Wurstküche umarrangiert. Die Arme des Wurstmachers Hönig versanken bis zum Ellbogen in der Blutwurstmasse. Er schob sie rhythmisch hin und her, vermengte alles, schmeckte ab und stopfte die Masse in die gewaschenen Därme. Mein Entsetzen hatte sich mittlerweile gelegt, ich reichte Gewürze wie Thymian und Nelken an, und manchmal durfte ich sogar die Wurstlängen bestimmen. In der Schulpause aber sprangen die Mädchen aus meiner Klasse um mich herum und riefen: »Iih! Guckt mal, was die isst! Blutwurst! Heiliges Mariale! Das heilige Mariale isst Blutwurst!« Die Botschaft machte schnell die Runde. Oft packte ich mein angebissenes Brot wieder weg, weil mir der Appetit vergangen war und ich mich schämte.

Und jetzt ist da die Dicke mit dem speckigen Pullover. Sie hat sich Rosendornen ins Gesicht und auf die Nase geklebt, um mir Angst einzuflößen, ihr Gesicht ist übersät davon. Sie sieht aus wie ein wild gewordenes Nashorn. Sie droht mir, mich in die Dornenhecke zu werfen, und kommt immer näher: »Bluuuutwurst! Bluuuutwurst!« Ich fange an zu rennen, die Schulbücher hüpfen in meinem Ranzen auf und ab, ich biege irgendwo in eine Seitenstraße ein, vergesse, wo ich bin, und verlaufe mich in meinem eigenen Heimatort. Die Häuserfassaden sehen plötzlich anders aus; unser Haus ist nicht dabei, sosehr ich mich auch bemühe, es zu finden. Ich muss nach dem Weg fragen. Mein Kopf glüht. Als ich endlich nach Hause komme, rührt meine Mutter gerade den Teig für einen Marmorkuchen. Obwohl ich eine Odyssee hinter mir habe, komme ich nicht viel später als sonst nach Hause. Sie hat mich noch gar nicht vermisst. Ich darf die Schüssel ausschlecken, meine Mutter hat extra viel Teig für mich übrig gelassen. Die Hauptmahlzeit, Fischstäbchen, esse ich zum Nachtisch. Irgendwann, später, rühre ich keine Blutwurst und auch keine Leberwurst mehr an. Nicht, weil sie aus dem toten Schwein gemacht ist. Sondern weil ich dafür gehänselt wurde.

Ich trinke den Blutorangensaft aus, spucke einen Orangenkern in die Spüle und lasse Wasser nachlaufen, bis der Kern im Abfluss verschwindet. Doch gewisse Erlebnisse lassen sich nicht einfach wegspülen. Wahrscheinlich stecken sie mir immer noch in den Zellen, »in den Knochen«, obwohl der Körper sich alle sieben Jahre vollkommen erneuert. Das hat Irma mal gesagt. Solche Erinnerungen mahnen wie Verkehrszeichen am Straßenrand: »Hier geht's nicht weiter! Hier musst du dich ducken! Und hier wird's saugefährlich!«

Ich lasse mich unmerklich beeinflussen von ollen, längst vergessenen Kamellen und bin deshalb langsam wie eine Schnecke, wenn es um Veränderung geht. Da liegt so viel brach. Als hätte ich in meinem eigenen Palast nur den Vorraum betreten, in dem man den Regenschirm abstellt. Und ich sehe mich dort um und sage anerkennend: »Schönes Haus, wirklich, sehr schön.« Ich richte mich auf der Gästetoilette auf einem Quadratmeter ein und bleibe da für immer. Ohne jemals zu erfahren, dass es richtige Zimmer gibt mit schönen Möbeln drin, ja, ganze Zimmerfluchten und Säle mit Balkonen, Erkern und Terrassen ...

3.

Was ist los?

Om mani peme hung

Ich will unbedingt aus meinem Wohnklo raus! Das muss doch möglich sein. Und wenn nicht aus eigener Kraft, dann muss ich eben jemanden finden, der mir dabei behilflich sein kann, die Flügeltüren zu den Zimmerfluchten aufzustemmen. Jemanden, der mir Handwerkszeug mitgeben kann. Ich finde Arthur und das »Spontane Qigong« oder offiziell: Zi Ran Men Qigong.

Der Übungsraum riecht beißend nach chinesischen Räucherstäbchen. Arthur, der Qigong-Lehrer, ein nicht sehr großer Mann in schwarzen Tai-Chi-Trainingsschuhen und Brille, ist selbst Schüler eines Meisters: des großen Dr. Zeng Bin Zhang aus China. An den Wänden hängen chinesische Schriftzeichen und Fotos von Meister Zhang und ihm.

Arthur erklärt nicht viel. Er sagt, man müsse es einfach tun. Aber ich habe mich im Vorfeld informiert: Oberste Priorität hat Natürlichkeit. Beengende Gedankenmuster sollen losgelassen werden, dann wirkt Qigong wohltuend und ausgleichend. Man soll zum Betrachter des eigenen Ich werden und ein ruhiges Herz bewahren. Das trägt zu Heilungsprozessen bei und fördert geistige und künstlerische Fähigkeiten. Es wird Zeit: mit ruhigem Herzen vom Wohnklo in den Tanzsaal des Lebens!

Ganz wichtig ist Arthur, dass ich die Meditation mit »größtmöglicher Lässigkeit« mache. Das ist mir sehr sympathisch. »Den Problemen einfach keine Bedeutung geben«, sagt er fast gelangweilt, als ob er selbst noch nie welche gehabt hätte und nur durch

Erzählungen anderer weiß, dass es so etwas Abartiges überhaupt gibt.

Ich stelle mich strumpfsockig in die Runde der neun Übenden. Zu tibetischer Meditationsmusik praktizieren wir den »kleinen Kreislauf«. Ich stelle mir vor, wie aus dem Universum weißes Licht durch meinen Scheitel, den so genannten Baihui-Punkt, in mich einströmt, an der Körpervorderseite nach unten fließt, durch Huiyin, das Wurzelchakra, nach hinten gelangt und an der Körperrückseite wieder nach oben ins Universum, von wo gleich wieder neue Energie nachströmt. Meine Konzentration soll sich die ganze Zeit auf die Vorstellung dieses Energieflusses richten, den ich Runde um Runde wiederhole. Der Meister erinnert mich daran, dass ich mich entspannen und meine Probleme »freundlich missachten« soll. Im Fluss des Energiekreislaufs fange ich an, mich zu bewegen, wie die anderen es tun, und stelle mir vor, dass das weiße Licht mich von innen anstrahlt wie ein Filmscheinwerfer. Die Räucherstäbchen machen mir das Atmen ein wenig schwer, aber ich bilde mir ein, dass sie zu meiner Heilung beitragen werden.

Wie schnell mein Geist gelangweilt ist, merke ich daran, dass ich überlege, ob ich vor dem Theaterbesuch heute Abend meine Haare waschen muss oder ob ich es riskieren kann, als personifiziertes chinesisches Räucherstäbchen ausdünstend im Parkett zu sitzen. Ich schaue auf die Uhr und rechne mir aus, wie lange die Übung in etwa noch dauern wird. Ich beobachte den Mann neben mir, der völlig versunken seine spontanen Bewegungen macht. Einerseits beneide ich ihn um seine Kontemplation, die ihn so aufgeräumt und friedlich aussehen lässt. Andererseits wirkt es recht befremdlich, wie er sich biegt, windet und beugt, als läge ihm ein Schnitzel quer im Magen. Dann fällt mein Blick auf seine Socken. Nicht, dass ich was gegen selbstgestrickte Socken hätte. Aber seine sind ein Hingucker: Der Fuß ist grau, und jeder Zeh steckt in einer kleinen, andersfarbigen Ausbuchtung. Der Mann trägt Zehensocken zum Meditieren! Und weil er sie wohl oft trägt, lugt sein rechter großer Zeh wie ein vorwitziges

Tier durch eine löchrige Stelle aus seiner Behausung heraus. Ich gucke immer wieder hin und bin total abgelenkt. Ich bin sogar versucht, seinem Zeh einen Namen zu geben. Holger würde passen, oder Erich. Ich bilde mir ein, dass Holger mir sicher antworten würde, wenn ich ihn freundlich anspreche. Aber dann reiße ich mich zusammen und erinnere mich daran, dass Qigong auch die Konzentrationsfähigkeit fördert. Was bei mir bitter nötig ist.

Nach einer Weile, als ich aufhöre, mich zu fragen, wieso ich nicht einfach wie alle anderen durchschnittlichen Menschen bin, die *nicht* hier sind, passiert etwas. Ich missachte alle Ablenkung mit Freundlichkeit und richte zielstrebig mein Denken auf den Energiestrom aus den Weiten des Universums. Ich höre auf, das Procedere hier affig und den Holger meines Nachbarn lustig zu finden. Das vorgestellte Licht durchdringt mich mehr und mehr, und es entsteht eine Dynamik. Nun bewege ich mich von selbst, ohne eigenes, künstliches Zutun. Und die gesungenen Mantras sind nicht länger lästige Ohrwürmer, die sich in mein Gehirn bohren.

Ein Hauch Unbeschwertheit durchhuscht mich. Ist das etwa der Beginn des universellen Energieflusses in mir? Jetzt Arthur dazu zu befragen, würde mich zu sehr ablenken; es ist gerade so spannend. Also lasse ich es laufen, was auch immer es ist. Es fühlt sich gut an. Es fühlt sich besser an. Es fühlt sich super an! Ich bin angedockt. Ja! Aber wo? Vielleicht an mir? Ich bin weißes Licht! Ich bin Energie! Ich bin eins!

Aber dann … Ich höre plötzlich seltsame Geräusche, etwas wie Schlangenzischen oder wie das Stöhnen einer alten Dampflok. Ich öffne vorsichtig die Augen. Vielleicht habe ich ja schon Halluzinationen. Vor mir ist nichts. Das Zischen passiert hinter mir. Ich wage eine unauffällige Drehung nach links, bis ich Meister Arthur aus den Augenwinkeln erkenne.

Er steht da und zischt mich an!

Einen Arm nach oben ausgestreckt, den anderen in meine Richtung. Er beschwört mich! Er faucht, und obwohl ich ihn entsetzt anstarre, hört er nicht auf damit. Ich ahne, dass auch er

»freundlich missachtet« werden will. Keiner der anderen schert sich um sein Gebaren. Also muss es etwas Gewohntes sein, eine Art Ritual. Ich steige auf die Gefahr hin, mein Einssein zu verlieren, aus der Energieübung aus und frage vorsichtig: »Entschuldigung, Arthur, was machst du da?«

Er reagiert nicht.

»Arthur?«

Arthur zischt weiter, und ich gucke hilfesuchend zu den anderen Meditierenden.

»Mach einfach weiter«, sagt Arthur streng und zischt wieder.

»Das kann ich nicht. Ich muss wissen, was du da machst.«

Er nimmt mich zur Seite und erlöst mich aus meiner Unwissenheit. Der Arm des Qigong-Meisters fungiert als eine Art Antenne, mit der er die kosmische Energie einfängt und bündelt. Er leitet sie über sein Herz und lässt sie in kosmischer Liebe zu allem, was ist, wieder hinausfließen. Punktgenau gerichtet auf energiearme Körperteile des Meditierenden.

Deswegen saß er mir die ganze Zeit im Nacken! Die Zischlaute dienen dem Fokussieren und Übertragen der Energie, sagt Arthur. Ich wundere mich nicht mehr, wieso die Fenster mit weißer Gaze verhängt sind. Wer von außen reingucken würde, würde sich wahrscheinlich für den Zeugen einer teuflischen Beschwörungsrunde halten.

Wenn Arthur nicht zischt, sagt er: »Om mani peme hung, om mani peme hung.« Und zeitgleich beginnen auf der CD, die die ganze Zeit im Hintergrund läuft, tibetische Mönche das gleiche Mantra zu singen: »Om mani peme hung.«

Ich soll jetzt die Energie unter den Fußsohlen durchleiten, aber sie will erstmal nicht hinunter. Ich bin ja froh, dass ich sie überhaupt in meinen Körper locken konnte. Ich brauche einige Vorstellungskraft, um die neue Aufgabe hinzukriegen. Arthur erinnert mich daran, dass das hier keine Arbeit sei, sondern Meditation.

Als das weiße Licht endlich auch durch meine Füße kriecht, erhalte ich schon die nächste Anweisung. Ich soll die Energie in meine problematischen Zonen lenken. Sofort visiere ich meinen Bauchspeck an. Aber Arthur kann Gedanken lesen, denn er präzisiert: »Die Stellen, in denen energetische Blockaden sitzen.«

Etwas unwillig lasse ich von meinem Bauch ab und konzentriere mich auf den Nacken.

»Oh du Juwel in der Lotusblüte«, sagt Arthur. »Om mani peme hung.«

Ich bin genervt, dass er mich mit seinem Mantra permanent aus meiner Konzentration reißt, und frage ihn, ob er das nicht sein lassen kann.

Er antwortet: »Nein. ›Om mani peme hung‹ ist das älteste Mantra im tibetischen Buddhismus. Die Mönche rezitieren es nonstop für die Heilung der Welt. Mach weiter.«

Ich versuche mir zu vergegenwärtigen, dass fremde Mönche in diesem Moment am Seelenheil ihnen fremder Menschen interessiert sind. Das bedeutet: auch an meinem. Mir wird ganz feierlich zumute, und schwupps!, schon befinde ich mich gedanklich in einer der vielen Sonntagnachmittagsandachten in der Kirche, in denen ich als Kind gesungen und gebetet habe – für die anderen Menschen, die arm dran waren, und selbstverständlich für die armen Seelen. Unser Pfarrer meinte sehr ernst, dass es uns besser gehe als vielen anderen; aber aus seinem Mund klang es so, als ob das etwas Schlechtes sei und als ob man beichten müsse, wenn es einem gut ging. Deshalb hatte ich permanent ein schlechtes Gewissen. Ich wünschte mir ein kleines bisschen – und auch nur heimlich –, dass es mir so mies gehen möge wie den armen Seelen, für die ich betete. Ich hatte ja keine Ahnung, dass weit weg irgendwo auf der Welt, in Tibet, auch für *mich* gebetet wurde, einfach so, prophylaktisch! Und das, obwohl es mir gut ging.

»Bewegt euch so, wie der Körper es will«, rät Arthur im Hier und Jetzt. Hier ist es erwünscht, dass es einem gut geht. Ich muss mich nicht mehr wie damals heimlich als arme Seele verkleiden. Ich muss mich nur hin und wieder von Arthur anzischen lassen. Ich folge dem Gesang der Mönche, »Om mani peme hung«, und lasse mich von ihrem Gebet beflügeln. Es ist leicht. Gesundung muss nicht verdient werden. Man bekommt sie praktisch geschenkt.

Nach dieser Übung habe ich eigentlich genug von all dem Guten und will schon zusammenpacken. Aber es geht im Sitzen weiter. Wir ruckeln minutenlang auf den Sitzknochen hin und her, bündeln und verteilen Energie, schicken Licht in den Solarplexus und ins untere Dantian, das unterste Energiechakra. Ich fühle mich bereits wie eine Lichtgestalt, doch es folgt noch der »Feuerdrache«, bei dem man zentrifugenartig mit dem Oberkörper rotiert, und das Hochziehen der Energie mit einem Hicks-Geräusch. Parallel dazu zieht man den Nabel ein und dann heißt es: üben, üben, üben. Aber irgendwann schreckt mich gar nichts mehr und ich ruckle, rotiere und hickse, was das Zeug hält. Es klingt, als hätten alle im Raum Schluckauf. Arthur zischt dazu.

Nach über zwei Stunden ist endlich alles zu Ende. Ich erhebe mich und werde fast ohnmächtig. Mir ist übel. Das sind die Räucherstäbchen, ganz sicher. Kreidebleich trete ich vor den Meister, aber den beeindruckt das nicht: »Das ist die große Ansammlung von Qi, der Lebensenergie, die bist du nicht gewohnt. Das ändert sich mit der Zeit und mit der Übung.«

»Und was passiert, wenn ich mehr Übung habe?« frage ich mit dünner Stimme.

»Einfach dabeibleiben«, meint er.

»Du meinst, ich muss durch die Übelkeit durch?« Ich stütze mich an der Wand ab.

»Einfach weitermachen«, hält er mich im Ungewissen.

Ich kann mir denken, wieso er mir keine anständige Antwort gibt: Ich denke zu viel. Er will meinem Denken kein Futter geben. Ich habe Arthur durchschaut.

Ich muss sofort an die frische Luft und radle im Zeitlupentempo nach Hause. Den Rest des Tages bin ich nicht zu gebrauchen. Von wegen: erfrischt und voller Power! Ich fühle mich ausgelutscht wie nach einem Marathonlauf.

»Du musst hart an dir arbeiten!«

Am nächsten Morgen sind meine Mandeln geschwollen, ich kann kaum schlucken, und der Schnupfen klopft auch schon an. Irgendwas ist schief gelaufen. Mein Qi hat den falschen Kanal genommen oder ist zu schnell ins Universum zurückgeflattert. Keine Ahnung. Vielleicht war es zu viel für den Anfang.

Ich liege ächzend vor dem Fernseher und zappe durch die Kanäle und die Nachmittagstalkshows. Es geht ununterbrochen ums »Bessermachen«, darum, »hart an sich zu arbeiten«, um »sein Allerbestes geben« zu können, damit man dann »richtig gut« ist. Ist das unsere deutsche Arbeitermentalität, der auch ich auf den Leim gegangen bin? Beschäftigungstherapie? Oder ist es das verständliche Bedürfnis nach menschlichem Wachstum und Wohlbefinden? »Wo wollen die alle nur hin mit ihrer harten Arbeit, und welche Belohnung wartet auf sie, wenn sie nach all der harten Arbeit dort angekommen sind?«, denkt mein erkältungsmatschiger Kopf. Dann klingelt es an der Haustür.

Meine Autorenkollegin Sybille hat sich in mein Viertel verirrt, weil sie bei meiner Schneiderin ein Kleid ändern lassen will. Das passiert zurzeit immer öfter: Sie hat zugenommen. Sie besucht mich und besteht darauf, mir eine heiße Milch mit Honig zu machen.

»Das sind die Nachwirkungen deiner chinesischen Meditation«, sagt sie.

»Es ist eine Erstverschlimmerung wie in der Homöopathie«, verteidige ich mich.

»Vielleicht hattest du die Erkältung schon vorher in dir, und dieses Qigong hat sie nur ins Rollen gebracht«, überlegt Sybille weiter.

»Ich war topfit, ich hab mich nirgendwo angesteckt«, krächze ich. »Und ich habe durchgehalten bis zum Schluss.«

»Meditation sollte eigentlich nicht anstrengend sein«, bemerkt sie, die noch nie auch nur eine Sekunde lang etwas für ihre Entwicklung – weder geistig noch körperlich – getan hat.

Sie gibt zwei volle Löffel Honig in die heiße Milch. (Ich denke an die vielen Pressefotografen, die mir damals auf dem roten Teppich so euphorisch zugerufen haben, als wären sie meine besten Freunde: Die warten jetzt sicher mit Salbeitee und dampfender Hühnersuppe vor meiner Wohnungstür und wollen mir ihre Huld erweisen. Und Sybille hat sie einfach stehen lassen. Typisch!)

»Es ist immer ein bisschen anstrengend, Sybille! Das ganze System muss sich doch umstellen! Was Neues in den Körper zu kriegen, ist immer schwer.«

Sie bleibt stur: »Aber Energie ist unsichtbar und substanzlos, die könnte auch *ohne* Probleme einfach so in dich reinfließen, wenn du nicht ganz vernagelt bist. Vor allem, wenn sie sowieso überall im Universum rumfleucht.«

Ich kann einfach nicht mit ihr reden. »Es kommt auf die Absicht an. Man muss sich für das Gute öffnen«, sage ich trotzdem. »Außerdem ist Milch gar nicht gut bei Halsentzündungen, weil man dabei so verschleimt.«

»Mir hilft heiße Milch mit Honig immer«, beharrt sie, stellt mir die Tasse hin und guckt mich liebevoll an. Dann will sie auch schon wieder los, sie möchte sich im Fitnessstudio anmelden.

Ich glaube, ich höre nicht richtig.

»Ich mag die Muster nicht mehr, die die Cellulite auf meinen Oberschenkeln macht«, gesteht sie. »Man kann nicht ewig nichts tun.«

Also nun auch Sybille! Ich frage sie, ob sie einen Menschen kennt, der nicht irgendwas an sich bearbeitet und trotzdem – oder gerade deshalb – glücklich ist.

»Ja, ich! Bis vor Kurzem jedenfalls. Außerdem arbeite ich nicht an mir! Ich will nur nicht fett werden«, verteidigt sie sich. »Das ist was ganz anderes.«

»Und wen kennst du, der nichts für sein Glück tut und glücklich ist?«, hake ich nach.

»Meine fünfundneunzigjährige Urgroßmutter. Die liest nur Bergromane und häkelt mintgrüne Babysöckchen mit Rüschen, die niemand seinem Sprössling je anziehen würde. Doch das ist meiner Uroma egal. Sie steckt sich allerdings auch Heiledelsteine in den Büstenhalter und nimmt täglich Bach-Blüten.«

»Und geht's ihr damit besser?«

»Das Zeug scheint zu wirken«, räumt Sybille ein. »Wir kommen seitdem viel besser klar. Ich werde ihr zum Sechsundneunzigsten ein ganzes Bach-Blüten-Set schenken.«

»Siehste!«

Außerdem macht Sybilles Mutter eine Ausbildung, in der sie lernt, im »morphischen Feld« ihrer Nachbarinnen zu lesen: »Sie sagt ihnen, wo sie gerade in ihrer Entwicklung stehen.« Sybille fügt schnell hinzu, dass sie niemals ihrer Mutter ihr morphisches Feld zeigen werde. Das sei Privatsache.

»Was ist das eigentlich?« Ich trinke von der heißen Milch und schlucke vorsichtig.

»Keine Ahnung«, sagt Sybille.

Mich fröstelt. Eigentlich bin ich es von Kindesbeinen an gar nicht anders gewohnt, als irgendwen um Unterstützung zu bitten oder mir einen Segen abzuholen. Irgendein Heiliger ist immer zuständig, es gibt ja genug von ihnen. Am Fest des heiligen Blasius zum Beispiel – einem der vierzehn Nothelfer – bekam ich jährlich den Blasiussegen. Die anderen Kinder und ich standen wie die Orgelpfeifen aufgereiht um den Altar. Unser Pfarrer ging mit zwei brennenden, im unteren Viertel überkreuzt gehaltenen Kerzen von Kind zu Kind, hielt sie uns an die Wange und murmelte in Highspeed und kaum verständlich: »Auf die Fürsprache des heiligen Blasius bewahre dich der Herr vor Halskrankheiten und allem Bösen.«

Ich war immer aufgeregt, wenn der Pfarrer sich mit den Kerzen näherte. Noch die Barbara vor mir, noch der Burkhard vor mir, noch die Edith. Dann spürte ich auch schon das kalte Kerzenwachs an meiner Wange und wartete aufgeregt auf das kleine Zischen, das angekokelte Haare verursachten. Aber Halsschmerzen bekam ich trotzdem immer wieder. Und das, obwohl Bischof Blasius einen Jungen vor dem Erstickungstod durch eine Fischgräte gerettet hatte, den Märtyrertod gestorben und heiliggesprochen worden war. Aber er verbrachte zu Lebzeiten viel Zeit unschuldig im Knast. Da kann einem auch als Heiligem schon mal die Lust aufs Heilen vergehen.

Ich versuche gerade beim Anflug eines Fieberschubs, im Stillen die übrigen dreizehn Nothelfer aufzuzählen, als Sybille sich noch mal hinsetzt: »Früher ist doch kein Durchschnittsbürger auf die Idee gekommen, Energie aus dem Universum abzuzapfen. Da ging es darum, dass der Kühlschrank voll war und die Kinder was zum Anziehen hatten.« Sie reicht mir eine Wolldecke, denn ich kriege gerade Schüttelfrost.

»Heute geht's den Leuten seelenmäßig schlecht, das haben sie früher nur nicht gemerkt«, werfe ich ein und niese. »Damals hatten sie ganz andere Prioritäten.«

»Dieser ganze Selbstverbesserungshokuspokus ist ein Bombengeschäft mit lauter Gelangweilten«, sagt Sybille.

»Nein. Wir alle entwickeln gerade ein neues Bewusstsein. Was glaubst du, was da noch kommen wird.«

»Pillepalle.« Sybille steht auf.

»Dir fehlt die Neugier auf dich selbst«, fordere ich sie heraus. »Du interessierst dich nicht dafür, wie du funktionierst.«

Sie lacht: »Nee. Weil ich keine Waschmaschine bin. Ich laufe ohne Bedienungsanleitung.« Sie umarmt mich.

»Ich finde es toll, rauszufinden, wer ich bin und wer ich zukünftig sein könnte«, säusle ich matt und sinke zurück in die Kissen. Ich finde, dass ich es perfekt auf den Punkt gebracht habe.

»Das kannst du auch. Wenn du wieder gesund bist.« Und weg ist Sybille.

Bevor ich in dieses herrliche Delirium verfalle, in dem mir alle Nothelfer auf einmal erscheinen, habe ich eine Idee. Ich will, wenn ich schon an meinem Lebensglück arbeite, ein deutlich *sichtbares* Ergebnis erzielen. Ich will meinen eigenen Film machen: selbst geschrieben, selbst besetzt, selbst inszeniert, von einem Superproduzenten produziert. Bei neununddreißig Komma vier Grad Körpertemperatur sehe ich mein Opus magnum schon fertig vor mir. Auf einer Riesenleinwand. Und dann sehe ich die heilige Katharina, die Nothelferin der Frauen, Mädchen und Jungfrauen. Sie tritt aus der Leinwand, schreitet auf mich zu, hüllt mich in ihren kobaltblauen Umhang und wiegt mich in einen seligen Schlaf.

Nach meiner Genesung qigonge ich weiter in den Räucherräumen von Arthur und übe, locker zu atmen, mich zu konzentrieren und zu entspannen. Aber es will einfach nicht besser werden: Jedes Mal wird mir hundeübel, ich hieve mich danach mit letzter Kraft aufs Fahrrad und kurve in Schlangenlinien nach Hause. Ich komme nicht hinter das Geheimnis meines inneren Meditationsboykotts. Ist es Räucherwerkallergie? Subtile Rebellion? Unbewusster Widerstand? Und wenn ja, wozu? Die anderen Teilnehmer sehen danach immer ganz manierlich aus: gesunde Gesichtsfarbe, strahlende Augen, von oben bis unten voller Qi. Ich muss wohl oder eher übel mit Spontanem Qigong aufhören, obwohl ich von seiner positiven Langzeitwirkung überzeugt bin.

Ich pinne eine Postkarte mit tibetischen Mönchen an den Küchenschrank und flüstere ihnen zu, sooft mein Blick auf sie fällt: »Om mani peme hung.« Irgendwann gestehe ich ihnen, dass ich bei meinem ersten Qigong-Durchlauf gar nicht wirklich »eins« war. Ich habe ein ganz klein wenig nachgeholfen. Sie lächeln nur.

Denkst du noch oder schreibst du schon?

Seit meiner Grippe hege ich nur noch gute Gedanken über mich, mache sanftes Gerätetraining für meinen Rücken, koche zu sphärischer Meditationsmusik ayurvedisch, wirke in Hamburg an einem Film mit und fühle mich wieder topfit. Mein Selbsterforschungsweg setzt sich wunderbarerweise ohne großes Zutun meinerseits fort, das Leben schwemmt wie Treibgut das Passende an. Diesmal ist es ein Kerl, der ganz in meiner Nähe strandet und mir unter anderem erzählt, dass das Schreiben von Worten

»heilende Wirkung« besitze. Ich lasse mich darauf ein. Auch auf
ihn. Und damit den Liebeskummer.

Doch als Erstes führt mich die Anwesenheit dieses Kerls gedanklich weit zurück in die Schulzeit, in die Grundschule. In mein
Klassenzimmer. Der Raum riecht nach Bleistift, nach Tafel und
nach den alten Holzstühlchen mit Sitzmulde, auf denen wir das
ABC gelernt haben. Ich rieche Tinte. Blauschwarze Tinte. Bloß
keinen Fehler machen, keinen einzigen. Ich spüre die Beklem-
mung, die Fräulein Waidhas in uns auslöste. Fräulein Waidhas,
damals schon fast sechzig, heute längst tot, verfolgte jede
Schreibbewegung mit Argusaugen. Sie durchmaß den Klassen-
raum mit großen Schritten und erzeugte beim Vorübereilen einen
Luftzug, den ich sogar im Gesicht spürte.

Wenn man »schön« schrieb, erhielt man ein »Sehr gut« – ein
kleines rosa Pappzettelchen, oder ein »Gut« – ein Zettelchen in
Orange. Ihre Belobigungen ließ sie im Vorbeigehen auf den Tisch
fallen. Wenn man zehn »Sehr gut« oder zwanzig »Gut« hatte, bekam man ein Heiligenbildchen. Hatte man zehn Heiligenbildchen, winkte als Lohn ein Kinderbuch. Ich schaffte es tatsächlich, mir eins zu erarbeiten – es war hellblau, und der Einband
glänzte ganz wunderbar.

Aber schönschreiben musste man. Andernfalls war man Fräulein Waidhasens Feind, und sie ließ ihre ganze Verachtung auf
denjenigen niedergehen. »Tschaberl«, schrie sie dann durch
den Raum. Was ungefähr so viel bedeutete wie »dumme Gans«
oder »Versager«. Manche von uns bekamen auch mal eine Ohrfeige. Beim Üben musste die ganze Klasse im Chor mitspre-
chen, während die Federn unserer Füller die Buchstaben ins
Heft kratzten. Beim kleinen »a« hieß es: »Die Lok rangiert … zu
und aus.«

Was das bedeutete, wusste ich nicht. »Rangiert«, was war das
für ein komisches Wort! Niemand aus meiner Familie benutzte
jemals dieses Wort. Aber ich wagte nie, sie zu fragen. Am Ende
hätte sie mich auch »Tschaberl« geschimpft und mir ein »Sehr
gut« weggenommen, was manchmal vorkam, wenn man sich

nicht vorschriftsmäßig benahm. Dabei stand ich kurz vor dem dritten Heiligenbildchen. Das war zu riskant. Und was in diesem Zusammenhang »zu und aus« bedeuten sollte – auch keine Ahnung. Es hatte auf jeden Fall etwas mit dem Schreibschwung zu tun: nämlich dass das kleine »a« geschlossen werden musste und am Ende in einer Kurve auslief.

»Hättest du gewusst, was das bedeutet?«, frage ich Tim, das Treibgut, das mir das Leben geschickt hat. Er ist ein Schauspielkollege, attraktiv und sitzt gerade mit zwei vollen Einkaufstüten neben mir im Café.

»Nö«, sagt er. Er blättert die Tageszeitung durch und bleibt nirgendwo hängen. Ich dagegen hänge schon längst an ihm.

»Niemand wird dich ›Tschaberl‹ nennen, wenn du schlecht schreibst«, sagt er, grinst und bestellt Minztee für sich und mich. Ich schüttle vehement den Kopf. Das Schreibseminar, zu dem er mich überreden will, interessiert mich nicht. Immerhin habe ich zwei lange Intensivseminare mit den amerikanischen Cracks vom Screenplay-Writing hinter mir. Ich habe bis morgens um fünf auf Englisch ein Drehbuch geschrieben. Ich weiß alles von den Amis und kann den Film *Chinatown* vorwärts und rückwärts analysieren. Ich werde bald meinen eigenen Film machen. Freies Schreiben, ha! Das wäre ein Schritt zurück. Meine Tagebuchphase ist vorbei. Das erkläre ich auch Tim und gestehe, dass ich im Keller zwei Koffer mit meinen gesammelten Memoiren stehen habe.

»Es geht um Fantasie.« Tim lässt sich nicht beirren.

»Hab ich schon«, sage ich.

»Ja, aber kann die auch fliegen?« Er wird poetisch, und ich glaube, er will Eindruck bei mir schinden. »Geistige Freiheit«, setzt er seinen Höhenflug fort. »Ausbrechen aus deinem genormten Denken, auf den Moment reagieren. Wir sind doch alle eng in der Birne. Auch du.«

Dass Schreiben eine Bewusstseinserweiterung bewirken könnte, hatte ich bislang nicht auf dem Zettel. Es ist mir ein wenig suspekt. Hauptsächlich, weil Tim mir den Kurs anpreist wie den letzten Ladenhüter, als würde er eine Provision kassieren, wenn er jemanden anwerben kann. In diese Niederungen will ich mich dann doch nicht herablassen.

Tim fotografiert mich mit seiner neuen Spiegelreflexkamera. Mitten im Café. Immer wieder drückt er den Auslöser. Ich fahre mir durch die Haare, bettle, dass er aufhören soll, beteuere, dass ich verklemmt bin. Er erklärt, dass er aus meinen Fotos einen Comic machen wird.

»Und was schreibst du in die Sprechblase?« Ich merke, dass ich wie ein Teenager an seinem Hemd herumfingere.

»Endlich mal kein Gute-Laune-Wetter«, antwortet er. Draußen nieselt es.

Ich verstehe nicht, wieso dieser erwachsene und noch dazu sehr erotische Schauspielerkollege einen Workshop für Freies Schreiben in Berlin machen will. »Du bist doch gar nicht so ein Workshoptyp«, sage ich.

Er zieht aus seinen Tüten einen großen Umschlag: »Guck mal, ich hab angefangen, Kunst zu machen«, und zeigt mir einen Fotoabzug, auf dem seine Probebühne im Theater gleich mehrmals zu sehen ist. Die Schauspieler im Bild sind nur schemenhaft zu erkennen und scheinen durch Raum und Zeit zu schweben.

»Das ist surreal«, sage ich, als ich das Foto betrachte.

Er lacht.

»Das ist gut.« Ich meine es so und lehne mich an seine Schulter. Er unternimmt nichts dagegen. »Mir geht's eher um das Realisieren von Visionen«, plappere ich weiter, weil ich zu viel Stille nicht aushalten kann.

Er küsst mich. Zum ersten Mal. Die nächstliegende Vision hat sich damit schon erfüllt.

Daraufhin melde ich mich bei dem bescheuerten Laienschreibkurs an und düse am nächsten Tag durch Schnee und Eis mit Tim nach Berlin. Jede zweite Raststätte wird zur Knutschstation ernannt. Und als wir irgendwann spätnachts in Berlin ankommen, ist es mir vollkommen egal, welchen Kurs wir machen.

Wir sind zu acht. Wir sitzen in einer Art Schreibatelier: Betonboden, kalte, roh verputzte Wände, hohe, schmutzige Fenster, die niemals jemand öffnet. Ich trage meinen dicken Seefahrerpulli. Draußen peitschender Schneeregen. Alle hier voll mit schriftstellerischem Tatendrang.

Ich habe mein Notebook mitgebracht. Ich schreibe ausschließlich auf dem Notebook, total unromantisch. Ich hocke also nicht mit Kladde, Bleistift, Pulswärmer und Strickmütze vornübergebeugt da und brüte über einem leeren Blatt Papier. Ne, ich hacke alles in das Notebook.

Es gibt Tee. Und es gibt Tim, dessen Anwesenheit mir ständig ein Kleinmädchenlächeln auf die Lippen beamt.

Ich mache »unvernünftige Schreibübungen«. Aus dem Bauch heraus. Assoziativ. Ohne zu grübeln. Schreibübungen, die mir dazu verhelfen sollen, dass ich besser schreibe und weniger denke und deshalb intuitiver werde. Individueller. Wahrhaftiger. Glücklicher. Kreativ befreiter. Erfolgreicher. Ich soll mehr »ich« werden und mich besser verstehen. Allein das wäre mir schon eine Stange Geld wert. Ich habe plötzlich Lust, mich auf die Sache einzulassen, zumal es um nichts geht. Weder um Beurteilung noch um Gutsein noch um ein vorzeigbares Ergebnis. Schreiben ohne Ergebnisdruck, ohne Plan, ohne Selbstkritik, wenn möglich. Da fängt mein Kopf an zu floaten!

Die erste Übung hat das vorgegebene Thema: »Ein Mensch und ein Ding.«

Tim will ein Theaterstück schreiben, doch eigentlich schreibt er mich. Immerzu mich. Schreibt mich in seine Räume, und wenn ich eintreten will, lässt er mich nicht.

Ich will nicht ihn schreiben, weil er ohnehin schon überall an und in mir ist.

Es ist kaum noch ein Wort für mich übrig.

Das ist auch nicht gut.

Er verbraucht so viel und ich gebe ihm alles freiwillig, als könnte ich selbst niemals zu Ende gehen.

Tim, Tim, Tim.

Jede Autobahnraststätte kennt seinen Namen, hört auf ihn, lässt ihn kostenlos pinkeln.

Ich will lieber über das Nikolauspäckchen meiner Mutter schreiben. Letzte Woche war das. Es war die gleiche Schokolade drin wie die, die es im Supermarkt um die Ecke gibt. Aber diese hier schmeckt anders: süßer, schlechter, mehr wie früher. Also besser.

Tim könnte mich küssen, wenn er will. Aber er will nicht mehr, seit wir hier sind. Liegt es an dem Päckchen meiner Mutter? An der Nikolausschokolade von zu Hause, die ich nach Berlin mitgenommen habe? Beißt sich mein Schokoladen-Mutterkind mit meinem potenziellen Sexleben? Marzipan und Lebkuchen. Törnt das ab?! Ich sollte alles wegwerfen und Sushi bestellen. Sushi vom Japaner ist viel sexier als Dominosteine vom Nikolaus.

Die Flirts von Tim treffen jeden, der will.

Musst dich nur passend hinstellen. Alle wollen.

Und am Ende des ersten Tages erzählt er, dass er nur teilgenommen hat, weil seine Geliebte wegen Sehnenscheidenentzündung abgesagt hat. Eine Sportlerin, die sich fürs Schreiben interessiert. Wahrscheinlich kann sie aus dem Stand in den Spagat springen. Tim kam als Ersatz für sie, soll ihr alles haarklein beibringen. Ein Berliner Spatz fliegt mit lautem Knall ans Fenster. Danach ist Ruhe.

»Das passiert leider öfter«, sagt unser Schreibcoach dazu. Sie hat viele Schriftstellerpreise zuhause stehen und strahlt etwas Magisches aus. Erfolg lässt einen gut aussehen, egal, welche Klamotten man trägt.

»Schreibt darüber. Über das Geräusch. Über die Frage: Hat ein Vogel Angst? Über Federn. Übers Fliegen. Über den Tod. Denkt nicht, spürt.«

Ich mag meine Schreibübungen. Den sich anschleichenden Liebeskummer dagegen nicht. Tim muss plötzlich, aus heiterem Himmel abreisen, weil er eine Theatervorstellung in Frankfurt hat, sagt er. Also morgen. Und vorher besucht er seine Liebste, die Sehnenscheidenentzündung. Er will sich die »unvernünftigen

Schreibübungen« zuschicken lassen. Er kann sie nämlich für das Theaterstück gebrauchen, das er schreiben will. Er findet sie nämlich alle gut. Und auch unsere ganze Gruppe findet er total gut. Wir sind alle so tolle Leute, erfinden so coole Geschichten, auf die er nie gekommen wäre. Dass er alle lobt, finde ich verlogen. Er sagt, dass er gern mal was von mir lesen würde, wenn ich ihm was schicke.

Ich antworte: »Du mich auch.«

Und schreibe stur weiter über Mutters Nikolauspäckchen und den frischen Tannenzweig, den sie (immer!) obenauf legte und der wie ein ganzer Nadelwald roch. Währenddessen hebt Tim die Hände stumm zum Abschiedsgruß, um den künstlerischen Raum nicht zu stören, stelzt auf seinen lautlosen, furchtbar hässlichen Camperschuhen durch die Ateliersstahltür und wirft mir noch einen Luftkuss zu (der mich aber verfehlt, weil ich mich just in diesem Moment nach meinem USB-Stick bücken muss, der mir runtergefallen ist).

Ich schreibe über den Vogel, dem es jetzt sicher viel schlechter geht als mir. Und im Anschluss gehe ich vor die Tür, um zu gucken, wo er gelandet ist und ob er vielleicht doch noch lebt. Aber ich finde ihn nicht.

Nun, da Tim weg ist, kann ich mich noch viel besser auf den Kurs einlassen. Ich möchte so leben, wie ich hier schreiben lerne: zensurlos und aus dem Bauch heraus.

Jetzt taucht die Düsseldorfer Taube vor meinem inneren Auge auf. Die vom letzten Jahr. Die vor meiner Theaterwohnung auf dem Gehsteig saß und nicht mehr fliegen konnte. Ich hatte einen Stückvertrag an der Komödie und probte *Der Rosenkrieg* von Warren Adler; ich war die Frau, die am Ende des Ehedebakels unter dem herabstürzenden Kronleuchter begraben wurde. Ich bereue bis heute, dass ich nicht die Tierrettung angerufen habe – wegen dieser Taube. Es war eine dieser »Flugratten«, die sämtliche Fensterbretter vollkacken und die keiner mag. Sie war weißgrau und bewegte sich kaum. Als ich von der Stückprobe zurückkam, war sie zu meinem Leidwesen immer noch da. Ich stapfte mit schlechtem Gewissen in den fünften Stock und wünschte ihr bei jedem Schritt einen schnellen Herztod.

Ich schaltete den Fernseher ein. Sagte meinen Text laut vor mich hin. Noch lauter. Das ganze Stück. Telefonierte mit Sybille in München, aber die sagte: »Da kannst du nichts machen. Ich habe mal erlebt, wie zwei Krähen auf meinem Küchenbalkon kleine Taubenküken in einem Blumentopf entdeckt haben. Sie haben sie sich über Tage schmecken lassen.«

Am nächsten Morgen schaute ich nicht zu Boden, als ich aus dem Haus ging. Ich wechselte schnell die Straßenseite. Ich tat so, als wäre ich gut gelaunt, und grüßte fremde Leute im Vorbeigehen. Fühlte mich feige, hilflos und dumm. Mir tat das Herz weh, ich bestand nur noch aus einem grausam, grausam schlechten Gewissen, weil ich den langsamen Tod einer Taube zuließ und meinem geregelten Probenalltag nachging, als wäre nichts. »Entschuldigung«, sagte ich halblaut, »Entschuldigung.« Und noch mal: »Entschuldigung.« Ich bezweifelte stark, dass jemals ein guter Mensch aus mir werden könnte. »Entschuldigung.« Als ich abends nach Hause kam, lag die Taube tot im Rinnstein.

Ich vergesse Tim beim Schreiben. Erst verschwindet sein M, dann sein I und dann ist da, wo sein T stehen müsste, nur noch … Luft. Ich schreibe der toten Düsseldorfer Taube einen Himmel aus weißen Wolken und luftigen Federn und bin mir plötzlich sehr sicher, dass sie mir deshalb im Nachhinein verzeiht.

Der Kurs ist vorbei, und Sybille hatte Recht. Die kosmische Energie überkommt mich freiwillig – weil sie mich wohl mag. Ich muss noch nicht mal meine energetische Festplatte dafür säubern. Denn aller Schmutz, der sich auf der Festplatte befindet, wird beim Schreiben auf geheimnisvolle Weise zu Gold. Jetzt weiß ich, wie Alchemie praktisch funktioniert.

Kann man mit Schreiben Probleme lösen? Manche schon. Sie lassen sich ausformulieren und nachlesen, und das macht mir gute Laune. Der Geist dehnt sich aus. Die Worte finden ihre eigene Reihenfolge, wenn ich sie nur lasse. Das ist mysteriös.

Und auf einmal denke ich anders über vieles, und es ändert sich etwas ganz Wesentliches: Das Ding namens »Problem« bekommt ein neues Gesicht, das nicht mehr wie ein düsteres Monster aussieht, sondern wie ein individuelles Kunstwerk, eine bizarre Nachspeise, eine Ereignisexplosion, ein rasanter Fehltritt, eine neue Möglichkeit oder eine launige Feuerprobe, deren Ausgang man noch nicht kennt. Durch Schreiben schafft man Platz im Kopf, weil die Gedanken zum Luftschnappen hinauskönnen. Freiwillig wollen sie dann nicht mehr in ihr Kopfgefängnis zurück. Es sei denn, man zwingt sie, weil man masochistisch veranlagt ist. Ich habe vollständig an meine Intuition angedockt und bin um ein paar Erinnerungen an Autobahnraststätten reicher. So gesehen ist es gut, dass man beim Verliebtsein nicht denken kann, sonst würde man das Beste im Leben verpassen.

Ich lade unsere Seminarleiterin zum Essen ein und danke ihr »für alles«. Und ich verspreche ihr, die Schreibübungen fortzusetzen – obwohl ich Versprechen eigentlich ungut finde, weil man sie meistens einlösen muss, wenn man gar nicht mehr will. Ich erzähle ihr von meinen Filmplänen, und sie lädt mich zu einem Treffen der »Avatare« ein. Sie glaubt, das sei etwas für mich. Abgesehen davon, dass ich keinen Schimmer habe, was das ist, geht mein Zug morgen. Ich muss den Kursinhalt verarbeiten, den Kopf öffnen und nicht grübeln. Und mit dem, was ich dann sehe: spielen.

Herrgottnochmal, spielen! Darf man das überhaupt? Das Spielerische ist mir in der letzten Zeit abhanden gekommen. Nur harte Arbeit zählte. Dass man Arbeit auch spielen könnte, war bisher nicht in meinem Repertoire. Ich will ab jetzt mehr dafür sorgen. Und für mich.

Die liebeskranke Zwiebelfrau

Auf der Fahrt von Berlin nach München knallen nasse Schneeflocken ans Zugfenster. Ich denke an das Treffen mit der Schreiblehrerin und an ihre Einladung. Sie ist selbst ein Avatar. So benannt nach der Inkarnation, in der die hinduistische Gottheit Vishnu auf die Erde herabstieg, um menschliche Erfahrungen zu machen. Diese Selbstermächtigungsbewegung gebe es auch in München, sagte die Schreiblehrerin. Und: Ihr Leben habe sich kolossal zum Vorteil verändert, seit sie Avatar sei. Sie machte mir beim Abendessen den Mund wässrig. Radikaler Ausgangspunkt der Methode sei: »Sie erleben, was Sie glauben.« Nun, das traf in puncto Tim nicht ganz zu. Oder doch?

Der Kurs sei »mind-blowing«, behauptete mein Schreibcoach. Als Avatar wünsche man sich nichts. Als ich von Bärbel Mohr erzählte, winkte sie nur müde ab. Bestellungen beim Universum? Reine Zeitverschwendung! »Als Avatar bestimme ich, was ich will, und dann kommt es so«, erläuterte sie.

Der Schaffner kontrolliert meinen Fahrschein. Ich bezweifle, dass er sich als »Schöpfer seines Lebens« sieht. Dann müsste er besser drauf sein. Also wende ich mich wieder dem tanzenden Schneeregen vor dem Fenster zu. Als Avatar werde ich zum Universum persönlich und erschaffe meine Wirklichkeit wie Gott einst die Welt – und damit grenzenlose Erfahrungen. Weil es auf der Welt nichts gebe außer Erfahrungen, sagte mein Schreibcoach. Dem kann ich nur zustimmen.

Meine jüngste Erfahrung mit der Welt ist die, dass ich nach meiner Ankunft zuhause einen vollen Briefkasten mit Werbung vorfinde, einer Telefonrechnung und einer Einladung zu einem Edelfabrikverkauf, zu dem ich nie hingehe, weil sie dort immer den letzten Schrott aus der vorvorletzten Saison verramschen. Meine Pflanzen – drei an der Zahl – liegen in den letzten Zügen. Nein, eine ist bereits ganz hinüber. Ich wässere die anderen beiden und trage die verblichene zum Biomüll.

Es wird ein unwürdiges Begräbnis. Ich stehe im Müllraum und

stopfe sie bei ohnmachtserregendem Schimmel- und Fäulnisgeruch in die volle Tonne. Mein Herz sticht ein wenig dabei. Sicher nicht nur wegen der Pflanze, sondern auch wegen des Kerls mit den drei Buchstaben. Ich drücke mit dem Mülldeckel nach, und die sterbliche Hülle meiner Pflanze leistet Widerstand. Wie bei der toten Taube entschuldige ich mich auch bei ihr.

Im Hinterhof lärmen Kinder, die übers Jahr zusehends größer geworden sind und das Kindliche immer mehr verlieren. Bald werden auch sie Tage, Wochen und Monate mit Liebeskummer verbringen, Kummerspeck ansetzen, sich von ihren Gefühlen tyrannisieren lassen und nach Patentrezepten dagegen suchen.

Ich gehe zurück in meine Wohnung, packe meinen Koffer aus und wasche meine Wäsche. Ich mag das Geräusch der Waschmaschine, das Rauschen des Wasserzulaufs, das gleichmäßige, vorsichtige Wenden der Kleidungsstücke (meine Waschmaschine klingt fast zärtlich dabei), die immer etwas zu lange Pause vor dem unvermeidlichen Schleudergang und das »Klick«, wenn der Waschgang beendet ist.

Waschen ist eine saubere Sache. Am liebsten würde ich mich selbst auch mal hineinlegen. Ich hänge die Wäsche auf, und weil ich zu faul zum Einkaufen bin, esse ich Nudeln mit Pesto und rasple den alten Parmesan darüber, der einfach nicht schlecht werden will. Dann klappe ich mein Notebook auf, sehe meine Berliner Schreibübungen durch und beginne zu tippen.

Liebeskrank

Von vorn bis hinten beschissen
Beflissen zerrissen
Den Kopf voller Nissen (keine echten, nur symbolische)
Das Herz mit Rissen
Bäuchlings losgesegelt
Benebelt
Mit Hindernissen
Abgezockt

Im Hafen
Mit Vorstrafen
Angedockt
Bevor ich sank
Macht nix

Ich speichere das Gedicht ab, das ich früher niemals geschrieben hätte, und gucke fern – eine Doku über Tiere am Amazonas. Ich beneide sie um ihr instinktives Verhalten. Sie müssen sich nicht fragen, ob sie ihre Möglichkeiten ausleben und ob sie den Sinn ihres Lebens erfassen. Sie brauchen keinen intuitiven Schreibkurs. Ich frage mich, ob es mir möglich wäre, einfach so vor mich hin zu leben und meinem Instinkt zu folgen wie ein Tier. Hätte ich dann überhaupt Liebeskummer? Wer wäre ich? Ist es überhaupt möglich, an das ungezähmte Tier in mir heranzukommen? Gibt es ihn überhaupt noch, jenen unverstellten, unverbogenen Urzustand, in dem ich mich als Baby befunden habe?

Ich habe hundert unkaputtbare Schalen von Prinzipien, Vorstellungen und Vorbehalten über meine eigene Haut gestülpt, die über die Jahre ledrig geworden sind. Ich kann mir zwar einreden, dass ich sie jederzeit abziehen kann, wenn ich will, wie Schalen einer Zwiebel. Aber wenn ich es versuche, geht es nicht. Sie sind mir inzwischen zur zweiten Haut geworden. Zu einem Teil von mir.

Ich werfe das Gedicht in den elektronischen Papierkorb und gehe ins Bett. Am nächsten Morgen nehme ich es wieder heraus, lege einen neuen Ordner namens »Tierisch schlechte Texte« an und speichere es dort ab. Die nächsten Tage bringe ich damit zu, viel zu schreiben, um den Ordner zu füllen. Mein Ich sucht den Notausgang aus dieser Zwiebelfrau, die immer mal wieder ein Händchen dafür hat, sich dank diverser Männer im Gestrüpp wild wuchernder Wehmut zu verfangen. Die Formel für das geeignete Unkrautvernichtungsmittel kennt sie nicht. Sie kann nur schlecht oder gut darüber schreiben.

Mein Unkraut vergeht einfach nicht. Und weil es diesmal noch länger als üblich nicht vergeht, interessiere ich mich auf einmal doch für diesen sündteuren Bewusstseinskurs, von dem die Schreiblehrerin erzählt hat: »Avatar«, das sanfte Abenteuer der Selbstentdeckung, der Selbstbestimmung und des Schöpfertums.

4.

Zügellos

Mach dir die Welt, wie sie dir gefällt

Was »Avatar« genau ist, bleibt unklar. Das World Wide Web gibt's noch nicht weltweit, kein Mensch hat »Internet«, und das Wort »googeln« würde man zumindest vom Klang her eher mit der Herstellung eines klassischen Hefekuchens in Zusammenhang bringen. So viel zum Thema Recherche. Auffällig ist, dass plötzlich einige Leute aus meiner Branche von dem Kurs in den höchsten Tönen schwärmen. Zum Beispiel ein Regisseur, der schon auf Erfolgskurs ist und Jahre später einen Preis nach dem anderen einheimsen wird, sowie einige Schauspielkollegen, die sich schnurstracks in die erste Darstellerriege bewegen, ohne dafür kämpfen zu müssen. Die Resultate sprechen für sich; viel später erst werde ich entdecken, dass ich mich zeitweise ganz in der Nähe des Dunstkreises von Tom Cruise, John Travolta und Priscilla Presley bewegt habe.

Zum Kursbeginn stelle ich erst einmal schmollend sämtliche Film- und Karrierepläne in die Ecke. Denn zuerst muss alles, was ich jemals über mich geglaubt, von mir gehalten und über mich gedacht habe, hemmungslos auf den Kopf gestellt werden. Ich fühle mich wie ein Sparschwein, das einen Schlag auf den Kopf kriegt und zerschellt, sodass der über Jahre mühsam ersparte Inhalt ans Tageslicht kommt. Was haben wir uns denn da an Kleinkram zusammengekratzt? Ganzheitliches Aufräumen in Sachen Selbsteinschätzung ist angesagt. Glücklicherweise bin ich nicht die Einzige, die Farbe bekennen muss. Meine Tendenz, prophylaktisch schuld zu sein, wenn die Brötchenverkäuferin schlechte Laune hat, teile ich sogar mit ein paar anderen. Auch die Gewissheit, dass der liebe Gott da oben alles lenkt und ich von seiner Gunst abhängig bin, sowie die Ansicht, dass die Welt sich im Großen und Ganzen gegen mich verschworen hat, kommen auch den anderen Seminarteilnehmern ungemein bekannt vor.

Ich lerne: Meine Realität ist lediglich eine »Idee«, die »gelöscht« werden kann. Der versierte Avatar sagt dazu »diskreieren«. Wie das genau abläuft, ist streng geheim. Die Materialien darf man unter keinen Umständen weitergeben: Sonst könnte ja jeder Inhalte klauen und das große Geld machen. Vielleicht soll die Methode nur einer bestimmten Gesellschaftsschicht zugänglich sein, was weiß ich. (Es wäre mir zumindest äußerst unangenehm, wenn Mr. Harry Palmer, der Begründer der weltweiten Organisation, sich die Mühe machen müsste, aus Florida anzureisen, um an meiner Wohnungstür zu klingeln und mich freundlich an unsere Abmachung zu erinnern.)

Das Löschen meiner bisherigen Realität heißt als Allererstes, den Drei-Buchstaben-Mann zu löschen und sämtliche Empfindlichkeiten, die mit ihm zusammenhängen. Aber das ist erst der Anfang. Ich lösche auch die Wut auf den Typen, der mir vor fünfzehn Jahren meinen geliebten hellgrünen R4-Kastenwagen mit Revolvergangschaltung zu Schrott gefahren hat. Ich bin verblüfft, dass ich nach so langer Zeit immer noch hektische Flecken bekomme, wenn ich von dem Ereignis berichte. Dass es mir überhaupt noch einfällt, ist bereits die Höhe!

Ich jobbte damals als private Altenbetreuung und verbrachte einige Tage mit einer an multipler Sklerose erkrankten Dame – sie hieß Gretchen – und einer Zweitpflegekraft an der Nordsee. Ihre Angehörigen legten zusammen, damit sie sich nicht selbst um sie kümmern mussten. Denn Gretchen war eigenwillig, verwöhnt, rechthaberisch und hochgradig narzisstisch, und keiner wollte sie als Gesellschaft haben. Als der Anruf kam, schob ich sie gerade im Rollstuhl die Rampe zum Haus hoch; Gretchen zeterte mal wieder, weil es ihr nicht schnell genug ging und sie ihren Tee mit zwei Stückchen Trüffelschokolade wollte.

»Maria, es ist was mit deinem Auto.«

»Was denn?«

»Ich glaube, da lässt sich nichts mehr machen.«

»Was meinst du, Volker?« Ich war ahnungslos.

»Es ist hin.«

»Aber du wolltest es doch reparieren! Es war doch nur eine Kleinigkeit kaputt, hast du gesagt.«

»Ja, aber auf dem Weg in die Werkstatt kam dieser Transporter ganz plötzlich auf die Kreuzung geschossen ... Aber mir ist nichts passiert, das ist doch das Wichtigste, oder?«

Ich rang nach Luft.

»Maria? Hörst du mich?« Volker klang gequält.

»Ja.«

»Es tut mir leid.«

»Es ist total hinüber?«

»Ja.«

Ich konnte nicht fassen, was ich da hörte, konnte Volker nicht mal böse sein und legte erst mal auf.

Nach unserer Rückkehr nach Hamburg verschlechterte sich der Gesundheitszustand der alten Dame rapide. Gretchen wurde zu schwach, um mich durch die Gegend zu scheuchen; manchmal versuchte ich, sie wieder auf Touren zu bringen, indem ich ihre Trüffelschokolade versteckte. Aber umsonst.

Tag und Nacht musste nun jemand bei ihr sein. Wir wechselten uns ab, ein Arzt ging ein und aus, ich vergaß meinen zu Schrott gefahrenen R4 und wollte nur noch bei Gretchen sein. Gretchen aß nichts und sprach nicht mehr. In der Nacht starb sie. Ohne mich. Und ohne die zweite Pflegerin, die Schicht hatte. Denn die stand gerade auf Gretchens Balkon und rauchte.

Bei der Beerdigung konnte man ihre Angehörigen – sie vergossen keine Träne ganz im Gegensatz zu mir – an zwei Händen abzählen. Ich schwor mir, meine Freunde nie mit Egozentrik, Gejammer oder nachtragendem Divengehabe zu vergraulen, weil ich eine

Beerdigung mit zehn Leuten im Publikum einfach nur trostlos fand. Und deshalb dachte ich auch nie wieder über meinen R4 nach.

»Da hängst du energetisch immer noch drin«, sagt Seminarleiter Hajo leichthin und zwirbelt seinen getrimmten Schnauzbart nach rechts und links. Ich gebe zu, dass ich im Angesicht von Gretchens Tod den »Tod« meines Autos verdrängt habe.

»Aber es war nur ein dummes Auto!«, beteuere ich. »Ein Auto ist nur ein Ding!« Ich schäme mich.

»Tja«, macht er. »Trotzdem, versteckte Altlasten. Da musst du ran.«

Ich sage kooperativ, dass ich das Polizeifoto vom Totalschaden im Keller suchen will, um Trauerarbeit zu leisten. Aber Hajo rät mir ab. Es sei nicht zuträglich, in der Vergangenheit herumzuwühlen. Das sollten wir lieber der aussterbenden Gattung der Psychotherapeuten überlassen, schlägt er vor. »Die brauchen das Drama ihrer Klienten, um finanziell zu überleben.«

»Unglaublich«, antworte ich.

»Glaublich«, widerspricht er und rät mir, mit meiner Bestandsaufnahme weiterzumachen.

Nach diesem Seminartag fällt es mir auf der Autofahrt wie Schuppen von den Augen. Ich habe bisher mit einem Fuß auf dem Gas und mit dem anderen auf der Bremse gelebt, weil ich nie irgendetwas richtig verarbeitet, sondern nur verdrängt habe! Weil ich mich immer schnell besänftigen und ausnutzen ließ. Im R4-Fall von Volker: »Aber mir ist nichts passiert, das ist doch das Wichtigste!«

Emotionale Erpressung! Manipulation! Er wollte nur von dem Mist ablenken, den er gebaut hatte, und sich um eine Wiedergutmachung drücken. Ich möchte nicht wissen, wer sonst noch meine Gutmütigkeit ausgenutzt hat. Meine bremsenden Lebenseinstellungen sind mir auf die Stirn geschrieben, als müssten sie noch drei Häuser weiter lesbar sein.

Aber durch den Kurs werden diese mentalen Krusten gesprengt: Ich werde mich nie mehr ausnutzen lassen! Für nichts! Ich drehe die Musik auf.

Cat Stevens singt: »I listen to the wind of my soul«, und ich singe mit: »I never make the same mistake, no, never, never, never.«

Ich habe Schmetterlinge im Bauch, weil ich ahne, wie schön mein Leben sein wird, wenn ich erst einmal meine Möglichkeiten in jeder Hinsicht auslebe und zudem den Traum eines eigenen Films verwirklicht habe. Ich sehe mich bereits am Set stehen und mit meiner Crew im Regen auf das Sonnenloch warten. Ich sehe mich in herrlich dunklen, stickigen Studios gedrehtes Material sichten. Großartig! Ja, ich werde zur bewussten Schöpferin meiner Welt. Ich werde mir die Dachterrassenwohnung mit Südbalkon erschaffen und einen Mann, dessen Vorname mehr als drei Buchstaben hat und der es liebt, mit mir dort zu wohnen und mich zu bekochen. Liebe wird fließen! Meine Mitmenschen werden sich pausenlos bei mir bedanken, dass sie mich kennen. Ich werde dauerhaft mein Idealgewicht kreiert haben. Wo ich hinkomme, wird man mir Blumen streuen. Die besten Filmproduktionen werden ihre Drehpläne miteinander abstimmen und für mich umstellen, und wie schon gesagt: Mir wird endlich der Mann meiner Schöpfung über den Weg laufen. An seiner betörenden Aura werde ich ihn erkennen …

Der Seminarleiter stellt mir sogar in Aussicht, dass ich irgendwann über die eigene Lebensgestaltung hinaus das ganze Universum werde »handeln« können. Ich antworte selbstbewusst: »Kann ich mir absolut vorstellen.«

Aber das Universum, denke ich bei mir, ist eine Riesensache. Vor allem, wenn es wie heute diesen spektakulären, rosafarbenen Sonnenuntergang in Cinemascope vor mein Wohnzimmerfenster zaubert. Ich habe mir in der Vergangenheit schon einmal die Finger an ihm verbrannt, weil ich es zu Zeiten, als ich noch brav nach Zeichen am Firmament suchte, als »Tratschweib« bezeichnet hatte. Das Universum würde ich mir gern für später aufheben.

Am nächsten Tag streife ich durch den Wald. Ich kann auf einmal eine Verbindung zu den Bäumen spüren. Ich nehme die Lebendigkeit von Pflanzen und Dingen wahr und kann mich in sie hineinversetzen. Ihre Energie ist meine Energie – und umgekehrt. Ich weiß auf einmal, wie sich der kantige Stein auf dem Weg fühlt! Nämlich solide, etwas porös und leicht kalt. Auch ein wenig miesepetrig, wenn ich das anmerken darf. Er fühlt sich energetisch anders an als der kleinere Stein daneben, der nur ein Schattendasein fristet.

Als ich in der Mittagspause um die Ecke zum Stehitaliener schlendere, bin ich nicht mehr in einer gewöhnlichen Straße. Ich bin in einer virtuellen Welt! Hinter der Straße geht es weiter und weiter und weiter. Ich fühle es, weiß es. Über mir ist nicht der Himmel, denn der würde nur eine Begrenzung darstellen. Es geht weiter und weiter ins Endlose.

Ich wusste vorher nicht, was wirkliche Bewusstseinserweiterung bedeutet. Jetzt weiß ich es. Mein Geist dehnt sich so weit aus, dass ich überzeugt bin: Es gibt überhaupt keine Grenzen. Nirgendwo. Es hört nirgendwo auf! Weder in München noch auf diesem blauen Planeten noch im Universum. Es gibt kein Ende. Die Welt ist ein gewaltiger Spielplatz, in dem jeder seine Erfahrungen selbst herstellt. Kein Zweifel: Ich habe das Geheimnis des Universums geknackt, dank »Avatar«. Und das ist erst der Anfang.

Ein halbes Jahr später ist es so weit. Ich sitze am Schreibtisch, und der Cursor bewegt sich fließend über das Dokument. Ich bin im Flow-Zustand, in dem mich nichts mehr bremst und alle Worte nur so aus mir herausströmen. Ich habe an das Bauchgefühl angedockt, an Ideen. Das Drehbuch schreibt sich fast von allein.

Der Filmproduzent findet das Buch »Wahnsinn«, und kurze Zeit später unterschreibe ich den Autoren- und Regievertrag für meinen Kinofilm. Normalerweise müssten an dieser Stelle die ersten piepsmäusigen Zweifel kommen: »Ob ich das überhaupt kann? Regie führen und so?« Ich war nie auf einer Filmschule. Aber ich zweifle nicht. Jede Unsicherheit diskreiere ich. Bei den Produktionsbesprechungen lege ich Routine und Stehvermögen an den Tag. Das macht Eindruck, vor allem mir. Ich habe einen langen Atem und noch mehr Power. Ich habe Visionen, wie der Film aussehen wird. Das Projekt erhält Filmförderung, und der neue Producer – es ist auch sein erster Film – und ich fallen uns jubelnd in die Arme.

Das Casting wird vorbereitet. Wir brauchen vier hervorragende Schauspielerinnen. Der Produzent, die Casterin und ich schieben Schauspielerfotos über den großen Besprechungstisch, sichten Demobänder, diskutieren: Wer passt zu wem, wer hat welche Ausstrahlung, wer ist Sympathieträgerin? Neben der besetzungsrelevanten Diskussion hört man zwischendurch auch Sätze wie:

»Die sieht uralt aus.«

»Die Haare kann man ja abschneiden.«

»Sie hat immer so einen Überdruck, das geht nicht.«

»Wenn ich die sehe, schalte ich immer um.«

»Wie guckt *die* denn?«

»Wieso trägt sie keinen BH?«

»Die ist zu zickig.«

»Mein Gott, ist die fett geworden!«

Die Schauspielerinnen werden begutachtet und aussortiert wie beim Erbsenauslesen. Die Guten ins Töpfchen, die Schlechten zurück in die acht Meter breite Videoschrankwand des Casters.

Am späten Abend stehe ich im Bad und putze die Zähne. Mir brummt der Schädel. Eine alte Gewohnheit schleicht sich ein und will mir ein spitzes Steinchen auf meinen Erfolgsweg legen: die Angst vor Beurteilung! Ich spucke die Zahnpasta aus und weise mich zurecht: »Dieser Film ist was Besonderes, und deshalb wird er gemacht.«

Ich setze mich auf den Klodeckel, konzentriere mich auf meine Angst vor Beurteilung – und lösche sie. An die leere Stelle setze ich Selbstsicherheit, aber die hält sich nur so lange, wie man Zuckerwatte im Mund behalten kann: Sekunden. Dann löst sie sich wieder in nichts auf.

»Ich bin selbstsicher«, sage ich optimistisch. Aber schon kräht ein anderer Teil in mir schadenfroh: »Hättste wohl gern!« Ich fühle mich nicht selbstsicher und komme um die kleine »Avatar«-Privatvorstellung nicht drumrum.

Das Spiel ist, alle Einwände, die hochkommen und den Wunschzustand zu verhindern versuchen, spielerisch und hemmungslos zu übertreiben. Für einen Schauspieler kein Problem. Ich stehe vom Klodeckel auf, tröte »Hättste wohl gern«, und hüpfe im Badezimmer herum wie mein eigener Pausenclown. Ein Benehmen, das ich im Normalfall verabscheuungswürdig und todesalbern finden würde. Zudem sind die Wände dünn, und die Nachbarn könnten aufwachen.

»Ich bin selbstsicher«, versuche ich es wieder.

»Ein Windhauch, und du fällst um«, nölt es wieder in mir. Ich spiele mir selbst vor, wie ein Windhauch mich umbläst, und dabei kollidiert mein Kinn unsanft mit dem Waschbeckenrand. Mein Kiefer vibriert, die Stelle wird rot, aber meine Zähne sind unversehrt. Ich taumle ein wenig, hole den Coldpack für Notfälle aus dem Gefrierfach und halte ihn mir trotzig an die Stelle.

»Ich bin selbstsicher.«

»Schau dich doch an, du bist ein Loser. Du bringst dich ja sogar auf fünf Quadratmetern Badezimmer in Lebensgefahr.«

»Ich bin selbstsicher.«

Es bedarf nach meinem Unfall noch einiger Anläufe, bis ich sie wirklich fühlen kann, die Selbstsicherheit. Aber dann ist sie da: mondän und großzügig. Ich schlafe tief und fest und traumlos.

Einige Tage später findet das Casting statt. Schauspielkolleginnen, die bislang immer meine Konkurrentinnen waren, kommen angereist, aus Berlin, Hamburg und München. Ich erkläre, wie die Szenen funktionieren, probe mit ihnen den Ablauf. Wir drehen die Szenen, und ich werde mehr und mehr zur Regisseurin. Ich spüre das Lampenfieber der anderen. Sehe, wie die Akteurinnen nach dem Kern und dem richtigen Ton der Rolle suchen. Mir ist, als guckte ich in einen Spiegel. Ich sehe mich selbst da stehen. Ich, die ich die Rolle unbedingt haben will. Diesmal will ich sie nicht.

Eine Woche später veranstalten wir ein zweites Casting, weil die Viererkonstellation absolut stimmen muss. Unsere Favoritin ist plötzlich wieder draußen, und eine andere erobert die Hauptrolle im Sturm. Dann ist die Auswahl getroffen. Die Besetzung steht. Im November ist Drehbeginn in Köln.

Plötzlich habe ich viele Mitarbeiter. Und die Mitarbeiter haben mich. Die Tage verlaufen konzentriert. Die Zeit rennt, wir haben nur einundzwanzig Drehtage. Unsere Regieassistentin Surkki ist vor Kurzem Mutter geworden, ihr Mann bringt das Baby mehrmals täglich zum Stillen vorbei. Das sind die meditativen Momente, in denen ich durchatme. Manchmal drückt sie mir ihren Sohn in die Arme, und dann stehe ich mit dem Wickelkind hinter einer Tür am Set und werde ruhig und weich und mütterlich und verwurzelt. Surkkis Baby sollte ein Coachinghonorar bekommen.

Der Produktionsleiter steht hin und wieder auf der Matte und will uns den Saft abdrehen. Wie der Nikolaus persönlich taucht er am sechsten Dezember auf und versucht, harmlos zu gucken und Everybody's Darling zu sein. Aber er kommt im Namen der Produktion, um unserem Low-Budget-Verein ein wenig Ehrfurcht einzuimpfen und Geld zu sparen.

»Das ist Kino, keine Fernsehserie«, maule ich. Ich erkämpfe uns eine weitere, wichtige Dreheinstellung. Es wird sogar die bestgespielte Szene der Hauptdarstellerin. Alle sind glücklich, sogar er.

Dann gibt es Momente, die sich einbrennen, so wie dieser: Ich werde frühmorgens vom Fahrer zum Drehen abgeholt. Wir nähern uns der Location an der Hauptverkehrsstraße. Hinter dem rotweißen Absperrband reiht sich Truck an Truck: Lichtwagen, Maskenmobil, Kostümwagen, Cateringwagen, Aufenthaltsbus. Ich bin in Klein-Hollywood!

Die Fahrzeuge sind alle hier, weil ich mal eine kleine Idee in meinem Schreibkämmerchen hatte! Fünfunddreißig Leute arbeiten an diesem Film mit. Verzichten auf viel Gage und sind trotzdem dabei. Alle ziehen an einem Strang. Ich bin am richtigen Platz: hinter der Kamera. Egal, ob meine Frisur sitzt. Oder ob ich einen Pickel habe. Es ist toll, ungeschminkt zu sein. Es geht nicht um mich – es geht um die Sache.

Wir proben die Szenen, erarbeiten sie stimmig – ein weiterer Luxus. Den Schlafmangel mache ich mit einer täglichen Dosis Traubenzucker und Vitaminpillen wett. Auftauchende Probleme sind keine Probleme, sondern laut »Avatar« Möglichkeiten.

Eine der Darstellerinnen hat den Draht zu ihrer Rolle verloren. Ihr fehlt die Leichtigkeit, die sie beim Casting hatte. Sie bricht schockiert in Tränen aus, als ich es ihr sage. Ich habe den Eindruck, ich überfordere sie, und weiß nicht, was ich tun soll. Aber ohne diese Leichtigkeit ist der Film keine Komödie. Ich muss nachdenken. Ich diskreiere meine Ratlosigkeit auf dem Produktions-Dixie-Klo und organisiere mir Klarheit. Da tut sich eine Lösung auf. Ich weiß auf einmal, wie ich mit meiner Kollegin reden muss, damit sie wieder zurück in die Rolle findet.

Am dreiundzwanzigsten Dezember steigt nach dem letzten langen Drehtag die Abschlussfete. Ich hänge glückselig und erschöpft in der Kneipenecke. Ich sage nicht mehr viel, außer: »Danke für alles. Ihr wart unglaublich, äh, glaublich.« Ich bin reif für Weihnachten. Kein Problem, das zu erschaffen: Es steht im Kalender.

Aber der Film ist noch lange nicht fertig. Ich verbringe Wochen im Schneideraum. Trinke täglich viel Kaffee und vergesse, meine Kaffeesucht zu diskreieren. Toni, der Cutter, und ich wachsen mit der Zeit zusammen wie ein altes Ehepaar. »Welcher Take war besser? Der, bei dem sie den Anatmer und die Pause macht?«

»Das wirkt nachdenklich. Oder den, bei dem sie durchredet und die Stimme hinten wegbricht?«

»Das wirkt verletzt.«

»Da verzieht sie das Gesicht, das sieht belämmert aus.«

»Aber lieber das hässliche Gesicht mit der guten Darstellung.«

»Ja. Im nächsten Bild ist ihr Gesicht wieder entspannter … Aber da passt der Anschluss nicht, da hat sie die Hände auf dem Tisch.«

»Beim Take davor hat sie die Hände unterm Tisch.«

»Continuity-Fehler.«

»Also doch den anderen Take, der schwächer ist? Haben wir noch anderes Material aus der Totalen oder ein Close-up?«

»Ja, wir haben doch das mit dem schlechten Ton. Wir könnten den Ton von der anderen nehmen.«

»Genau.«

Nach zehn Stunden täglich sehen meine Augen aus wie kleine Monitore. Und nach drei Monaten habe ich alle Szenen auswendig im Kopf.

Tonmischung in Düsseldorf. Der ganze Film wird gestylt und perfektioniert. Ich sitze in einem Kinosaal mit zwei superfitten Tonexperten. Bei der Landschaftsaufnahme fehlt der Schrei eines Vogels: Welchen nehmen wir? Ein Greifvogel sollte es sein, was Gefährliches. Nicht etwa eine Amsel, das würde die Szene verharmlosen. Immerhin fühlt sich die Hauptfigur gerade ziemlich verlassen. Wir probieren mehrere Möglichkeiten aus, ein spitzes Kreischen, ein Krächzen oder eine Art Angriffsschrei. Wir nehmen den Angriffsschrei. Wie laut? Vordergründig oder hintergründig? Das Eingießen des Rotweins braucht ein Geräusch, das Rutschen auf den Knien auf dem Sisalteppich, das Türquietschen und der Moment, in dem die Hauptfigur glaubt, just in diesem Moment ein Kilo abzunehmen: ein Sauggeräusch. Wir lachen uns schlapp.

Als ich wieder in München bin, gibt es urplötzlich Diskussionen mit Produktion und Verleiher. Bis letzte Woche waren noch alle restlos von dem Film begeistert: »Total unkommerziell im Dogma-Stil wie bei Lars von Trier, hitverdächtig. Satire und Drama zugleich, hat das Zeug zum Kult.« Vier Frauen reden über ihre Männer, die aber nie auftauchen. Das ist nur fast jedermanns Geschmack, vor allem, wenn der Film mit Handkamera und billigem Funzellicht gedreht wurde. Auf einmal soll der Low-Budget-Film Mainstreamkriterien standhalten. Der Film wird umgeschnitten. Es gibt Testvorführungen mit Testpublikum und anschließender Auswertung per Fragebogen: Wer ist die sympathischste Figur? Noch einmal wird diskutiert und umgeschnitten.

Ich will eine Besprechung wegen der Kinoplakatgestaltung. Aber was ich will, ist auf einmal gleichgültig: Das Plakat ist nämlich schon fertig! Als man es mir präsentiert, breche ich in Tränen aus. Meine vier tollen Schauspielerinnen sehen aus, als wären sie einer billigen Schenkelklopfkomödie entsprungen, und tragen Klamotten aus dem Altkleidersack. Ich finde das Plakat einfalls- und lieblos. Es repräsentiert in keinster Weise den Inhalt des Films. Ich bestehe auf einem anderen Plakat mit mehr Charisma. Aber das ist nicht mehr möglich.

Es würde nichts nützen, jetzt noch auf dem Klo die Lösung zu erschaffen. Der Zug ist bereits abgefahren. Nur ein echtes Wunder Marke Jesus würde so kurz vor der Premiere noch helfen.

»Avatar« weist Lücken in der Erfolgsquote auf. Oder war ich nicht präsent genug, um die Alarmzeichen vorher schon zu bemerken? Ich kann mich nicht vierteilen! Ich schaffe es nur noch zu einer gut gemeinten Affirmation à la Louise L. Hay: »Ich bin immer getragen und vertraue darauf, dass alles gut ist.« Aber das macht mich noch ärgerlicher. Weil ich viel zu viel im Kopf bin und vergesse, auf die »emotionale Welle« umzuschalten.

Um weiterhin meine Sache einigermaßen gut zu machen, suche ich verzweifelt eine Gelegenheit, die Dynamische Meditation zu machen. Wenn jetzt noch etwas helfen kann, dann sie. Tatsächlich gibt es sie noch, sogar in München. Osho ist ein Longseller im spirituellen Geschäft. Ich prügle in der kathartischen Phase auf die Matte ein, wie es die Welt noch nicht gesehen hat. Danach fühle ich mich entspannt: »Ich bin immer getragen und vertraue darauf, dass alles gut ist.«

Ich könnte als wandelndes Valium durchgehen, so getragen bin ich, von wem auch immer. Die Lobeshymnen des Münchner Filmfestchefs sauge ich geradezu auf: »Das ist so innovativ, das gehört auf unsere Kinoleinwand.« Der Albtraum ist gebannt. Ich bin froh.

Auf dem Filmfest in München findet die erste Vorführung statt. Das Publikum hat es sich trotz des geschmacklosen Plakats nicht nehmen lassen, so zahlreich zu erscheinen, dass das

Kino bis auf den letzten Platz ausverkauft ist und manche auf der Treppe sitzen müssen. Ich habe schweißnasse Hände. Der Filmfestleiter kündigt enthusiastisch den Film an, und als die ersten Szenen über die riesige Leinwand flimmern, platze ich fast vor Aufregung.

Der Kameramann und ich halten Schwitzehändchen: Jetzt müsste gleich der erste Lacher kommen. Wenn er nicht kommt … ja, was, wenn er nicht kommt? Dann können wir uns einsargen lassen. Die Pointe nähert sich … Da! Jetzt! Die Hauptfigur regt sich über eine spirituelle Affirmation auf: »Ich bin eine anziehende Frau und habe multiple Orgasmen!« – »Das funktioniert aber nicht, wenn dein Mann dich anguckt, als wärst du ein Stück Brot.«

Sie lachen! Sie lachen!

Ich finde es auf einmal gar nicht mehr lustig, sondern ziemlich öde. Ich hab's ja auch schon tausendmal gesehen. Aber die Leute lachen. Grenzenlose Erleichterung. Und die hält sich bis zum Schluss. Tosender Applaus.

Einige Tage später bin ich als Debütregisseurin für den Regie-Nachwuchspreis nominiert. Ich bekomme den Preis nicht, aber Dabeisein ist alles. Zum Filmstart fünf Wochen später lese ich abwechselnd Verrisse und Lobeshymnen in der Presse. Der Film polarisiert. Ich lese die Kritiken bei einem großen Glas Prosecco auf Eis im Büro der Produktionsfirma. Ich kann nicht genug Eiswürfel und Prosecco in mein Glas kippen. Es ist Hochsommer.

»Das Wetter ist perfekt zum Baden am See«, sagt mein Producer, dem ich damals vor Freude um den Hals gefallen bin, als uns die Filmförderung zugesagt wurde.

»Da sind jetzt auch alle und nicht im Kino«, füge ich bitter hinzu.

Es ist der denkbar ungünstigste Zeitpunkt für den Filmstart eines Low-Budget-Films. Anhaltender Sonnenschein ist der Garant für einen Flop an der Kinokasse. Gerade am ersten Wochenende wäre der Film auf viele Besucher angewiesen. Die stürzen sich aber gerade ins kühle Nass und mich in die Krise. Wieso bin ich nicht auf die Idee gekommen, den Filmstart für Oktober zu erschaffen? Oder für ein paare Jahre später, wenn sich das Publikum für die TV-Serie *Sex and the City* und ihre dauerplappernden Protagonistinnen nachhaltig begeistern wird? Unser dialoglastiges Werk überlebt gerade mal das erste und zweite Wochenende. Dann ist es deutschlandweit auf Nimmerwiedersehen von der Leinwand verschwunden. So schnell geht das.

Eine bodenlose Erschöpfung bricht über mich herein. Ich komme morgens kaum mehr aus dem Bett. Um die Ecke einen Liter Milch einzukaufen, gleicht dem Bezwingen eines Achttausenders. Ich vergesse, Leute zurückzurufen, und wenn ich es tue, habe ich vergessen, was sie mir auf den Anrufbeantworter gesprochen haben.

Sybille, meine Freundin, bietet mir das Ferienhaus ihrer Eltern auf dem Land an. Ich fahre dorthin, beziehe das Bett, schalte Mailbox und Handy aus und bin für niemanden mehr zu sprechen. Ich will nichts mehr. Nichts erreichen, nichts bekommen, nichts erschaffen. Ich will nicht mehr Gott sein. Ich mache lange Spaziergänge am See und schlurfe durch das dürre Laub. Ich mag das Geräusch. Es wird bald Herbst. Ich unterlasse es, die Energie der Blätter erspüren zu wollen. Ich koche mir Spaghetti und lese in einer Woche zwei dicke Romane, die ich im Bücherregal finde. Ich lese sie in eine Wolldecke gehüllt auf dem alten Sofa am Fenster. Wenn ich hinausschaue, galoppieren Pferde vorbei. Anmutig.

In der Rückschau stelle ich fest, dass ich während meines Filmprojekts zu einer »Aktionsterminatrix« mutiert bin. Ich war die Frau, der nie die Puste ausging, die keine Probleme hatte, weil sie sie sofort löste. Alles war änderbar. Alles war berechenbar. Sogar ich. Zwischendurch kamen avatarübliche Allmachtsgedanken auf. Wenn mir etwas nicht gefiel, zuckte ich mit den Schultern und sagte: »Ändere es doch einfach!« Sicher ist das von Vorteil, wenn man ein Projekt in einem kurzen Zeitraum bewältigen muss und ohnehin im Ausnahmezustand ist.

Doch diese scheinbare Allmacht lässt mich ausgelaugt und entmenscht zurück. Ich vermisse den Zauber, dem Fluss zu folgen: darauf zu vertrauen, dass es »schon irgendwie wird«, so, wie ich es auch bei meinen Spaghettisoßen handhabe. Als Avatar aber muss man immerzu »wissen« und »bestimmen« und »kreieren«, und der Alltag spielt sich in Superlativen ab. Das ist anstrengend. Es gibt keine Zufälle mehr, keine »Umstände«, nichts, wofür man nichts kann. Sogar die leere Klorolle in der Produktionstoilette habe ich mir selbst erschaffen! Und selbst, wenn es so sein sollte: Man will sich dessen einfach nicht dauernd bewusst sein! Ständig verfolgte mich der Satz: »Du erfährst, was du glaubst.« Die permanente Verantwortung für meine Wirklichkeit war omnipräsent, wie ein Mahnmal: »Du machst das alles immerzu selbst!« Und wenn es nicht gut ist, hast du es nicht gut genug gemacht. Bin ich eine Versagerin, weil ich nicht auf die Idee gekommen bin, mir mehr Filmbudget zu erschaffen? Wieso habe ich mir nicht den Regiepreis gebacken? Oder den durchschlagenden Erfolg trotz des gnadenlosen Hochsommers?

Da gibt es etwas, das man in Versicherungsfällen »höhere Gewalt« nennt: das trotz umsichtiger Vorsorge nicht voraussehbare Eintreffen eines bestimmten Ereignisses. Und diese höhere Gewalt sagt mir gerade eben »Guten Tag«. Die ganze Methode erscheint mir löchrig und fängt an, auch wie ein löchriger Käse zu miefen.

Ich werfe die Wolldecke von mir. Ich frage mich, wo die Frau geblieben ist, die ich früher mal war. Diese Frau war – das fällt mir jetzt auf – gar nicht mal so schlecht: Sie gab sich redlich Mühe, mit den Füßen auf dem Boden zu bleiben. Sie konnte notfalls auch mal über sich selbst lachen, und sie konnte weinen, wenn es einen Grund gab. Sie konnte sogar weinen, wenn es keinen Grund gab, sie es aber passend fand.

Der Glaube, alles erreichen zu können, alles verändern zu können, wenn ich nur das Richtige erschuf, hat mich in eine Gefriertruhe auf zwei Beinen verwandelt, stelle ich fest. In eine eisige Gefriertruhe, in der alles frisch bleibt, aber nichts lebendig. Und jetzt vermisse ich mein warmes, wild pochendes Herz, das beim Anblick eines aufgerissenen Himmels nach einem Gewitter höher schlagen und schwer werden kann, wenn es Nächte gibt, die traurig sind. Während ich das denke, regt sich die Frau, die ich früher mal war, und sagt: »Komm.« Ich stehe auf und gehe zum See. Der Holzsteg knarrt unter meinen Füßen, bis ich ganz vorn angelangt bin. Um mich herum nichts als Wasser. Unter mir plätschert es gemächlich. Ich werde philosophisch.

»Wer bin ich, wenn alles, was ich bin, nur eine Vorstellung ist? Und woher soll ich dann wissen, was ich wirklich will?« Ich blicke hinaus auf den See, während ich das sage. Doch der See fühlt sich nicht angesprochen und bleibt still. Er hat kein Problem. Er muss nichts tun, außer da zu sein. Ich selbst muss immer etwas tun: etwas stemmen, etwas daraus machen, Spuren hinterlassen, und zwar meine eigenen. Wozu bin ich sonst hier?

Der See lässt eine junge Forelle vorbeischwimmen, die noch wachsen muss. Dann beschenkt er mich kurz mit einem leisen Plätschern.

Vielleicht habe ich die Methode falsch verstanden. Höchstwahrscheinlich aber nicht. Ich habe aus einem Nichts ein Etwas gemacht. Ich habe meine Welt aus den Angeln gehoben. Das war gut. Aber ich konnte auch schnell ein unersättlicher, vermeintlicher Weltbeherrschungsjunkie werden. Das war schlecht.

Nur der Igel bewegt sich …

Die einzige Reise, die mich nach diesem Abenteuer noch hinter dem Ofen hervorlocken kann, ist die in die Küche und zurück. Ansonsten sitze ich in meinem Sessel und stricke. Schon seit Wochen. Ich habe noch nie zuvor gestrickt. Aber ganz ehrlich: Stricken ist pure Meditation, pure Selbstverwirklichung. Stricken beruhigt das Nervenkostüm. Natürlich nicht gerade, wenn einem die Maschen herunterfallen, aber sonst schon. Ich stricke einen Schal. Zwei rechts, zwei links. Ich wusste gar nicht, dass ich stricken kann!

Ich habe bislang nur zwei Topflappen gehäkelt, zu der Zeit, als Schweine in unserem Hof den Tod fanden. Diese Topflappen wurden nicht mal gleich groß. Ich musste unterschiedliches Häkelgarn benutzen, weil der Krämerladen keine Garnknäuel der gleichen Marke mehr hatte. Die Verkäuferin sagte, dass das keinen Unterschied mache. Machte es aber doch.

Ich sitze in meinem Stricksessel, höre das U2-Album *Million Dollar Hotel* und lausche Bono, der säuselt: »After I jumped it occurred to me, life is perfect, life is the best. It's full of magic, beauty, opportunity, and television, and lots of surprises ...«. Neuerdings trinke ich literweise Harmonietee. Ich fange morgens um halb zehn mit Stricken an, mache eine Mittagspause bis zwei und stricke danach weiter bis zum Nachmittag. Dann zwinge ich mich hinaus auf die Gehsteige und Straßen und besorge, was ich zum Leben brauche.

Ich versuche, jeglichen Überraschungen auszuweichen, was nicht immer gelingt. Denn manchmal spricht mich jemand an, entweder, weil mich die Person persönlich kennt oder weil sie mich mit einer Frau verwechselt, die mir verblüffend ähnlich sieht und die sie aus dem Fernsehen kennt. Manchmal kläre ich die Person darüber auf, dass sie mich nicht verwechselt, sondern dass ich diejenige, welche bin. Doch einmal ist die andere Person sehr sicher, dass ich keinesfalls die aus dem Fernsehen sein kann. Ab da gebe ich es auf.

Danach stricke ich wieder, bis es dunkel wird. Ich messe niemals nach, wie viele Zentimeter ich tagsüber geschafft habe. Ich habe kein Strickziel. Ich genieße ausschließlich den Augenblick: zwei rechts, zwei links. Ich mag das Nadelgeklapper. Ich schmunzle manchmal, wenn sich der Wollknäuel bewegt, sobald ich am Faden ziehe. Es sieht aus, als hätte ich einen Igel im Strickkorb. Das ist das einzig Aufregende derzeit: wenn sich der Igel bewegt.

Zwischendurch kommen mir Bedenken, dass ich Spätschäden von »Avatar« davongetragen haben könnte: Widerstand gegen die eigene Willenskraft. Widerstand gegen das schöne Leben da draußen. Widerstand gegen die eigenen Wünsche. Aber dieser

Gedanke stresst mich schon wieder zu sehr, und so lasse ich ihn fallen wie die linke Masche eine Minute zuvor.

Dann geschieht etwas. Es klingelt an der Tür. Ich lege das Strickzeug weg, strecke meine verkrampften Finger, bis sie knacken, nippe an meinem Harmonietee, stehe auf und öffne. Es ist Irma. Ich setze mich direkt wieder in meine Strickkuhle. Irma schenkt sich Tee ein und begutachtet meinen mausgrauen Schal.

»Hat man die jetzt wieder so lang?«, fragt sie interessiert.

Mir fällt auf, dass sie beim Spitzenschneiden war. Ich sage: »Nein, aber ich kann nicht mehr aufhören.«

Sie wickelt sich das Teil zweimal um den Hals, aber die Enden reichen rechts und links immer noch bis auf den Boden.

»Du bist jetzt reif«, sagt sie, und ich finde, dass sie ein wenig überheblich dabei klingt. Dann bringt sie die Sprache auf Fürstenfeldbruck und strahlt.

Irma ist immer am Leuchten, weil sie in allem einen Sinn erkennt. Selbst ein Hund, der auf den Gehsteig kackt, reißt sie zu einem enthusiastischen »Ja, das ist die Natur!« hin. »Er macht's einfach, er zeigt's uns, wie es geht, er ist ganz in seiner Fülle und Lebenskraft!«

Ich glaube, dass sie nicht meint, wir müssten nun alle unser Geschäft auf dem Gehsteig verrichten. (In Irmas Altbauwohnung riecht es unentwegt nach Räucherstäbchen, selbst, wenn gerade keins vor sich hin glüht. Und weil mir immer noch übel davon wird, kam es, dass ich sie bat, auch mal mich zu besuchen. Als Gastgeschenk hat sie mir schon zweimal indisches Räucherwerk mitgebracht. Ich bewahre es in einer Schublade auf, die nun aus Duftgründen für nichts anderes mehr zu verwenden ist.)

Irma hat mich vermisst, und ich erkläre ihr, dass ich hart an mir und dem Design meiner Realität gearbeitet hätte und mich jetzt davon ausruhe.

»Das ganze Getue hört bald auf«, meint sie. »Du musst nach Fürstenfeldbruck.«

Ich nicke und stricke weiter. Keine Ahnung, was es in Fürstenfeldbruck Aufregendes geben soll. Vielleicht eine Entspannungsmassage mit heißen Steinen oder eine Klangschalenbehandlung. Ich habe mir einmal bei einer hawaiianischen Heilmassage – ein Geburtstagsgutschein – in Fürstenfeldbruck den Körper »besingen« lassen.

Ich lag notdürftig mit einem Handtuch bedeckt auf einer Liege, vor Kälte frierend und dick eingeölt mit Kokosfett. Und dann begann der Masseur, ein Späthippie aus Garmisch-Partenkirchen, mich zu massieren und meinen Bauch zu besingen. Er stieß einzelne Töne in verschiedenen Tonlagen hervor, als wolle er sich einsingen. Wenn man es genau nahm, röhrte er ebenso hingebungsvoll wie ein Hirsch in der Paarungszeit. Das war äußerst unangenehm, weil sein Röhren sich bis in meine Eierstöcke bohrte, und das passte meinen Eierstöcken überhaupt nicht. Herrenbesuch in meinem Körper fühlte sich normalerweise anders an.

Ich richtete mich auf, stützte mich auf den Ellenbogen ab und ließ meinen Brunftschreiinterpreten noch ein letztes Mal aufröhren. Dann sagte ich: »Das wird nichts.«

Er verstummte sofort und guckte mich mit unschuldigen braunen Rehleinaugen an. Er tat mir richtig leid. Meine Freundin ermunterte ich, mir zum nächsten Geburtstag lieber wieder ein Buch oder eine CD zu schenken.

Irma bestätigt, dass man meine Eingeweide in Ruhe lassen wird. Gut. Wenn sie mich in ein Auto trägt und anschnallt, kann sie gern mit mir nach Fürstenfeldbruck fahren. Die Hauptsache ist, dass mir zeitlich nicht mehr als eine Strickeinheit ausfällt. Ich brauche einen geregelten Tagesablauf. Und um halb elf will ich in meinem Bett liegen.

Dieses Liegemöbel ist mir inzwischen zu einem überlebensnotwendigen Rückzugsort geworden. Das sage ich auch Irma. Und Irma bekräftigt, dass man im Bett oft die besten Einsichten über sich gewinne. Weil der Körper entspanne. Da hat sie recht. Im Bett bekomme ich seit meiner »Avatar«-Zeit allerhöchstens mal einen Albtraum, bei dem mich Hajo mit der Axt verfolgt, weil ich im Keller doch noch heimlich um meinen R4 getrauert habe.

Aber sonst bin ich durchgehend entspannt und freue mich jedes Mal, wenn ich lebendig aufwache. Ja, ich werde sehr dankbar im Bett. Auch ohne Mann.

»Kommst du nun mit?«, fragt Irma.

»Wohin?«, frage ich.

»Nach Fürstenfeldbruck.«

»Nur, wenn ich dort keine Bestandsaufnahme meines bisherigen Lebens machen muss. Und ich will nicht über die Zukunft nachdenken. Und nur, wenn wir mit deinem Auto fahren.«

Aber Irma hat ihr Auto verkauft. Aus Umweltgründen.

»Weißt du, was du da von mir verlangst?« Ich blicke sehnsüchtig auf mein Strickzeug. Irma bietet an, meinen Wagen zu fahren, aber ich bin eine schlechte Beifahrerin, und das würde mich noch mehr stressen. So kommt es, dass ich drei Wochen später schließlich doch den sichersten Ort auf der Welt verlasse und mich aus meinem Sessel pule. Nur, um ins weltbewegende Fürstenfeldbruck zu fahren, von dem ich nichts erwarte, außer dass ich dort nichts tun muss, was mich anstrengt und mein Leben maßgeblich beeinflussen könnte.

5.

Zeitlos

Das aufsehenerregende Jetzt

Die Schlange vor der Kulturhalle in Fürstenfeldbruck ist über hundertfünfzig Meter lang. Sie führt geradewegs zu einem »Weisheitslehrer«. Die Leute haben sich aufs Warten eingerichtet. Manche sitzen auf Klapphockern, wie zur Eröffnung des Designerkollektionsverkaufs bei H&M. Keiner drängelt. Irma stellt sich hinten an, sie hat ihre Eintrittskarte natürlich schon vor Monaten gekauft, als ich gerade lernte, wie man Maschen, die vom rechten Weg abgekommen sind, mit der Häkelnadel wieder auf die Stricknadeln rettet.

Ich klappere die Reihe ab: »Haben Sie zufällig noch ein Ticket übrig?«

Ich kann mich nicht erinnern, dass ich mich jemals um eine Eintrittskarte hätte bemühen müssen. Normalerweise werden mir Einladungen zugeschickt oder ich stehe auf einer Gästeliste, werde entweder direkt mit freundlichem Lächeln durchgewunken oder mit einem Backstagepass ausgestattet und einem Kaltgetränk versorgt, während die anderen weiter mit trockener Kehle und platten Füßen anstehen müssen. Mich in einer langen Reihe anzustellen, akzeptiere ich gerade mal beim TÜV alle zwei Jahre. Was hat Irma mir da eingebrockt!

»Nein«, ein dicker Herr in Wanderjacke empört sich, »alles schon seit Monaten ausverkauft.« Als geschähe es mir recht, dass ich keine Karte kriege.

Ich kämpfe mich tapfer weiter nach vorn. Allein diese kleine

Pilgertour ist eine Rosskur gegen meine Abkehr von der Welt und macht mich gleich ein wenig weiser: Die Verbissenen reagieren nett, die Netten verbissen, und manchmal sind die Netten so nett, wie sie aussehen, und die Verbissenen noch verbissener, als sie aussehen. Ich plausche mit allen und finde das Durchfragen nach einer Eintrittskarte plötzlich unterhaltsamer als so manchen gut beworbenen Kinofilm. Ich vermisse mein Strickzeug kaum und stelle mich darauf ein, mich notfalls im Foyer häuslich einzurichten, bis die Veranstaltung vorüber ist, um danach mit den Leuten weiterzuplauschen.

Aber dann habe ich Glück. Ein Herr Mitte sechzig mit weißem Haarflaum und zartschmelzendem Lächeln in beiger, weit geschnittener Leinenhose hält mir wohlwollend ein Ticket entgegen: Seine Frau liege krank im Bett. Es »soll nicht sein«, orakelt er und schaut mir tief und lang in die Augen. Ich nicke verständnisvoll.

»Energetisch ist sie trotzdem hier«, lächelt er milde. Ich nicke wieder. Er wird es schon wissen. Der Deal ist geritzt. Ich blättere ihm das Geld hin – Weisheit muss man sich was kosten lassen – und mache mich auf, Irma zu suchen.

Die hat sich mit der Masse schon einige Meter weiter nach vorn bewegt. »Siehst du! So soll es sein«, jubelt sie und strahlt. Auch um mich herum freuen sich die Leute übermäßig, dass ich so viel Glück habe.

»Es gibt nämlich keine Karten mehr«, erklärt eine Frau mit verhauchter Stimme. »Schon seit Monaten!«

»Ich weiß«, sage ich zum wiederholten Mal.

»Aber wenn's sein soll …« Sie nickt vielsagend, als würde ihr gerade mein zukünftiges Schicksal vom Erzengel Gabriel durchgechannelt. Ich schaue die ganze Zeit auf ihre Füße und warte darauf, dass sie ein paar Zentimeter abhebt. Aber das soll wohl nicht sein.

Dann setzt sich die Schlange ruckartig in Bewegung. Die Pforten zur Weisheit werden geöffnet. Die Gesprächslautstärke sinkt, je näher wir dem Eingang kommen. Vorerst kehrt Andacht ein. Im Foyer schwillt der Geräuschpegel wieder extrem an, weil es etwas zu kaufen gibt. Die Leute drängen sich um die Verkaufstische und erstehen Bücher und CDs des Referenten, den zu sehen wir alle gekommen sind.

Als auch der Vortragssaal geöffnet wird, entgleisen einigen die Gesichtszüge. Wo eben noch ein friedliches Lächeln war, ist jetzt der pure Kampfgeist zu erblicken. Bücher und CDs werden in Taschen gestopft, Angehörige wie Kinder an die Hand genommen und mitgezerrt. Ich verliere Irma bei der Kartenkontrolle. Sie wird im Pulk auf die rechte Seite gedrängt, ich nach links. Die Frau am Einlass bräuchte zehn Hände, um die Tickets, die ihr hektisch entgegengestreckt werden, zu entwerten. Nachdem mir eine Dame ihren Pfennigabsatz in meine weichledernen Sneakers gebohrt hat, lasse ich mich widerstandslos durch das Nadelöhr des Eingangs wie durch einen Geburtskanal quetschen. Im großen Saal geht das Theater weiter: »Wolfi, ich bin hier!«

»Ich hab drei Plätze! Dritte Reihe!«

»Ist hier noch frei?«

»Ist der Platz da hinter Ihnen belegt?«

»Aber der sieht so frei aus, der Platz. Sitzt da jemand? Da sitzt doch gar keiner.«

Emsiges Umschauen und blitzschnelles Stühlebesetzen mit Mänteln, Jacken, Schals oder dem eigenen Hinterteil. Auch Irma winkt mir mit ihrer indischen Glitzertasche zu: »Huhu!«

Die ersten acht Reihen sind bereits besetzt, Irma hat zwei Stühle in der vierten ziemlich mittig belegt. »Huhu«, ruft sie wieder, als hätte sie in der Aufregung vergessen, wie ich heiße. Ich versuche, mich zu ihr durchzuschlagen. Dann sitze ich. Binde den Schuh auf und knete meinen durchbohrten, rotblau verfärbten Fuß. Im Saal geht es zu wie in einem Bienenstock. Es gibt nicht genug Plätze. Die Leute stehen ratlos, manche verzweifelt, andere aufgebracht in der Tür und in den Gängen herum. Satzfetzen wie »Geht gar nicht«, »schlechte Organisation« oder »Zumutung« flattern durch den Saal.

Ein Verantwortlicher mit einem Mikrofon kommt herbeigeeilt und heißt uns alle reumütig »aufs Herzlichste willkommen«. Man habe sich wegen des großen Andrangs entschieden, den Nachbarraum zu öffnen und den Abend live auf eine große Leinwand zu übertragen. Wieder steigt der Geräuschpegel an. Denn jetzt geht es darum, wer sich mit dem Bild auf der Leinwand begnügen muss, obwohl er ja ein Live-Ticket bezahlt hat und damit einen Referenten zum Anfassen. Es ist nicht gesagt, dass sich seine Weisheit auch über die Leinwand übertragen lässt oder die zwischengeschaltete Technik nicht stört.

»So viele, die auf der Suche sind«, staunt Irma. »Und es werden immer mehr.« Sie setzt ihre im Mondschein an der Heilquelle abgefüllte Wasserflasche an den Mund und nimmt einen Schluck. »Sogar Männer kommen!« Das stimmt. Es sind überraschend viele Männer da, obwohl es doch sonst hauptsächlich die Frauen sind, die ihr Innenleben für ausbaufähig halten.

Auf der Bühne stehen ein großes Blumenbouquet und ein Stuhl, daneben ein Glas Wasser und ein Mikrofon. Langsam sinkt der Geräuschpegel, einige Leute verlassen brummend den Saal, um sich mit der Leinwand anzufreunden. Dann wird es feierlich.

Er betritt die Bühne. Der Weisheitslehrer: Eckhart Tolle. Ein höflicher Erstkommunionsbub, nur älter, im Rautenpullunder über einem bis oben hin zugeknöpften, gestärkten Hemd und in bequemen Halbschuhen, die Hände zum Friedensgruß Namasté vor der Brust gefaltet. Er verbeugt sich mehrmals, während der ganze Saal applaudiert.

Noch bevor er sich setzt, hat er schon sein unsichtbares Voodoo an mir praktiziert: Ich fühle mich in der Menge von Minute zu Minute auf meinem harten Mehrzweckhallenstuhl immer wohler, viel wohler als zu Hause bei meinem Strickzeug. Alle Last weicht nach und nach von mir, die körperliche wie die psychische. Irgendwann seufzt mein Körper vor Wonne. Sofort fallen mir Jesu Worte ein: »Kommt alle zu mir, die ihr mühselig und beladen seid. Ich will euch erquicken.« Irma hat bereits die Augen geschlossen und lächelt fein, so wie ich mir die betenden Mönche in Tibet vorstelle, wenn sie »Om mani peme hung« beten. Als ich mich umsehe, haben ganz viele diesen Gesichtsausdruck.

Und den Mann in Jeans und Fleecepulli, der mich noch vorhin mit hochrotem Kopf hitzig durchs Nadelöhr schubste, umspielt eine Aura vollkommener Harmonie. Die Leute sind tiefenentspannt, obwohl sie nichts dafür getan haben. Was ist hier los? Dann macht Tolle den Mund auf. Er sagt:»Gehen Sie sicher, ob Sie auch wirklich da sind.« Dazu entweicht ihm ein schelmisches Glucksen, das gar nicht weise klingt, sondern albern.

Die Leute im Saal lachen. Irgendetwas stimmt an diesem Redner nicht. Ich finde es schnell heraus: Er wirkt unsicher. In meiner Branche ein No-Go! Aber, und das ist der Clou, es macht ihm überhaupt nichts aus. Das ist geradezu unverschämt. Das ist faszinierend. Er lässt die Worte kommen, in amerikanisch eingefärbtem Deutsch, und macht ständig hintergründige Witze:»Heute habe ich mir etwas ganz Neues ausgedacht. Ich dachte, ich spreche heute einmal über das Jetzt.«

Wieder Lachen im Saal.

»Das Jetzt ist immer neu.«

Und dann kommt er richtig in Fahrt. Er sagt, Zeit existiere nicht. Zeit sei nichts außerhalb von uns. Zeit, sagt er, sei die Reflexion eines gewissen Bewusstseinszustandes. Und es gehe darum, den jetzigen Moment als Eintrittspunkt in eine höhere Dimension, in das wahre Selbst, zu erkennen.

Das »wahre Selbst«? War mein Selbst bislang unwahr? Meint er, dass alles, was ich bis jetzt getan habe, nur oberflächliches Getue war? Und dass das gar nichts mit dem zu tun hat, wer ich eigentlich bin? Heißt das etwa auch, dass man sich immerzu Fragen stellen sollte wie »Was ist der Sinn des Lebens?« oder: »Wer bin ich?« oder: »Wozu strenge ich mich eigentlich so an?« Ich merke, wie meinem inneren Kritiker das Messer in der Tasche aufgeht. Diese Fragen will er nicht stellen, und so kommentiert er das Thema folgendermaßen:»Spirituelle Kacke, abgehoben, theoretisch. Bringt nix. Und wenn jetzt alle anfangen, ihr wahres Selbst zu suchen, dann mache ich dabei sowieso nicht mit!«

Aber ich fühle mich immer noch pudelwohl auf meinem Platz und lächle Eckhart sogar an, obwohl er mich nicht sehen kann.

Das wahre Selbst – was soll das eigentlich sein? »Das alte Selbst tut's doch noch«, bestätigt mein innerer Kritiker meine Überlegungen, aber hundertprozentig sicher bin ich nicht. Irma lächelt wissend zu mir herüber, als könne sie Gedanken lesen.

Eckhart Tolle erklärt, dass die Stille zwischen seinen Worten das Eigentliche sei, denn in dieser Stille liege das Jetzt. Ich lehne mich zurück, schließe die Augen und lausche:

»Wir warten immer auf den nächsten Moment, in der Hoffnung, er möge besser sein als der letzte. Ab und zu gibt es kurze Erfüllungen, doch die gehen vorbei, und dann wartet man wieder. Viele verbringen ihr ganzes Leben auf diese Weise: Sie warten darauf, endlich zu leben anfangen zu können.«

Irma nickt immer wieder unmerklich und legt die Hände in offener Meditationshaltung auf den Schoß.

Wir könnten üben zu erkennen, wann wir uns in einem Wartezustand auf bessere Zeiten befinden, sagt Tolle weiter. Manche Menschen würden das ständige Warten nicht aushalten und sich, um es nicht ertragen zu müssen, aus dem gegenwärtigen Moment wegbeamen. Nichts mehr spüren, nichts mehr merken. Auf die Erfüllung hoffen, später, im nächsten Moment, sagt er. Doch den nächsten Moment habe noch nie jemand gesehen oder erlebt. Er sagt: »Das Einzige, was es gibt, ist dieser Moment.«

Mir geht ein mittelgroßer Kronleuchter auf. Die ewige Anstrengung, irgendwohin zu gelangen, wo es dann endlich los- und weitergehen könnte, und auch das Gegenteil davon, die Flucht ins Strickexil – all das sind Ablenkungsmanöver, die mir das Lebensglück in einer Zukunft vorgaukeln, die immer Zukunft bleiben wird. Darüber verpasse ich den Moment und bin gar nicht richtig da. Kein Wunder, dass ich mein wahres Selbst nicht kenne! Ich bin in Lummerland! Ich habe es immer schon gewusst, dass mein »Hans-guck-in-die-Luft-Schauen« aus irgendwelchen Produktionstrailern als Lebenszeit zählte und erbarmungslos von meiner Gesamtlebenszeit abgezogen wurde. Und nun steht hier einer, der bestätigt es mir: Mein Leben ist bereits das »pralle Leben«, und ich bin mittendrin.

Tolles Ansatz ist das pure Gegenteil von »Avatar«! Gegensätzlicher kann eine Lehre nicht sein. Hier wird gar nichts erschaffen. Ade, Schöpfertum! Hier soll nur der Moment ausgekostet werden, so, wie er gerade ist. Ohne daran herumzufummeln. Und was sich daraus ergibt, tja, das ist Leben. Seine Lehre vermeidet förmlich jegliche Geistesanstrengung und jede Vision zur Verbesserung von irgendetwas. Denn im »jetzigen Moment«, wie er sagt, »ist immer alles okay«. Auf einmal gibt es etwas, das zu erforschen sich wirklich lohnt: die Dimension des Jetzt. Dort kann ich finden, was ich in meinem Lebensverbesserungsaktionismus vermisst habe: mein wahres Selbst. Mit einem Schlag fühle ich mich zur Sucherin berufen, zur Selbstsucherin, die sich angeblich verloren hat und jetzt wiederfinden will – obwohl ich ja da bin, auf diesem Stuhl sitze und nirgendwo anders sein kann.

»Bin auf Selbstsuche – komme gleich wieder!« Aber ist das wirklich noch nötig? Habe ich das nicht mit der Dynamischen Meditation von Osho und der Schauspielschule hinter mir gelassen? Muss ich jetzt doch wieder von vorn anfangen? Ich sehe mich in der Masse um und blicke in verklärte, teils nachdenkliche Gesichter. Aber wenn ich ehrlich bin, bin ich in meinem Stricksessel auch nicht wirklich happy. Jetzt kommt mir mein langer Schal wie ein Strick vor, der mich früher oder später auf dumme Gedanken bringen kann. Es klingt spannend, was Tolle von sich gibt.

Es gehe nicht mehr um Ergebnisse, sondern lediglich um einen Seinszustand. Das hört sich nach Entlastung an. Und dafür lohnt sich das hier. Das Problem ist nur, dass ich das Leben im Jetzt nicht mit meinem gewohnten Denken erfassen kann – ja, Denken und Analysieren verhindern es geradezu. Ich muss es wagen, völliges Neuland zu betreten und nicht mehr so viel zu denken. Doch da habe ich einen internen Gegenspieler:

»Was«, schreit mein Kopf, »nicht mehr so viel denken? Spinnst du? Ohne mich und meine Logistikabteilung geht gar nichts!«

Die Antwort von Tolle kommt sofort: Die Welt lasse sich nur durch körperliche Erfahrung erleben. Das heißt: nicht so, wie ich es seit dreißig Jahren mache. Das erläutere ich meinem Kopf noch mal ausführlich, doch der meint, das werde nach hinten losgehen, ich werde es schon sehen.

Die Zeit – die es nicht gibt – vergeht wie im Flug. Eckhart Tolle redet fast vier Stunden ohne Konzept und Komma und mit nur einer Pause und verabschiedet sich mit bescheidenem Lächeln. Der Mann, der mir anfangs so attraktiv wie der Gartenzwerg im Garten meiner Oma erschien, kommt mir plötzlich wunderschön und anziehend vor. Und, ja: sexy.

Irma und ich schweben aus dem Vortrag. Wie ist es möglich, dass so viele komplizierte Sätze keinen Knoten im Hirn verursachen? Ich bin wie mit Klarspüler ausgewaschen, innen und außen. Jetzt weiß ich, wie ich mich in meiner Waschmaschine fühlen würde.

Der Gartenzwerg hat mich an einen Punkt gebracht, an dem es nichts mehr zu diskutieren gibt. Ich bringe keinen Satz über die Lippen. Nicht, weil ich sprachlos bin, sondern weil das Wolkengefühl und die irritierenden Liebeswirren mich high machen. Ich vergesse, dass ich Probleme mit mir selbst habe und auch mit anderen Leuten – besonders, wenn die keine Probleme mit sich selbst haben und meinen, ich dürfte doch bei meinem Lebenswandel eigentlich auch keine Probleme haben. Denn nach außen sehe ich immer ganz aufgeräumt aus.

In der Nacht sitze ich schlaflos in meinem Bett, weil es in meinem Innern nicht dunkel werden will. Zuerst glaube ich, dass ich eine Spontanerleuchtung habe, wie sie Eckhart Tolle widerfahren ist. Kein Ego, alles ist gut so, wie es ist – das klingt nach Erleuchtung, das klingt nach wahrem Selbst, das klingt nach mir!

Das geht den ganzen nächsten Tag so weiter. Ich mag niemandem davon erzählen. Ich will mein Geheimnis beschützen. Ich denke: So muss es sein, wenn man sich so richtig gern hat und alle anderen dazu.

Vorübergehend erleuchtet

Es ist einer dieser Schauspielertage, an denen man neben dem Telefon Wurzeln schlägt: Ich warte auf die Zusage einer Rolle, für die ich schon länger im Gespräch bin. Das würde die sofortige Organisation der nächsten paar Wochen erfordern. Es geht um einen Dreh in Südafrika. Normalerweise würde ich mich schon am Kap der Guten Hoffnung sehen und gedanklich den Koffer packen. Ich würde mich bereits im Vorfeld zu afrikanischem Trommelgedröhn von meinen Freunden verabschieden. Ich hätte »Guten Tag« und »Wie geht es dir« auf Afrikaans geübt und mich mit Baldrian gegen das Reisefieber sediert.

Aber heute – jetzt – bin ich nur freundlich, ausschließlich freundlich. Freundlich zu mir, freundlich zu meinem Wohnungsnachbarn, der seit einem Tag eine nach altem Limburger Käse stinkende Mülltüte vor seiner Wohnungstür deponiert hat, und freundlich zu meinem Küchenschrank, den ich ausräume, sauberwische und wieder einräume. Als ich damit fertig bin, mache ich eine Flasche Sekt auf und trinke auf den ordentlichsten Küchenschrank in ganz Bayern.

Ich stelle gerade das leere Glas ab, da klingelt das Telefon. Ich bekomme die Rolle nicht. Und: Die Welt stürzt nicht ein. Ich bin nur ein wenig angeschickert und muss mich am Telefon zusammenreißen, damit man es nicht merkt. Ich sage meinem Nachbarn freundlich, dass seine Tüte erbärmlich stinkt, und lade ihn, als er sie weggebracht hat, auf ein Glas ein. Ich werde diesen Tag nie vergessen.

Wenn das die vielgepriesene Erleuchtung ist, ist Erleuchtung einfach. Man muss gar nichts Besonderes tun. Logisch, warum dann so viele nach ihr suchen. Erleuchtung ist der Problemlöser für Faule. Ich bin ein Glückskind!

Aber schon am übernächsten Tag ist Schluss mit dem lustigen Erleuchtungstrip. Ich merke es daran, dass ich nicht mehr freundlich bin und bejammere, nicht in Kapstadt drehen zu dürfen. Ich sehe ein, dass ich gar nicht so erhellt bin, wie ich glaubte, und bin froh, dass ich niemandem voreilig davon berichtet habe. Wahrscheinlich habe ich nur kurzfristig einen flüchtigen Lichtstreif von Eckhart Tolles Leuchtkraft abbekommen. Es ist ernüchternd, dass ich den Zustand nicht festhalten konnte. Er war sehr schön.

Wieso kann nicht ein einziges Mal irgendetwas Gutes bleiben?

»Weil es nicht geht«, antwortet etwas in mir; ich glaube, es ist ein kluger Teil meiner selbst, vielleicht sogar schon ein Teil von meinem wahren Selbst. »Weil du dich damit abfinden musst, dass du nichts kontrollieren kannst. Weil du nicht der liebe Gott bist. Weil nichts für immer bleiben *kann*«, fährt mein innerer kluger Teil fort. Ich muss ihm zähneknirschend zustimmen.

Ich denke an Katja, meine Freundin aus der Schulzeit. Ihr Mann ist letztes Jahr gestorben. Aus heiterem Himmel. Ohne jede Vorwarnung. Er hatte über Jahre große Rückenprobleme. Ging zu zahllosen Ärzten, klassischen und ganzheitlichen, zu Heilern, Therapeuten und Schamanen. Brach Auslandsreisen vor Schmerzen ab. Lag viel im Bett. Und dann hatte er diese eine Untersuchung und der Arzt gab ihm ein Medikament. Aber er vertrug es nicht. Und plötzlich verdrehte sich sein Leben auf eine eigentümliche Weise, so, wie man es sich nicht vorstellen kann, höchstens im Film. Und selbst im Film käme es einem arg konstruiert vor.

Zuerst verlor er die Sätze, die er sagen wollte. Sie mussten sich irgendwo in seinem Kopf versteckt haben und kamen nicht mehr heraus. Dann kam er ins Krankenhaus. Dort hieß es, es würde ihm bald besser gehen. Er machte mit Katja einen Spaziergang im Krankenhauspark, die Blumen blühten. Sie redeten miteinander. Dann verlor er das Bewusstsein. Er wurde notoperiert, lag auf der Intensivstation und kam von dort nicht mehr weg. Und dann verlor er sich selbst. Ganz schnell. Und Katja ihn. Und ich verlor diesen freiheitsliebenden Menschen, der mir immer ein wenig fremd blieb, den ich nur durch Katja kannte und der bei unserem gemeinsamen Abendbrot in die Küche hineinschneite, wenig aß, die Katzen fütterte und ein paar Gesprächsbrocken einwarf. Er blieb nie lange, wollte sich wieder hinlegen. Die Katzen ließen das Fressen stehen, folgten ihm und rollten sich auf seinem Bauch zusammen.

Er war immer schon ein wenig nicht da. Ich mochte ihn. Auch, weil ich Katja mochte, weil beide zusammengehörten und weil er manchmal mit uns in die Oper ging. Er saß mit aufgerichtetem Rücken im ersten Rang, zwischen Katja und mir, und ließ sich mit Gesang beregnen. Er hatte es gern. Er war kritisch. Er mochte nicht alles.

Ich habe ihn noch einige Tage vor seiner großen Reise gesprochen; ich sagte unsere Verabredung beim Italiener ab, weil mich an dem Tag der Münchner Föhn plagte: Ich hatte wahnsinnige Kopfschmerzen. »Es tut mir leid, Hans, ich muss passen.« Und er meinte, dass er das verstehe und wir uns ein anderes Mal sehen würden. Ich ahnte nicht, dass dies das letzte Gespräch mit ihm sein sollte.

Katja war verzweifelt, aber sie verzweifelte nicht. Sie war so stark, wie ich nie eine Freundin vorher erlebt habe. Sie war einverstanden damit, dass er ging. Sie ließ ihn, ließ ihn los, damit er auch wirklich, wirklich gehen konnte. Sie konnte sich auf die Seite ihres Mannes schlagen und sagen: »Er wollte es.«

Der Boden des Krematoriums lag voller Rosenblüten; auf einem Podest standen sein Foto und die Urne mit seiner Asche. Ich dachte an meinen Heimatpfarrer, der an Aschermittwoch von einem zum anderen ging und ein Kreuz aus Asche auf unsere Stirn zeichnete: »Gedenke, o Mensch, dass du Staub bist und zu Staub wieder zurückkehren wirst.« Man weiß nur nicht, wann.

Hier im Krematorium lernte ich Hans erst richtig kennen, als tibetische Gesänge von Hubert von Goisern gespielt wurden. Ich wusste nicht, dass das seine Lieblingsmusik war. Als hätte er das Beste von sich bis zuletzt aufgehoben. Seine Seele atmete mit der reinen Stimme der tibetischen Sängerin ein, erhob sich in unendlicher Größe über uns alle, breitete sich aus und entwich, dorthin, wo er immer sein wollte, flog voraus, an den Ort, von dem er wusste, dass auch wir insgeheim gern dort sein wollten: in die Weite. Als wollte er sagen: »Nur darum geht's.«

Es gab niemanden, der seine Botschaft nicht verstand, und niemanden, der nicht weinte. Hans kriegte uns alle.

Mein Leben mit Klaus*

Ich fange an, Eckhart Tolles Buch *Jetzt! Die Kraft der Gegenwart* zu studieren, und finde viel über mein Verhalten heraus, vor allem über die immer gleichen Verhaltensmuster, die dafür sorgen, dass ich mich schlecht fühle. Ich mache Bekanntschaft mit meinem »Schmerzkörper«, dem Parasiten, der an meinem Rockzipfel hängt und mich quält, wenn ich nicht bekomme, was ich will oder brauche. Oder wenn Dinge anders laufen als geplant. Dann bäumt sich ein schmerzlicher Teil in mir auf, den ich bislang als einen ganz natürlichen, aber äußerst unangenehmen Mechanismus betrachtet habe. Er schreit: »Mir reicht's!« Oder: »Du Idiot!« Oder: »Warum immer ich?«

Ich stelle fest: Dieser Mechanismus ist nicht normal. Nun gilt es zu üben, mit diesem Glücksverhinderer umzugehen. Laut Eckhart Tolle ist er ein unerlöstes Überbleibsel aus der Kindheit. Er ist der Teil, der nie die richtige Fürsorge erfahren hat, der immer bedürftig ist und alles und jeden für sein Unglück verantwortlich macht. Es ist beruhigend zu lesen, dass nicht nur ich, sondern jeder Mensch einen solchen Schmerzkörper hat, der mehr oder weniger hemmungslos herumwütet. Ich präge mir die Worte ein,

---

* Was ich in der Auseinandersetzung mit dem Prinzip »Schmerzkörper« von Eckhart Tolle und der symbolischen Identifizierung mit dem Schauspieler Klaus Kinski erfahren habe, hat sich auf erschreckende Weise durch das Outing seiner Tochter Pola Kinski verifiziert. Ich überlegte, ob ich das Kapitel aus dem Buch nehme, habe mich aber dagegen entschieden, weil es einen persönlichen Prozess in mir beschreibt und nicht die Wirklichkeit dieses Mannes.

die Eckhart Tolle seinen Lesern mit auf den Weg gibt, damit ich sie parat habe, wenn ich sie brauche: »Das bin nicht ich. Das ist bloß ein alter Schmerz.«

Ich nenne meinen Schmerzkörper Klaus Kinski – »Schmerzkörper« klingt so klinisch-medizinisch – und stelle ihn mir in Gestalt des alten Aguirre vor, dem »Zorn Gottes«, den Kinski unter der Regie von Werner Herzog spielte: unberechenbar, wahnsinnig und manchmal doch so zart besaitet, dass sich minutenlang Schmetterlinge auf seiner Ohrmuschel niederließen. Ich weiß: Ich werde in Zukunft öfter mit meinem inneren Klaus zu tun haben, jetzt, da ich von seiner Existenz in meinem Leben weiß. Ich freue mich auf die kommenden Aufs und Abs und darauf, zusammen mit Klaus all meine trübseligen Gewohnheiten zu entlarven. Ich habe Lust auf mein neues Leben mit dem wahren Selbst, das hinter dem ganzen Schmerzkörperschmodder auf mich wartet.

Schon am selben Tag kann ich üben. Ich stehe mit dem Auto an der Fraunhoferstraße, und die Ampel ist rot. In der Nähe liegt die Hauptfeuerwache, die bei einem Einsatz die gewöhnliche Ampelschaltung außer Kraft setzt. Wenn die Ampel rot ist, kann sie längere Zeit rot sein. Normalerweise preschen dann in einem derartigen Affenzahn die Feuerwehrautos vorbei, dass ich jedes Mal Ausschau nach den Kameras für diesen aufwendigen Actionfilm halte. Aber an diesem Tag passiert nichts. Die Straßen sind wie leergefegt, was verdächtig ist um die Feierabendzeit. Soweit ich informiert bin, gibt es kein wichtiges Fußballspiel im Fernsehen. Meine Ampel bleibt hartnäckig rot. Zwei Radfahrer radeln gemütlich über das Rotlicht. Ich stehe. Und stehe. Ich werde unruhig und schalte das Radio ein. Ich ärgere mich, dass ich nicht auch mit dem Rad gefahren bin. Der Feuerwehreinsatz lässt immer noch auf sich warten. Die Straßenbahn rattert behäbig und seelenruhig an mir vorbei. Die Ampel ist schon seit sieben Minuten rot.

Ich male mir aus, dass der zuständige Mann an der Ampelanlage schlechte Laune hat, weil er herausgefunden hat, dass seine Frau ihn betrügt, und deshalb aus Rache die Ampel auf Rot stehen lässt, damit alle, nicht nur er, leiden müssen: die Vergeltung seines Schmerzkörpers! Ich werde sauer und schalte das Radio wieder aus. Während ich mir vorstelle, dass sich dieser Mann vielleicht nur einen Spaß macht, um meine Geduld auf die Probe zu stellen, beginne ich innerlich zu kochen. Man müsste ihn anzeigen, diesen Blödmann. Ich puste ungeduldig die Luft aus und beuge mich gerade zum Handschuhfach, um nachzusehen, ob Beruhigungsschokolade drinliegt, als mir plötzlich Zigarettenrauch in die Nase steigt. Ich blicke auf, und da sitzt auf meinem Beifahrersitz: Klaus Kinski.

Klaus Kinski, wie er leibt und lebt. Mein eigener Schmerzkörper. Er zieht hektisch an seiner Zigarette, schüttelt sich das blonde Haar aus der Stirn, fährt hastig mit der Hand über den Kopf und stiert geradeaus durch die Frontscheibe. Er sieht aus wie kurz vor einem seiner Wutanfälle bei den Dreharbeiten zu *Fitzcarraldo*.

Reflexartig sage ich: »Hallo, Klaus.«

Er antwortet nicht, sondern saugt wieder an der Zigarette und nebelt das ganze Auto voll. Ich weiß: Er, Klaus, der Kinski, ist gerade dabei, mich zu quälen. Aber ich weiß nicht, wie ich mich verhalten soll. Einerseits will ich ihn unbedingt loswerden, damit es mir besser geht. Andererseits … – ich meine, wie oft trifft man Klaus Kinski persönlich? Zumal er schon seit Ewigkeiten tot ist? Das ist mir meine Wut fast wert. Und drittens geht es ja jetzt darum, eine neue Verhaltensweise von mir kennenzulernen und meinem wahren Selbst wieder ein bisschen näher zu kommen.

»Also, was nun?«, faucht er mich nach einer Weile an.

»Was: was nun?«, frage ich irritiert zurück.

»Hör mal, Süße, wenn du meinst, ich bin aus Spaß hier, dann hast du wirklich den Arsch offen. Du hast mich für diese Scheißrolle besetzt! Ist dir das klar? Also mach was.«

Ich bin noch verwirrter. »Was soll ich denn machen?«

Mit bebenden Nasenflügeln zischt Kinski: »Das fragst du mich, du dummes Ding?!« Und dann schiebt er nach, dass ich ein Scheißauto fahre und einen Scheißfahrstil habe.

Ich sage ihm, dass er noch gar nicht wisse, wie ich fahre: »Wir stehen ja die ganze Zeit vor der scheißroten Ampel!«

Er knurrt mit irrem Blick, ob mir klar sei, dass er schon lange, bevor ich den Führerschein besaß, mein beschissener Schmerzkörper war. Es sei höchste Zeit, dass ich ihn, lahmarschig, wie ich nun mal sei, endlich kurz vor meiner Midlifecrisis entdeckt hätte. Ich finde das mit der Midlifecrisis reichlich übertrieben. Und verletzend dazu.

Da habe ich mir was eingebrockt. Ich lasse das Fenster runterfahren, ich brauche Luft. Klaus friert. Er bellt: Er sei kälteempfindlich und bestehe darauf, dass das Fenster wieder geschlossen werde. Ich gehorche.

»Da siehst du, wie gut ich dich im Griff habe«, lacht er hämisch, ja frohlockend: »Du machst, was ich will!«

Ich nicke erschrocken. Seine Zunge schnellt über seine Lippen und ich denke an ein Chamäleon.

»Ich kann dich in einen Haufen Scheiße verwandeln«, grinst er. »Besonders, wenn's um Männer geht. Oder um dein« – er zieht das Wort grausam in die Länge – »allgemeines Leeebensfeeeeling.«

Ich kriege Angst und vergesse das Chamäleon.

»Ich kann machen, dass du wie ein Bettler um Gnade flehst.«

Das stimmt. Ich bin meinem Schmerzkörper vollkommen ausgeliefert. Schon der kleinste Anflug von schlechter Laune ist ja auf seinem Mist gewachsen! Klaus greift in seine Brusttasche, zieht die Zigarettenpackung heraus und hält mir eine Zigarette hin. »Hier.«

Ich habe keine Zeit zum Nachdenken. Aber ich weiß, dass das nur wieder ein Trick von ihm ist. »Danke, ich rauche nicht«, sage ich. Überflüssig zu erwähnen, dass sich an der Ampelfarbe nichts geändert hat.

»Du rauchst jetzt diese Scheißkippe«, befiehlt er. Und dann verändert sich plötzlich sein Gesichtsausdruck. Ganz lieb guckt er mich an, als könne er kein Wässerchen trüben. Ich zögere immer noch, die Zigarette zu nehmen.

»Hör mal, Süße, ich mag dich. Du bist in Ordnung. Und als Schauspielerin biste auch nicht schlecht. Zu ambitioniert manchmal, aber alles ausbaufähig. Bloß, das kannste dir alles sonstwohin stecken: Du kannst nämlich nicht mit mir umgehen. Es macht keinen Spaß mit dir. Ich langweile mich fürchterlich.«

Er steckt die Zigarette an und hält sie mir noch mal hin.

Ich sage mit fester Stimme: »Nein, danke, ich will sie nicht, Klaus.« Und dann traue ich mich hinzuzufügen: »Und jetzt wär's mir auch lieber, du würdest gehen.«

Klaus Kinski kriegt einen Lachkoller, der in einen Hustenanfall übergeht. »Das ist unglaublich«, kreischt er mit schriller Stimme. »Die dumme Gans will, dass ich gehe, ohne was kapiert zu haben!«

Inzwischen bin ich den Tränen nahe: »Ich hab vergessen, was ich –«

Er unterbricht mich. Er säuselt langsam und eindringlich auf mich ein: »Ich aktiviere deinen alten Kinderschmerz: die Angst, dass du ein Nichts bist, dass dir alle was Böses wollen, dass du von vorn bis hinten verarscht wirst, nichts kannst und dass dich keiner jemals liebt.«

Stille.

»Ja, jetzt erinnere ich mich wieder«, bringe ich schließlich heiser hervor.

»Es ist meine Pflicht, dich so lange zu quälen, bis du aufhörst, mir Futter zu geben.« Dabei klingt er, als hätte er den Satz unter Zwang auswendig lernen müssen. »Und was machst du jetzt, Süße?«

Er schüttelt wieder sein Haar aus der Stirn und zieht an der neuen Zigarette. Die andere tritt er auf meiner Automatte aus.

Ich zerbreche mir den Kopf. Was soll ich tun? Ich versuche verzweifelt, mich daran zu erinnern, was Eckhart Tolle rät, wenn der Schmerzkörper zuschlägt. Dann fühle ich mich kurzfristig wie in der ersten Klasse Grundschule bei Fräulein Waidhas, während ich ihn zitiere: »Ich frage mich, ob ich der Raum für dieses Gefühl sein kann …«

Klaus starrt regungslos durch die Frontscheibe, mit einem Blick, den ich aus *Nosferatu* kenne.

»Ich identifiziere mich nicht mit dir – oder vielmehr mit dem schlechten Gefühl oder, äh, dem Schmerz … also der Wut.«

Wieder keine Reaktion.

»Ich lasse mich nicht auf die Geschichte mit dem eifersüchtigen Ampelanlagenmann ein.« Ich werde allmählich sicherer: »Ich lasse die Geschichte los und fühle nur das Gefühl, weil das ein altes Gefühl aus meiner Kindheit ist und mit der Gegenwart gar nichts zu tun hat.«

Insgesamt wird das jetzt richtig rund. Ich hätte ein »Sehr gut« und ein Heiligenbildchen verdient. Klaus lächelt anzüglich und bläst mir einen Schwall Rauch ins Gesicht: »Das war doch gar nicht so schwer, Süße.«

Ich will ihn noch fragen, wie wir das in Zukunft machen werden, falls er wieder mal auftaucht, und dass ab jetzt Rauchen in meinem Auto verboten ist. Aber da springt die Ampel auf Grün, und ich muss losfahren, weil sich hinter mir bereits eine elend lange Schlange gebildet hat. Als ich wieder zum Beifahrersitz hinüber sehe, ist Klaus Kinski weg. Nur der Zigarettennebel und das Brandloch in der Fußmatte erinnern an ihn.

Nach ein paar hundert Metern öffne ich das Fenster, atme die abgasgeschwängerte Luft ein und sage halblaut: »Es war nur Klaus in Aktion, nichts Schlimmes.«

Und dann sehe ich seinen wilden, gefährlichen Blick vor meinem inneren Auge und entdecke plötzlich unheimlich viel Einsamkeit und Verzweiflung darin. Klaus, mein Schmerzkörper, ist in Wirklichkeit ein hilfloses Kerlchen, das mir den großen Zampano nur vorspielt! Er ist ein armer Teufel, mein inwendiger Klaus, denke ich zärtlich und trete beherzt aufs Gas.

Schmerzkörper für alle!

Seit ich mich auf diese neue Weise mit meinen negativen Gefühlen beschäftige, habe ich den Eindruck, dass ich andere Menschen plötzlich durchschaue. Selbst Fremde. Beim Gang durch die Fußgängerzone sehe ich, wie mir die Schmerzkörper der Passanten förmlich zuwinken.

Ich sehe ihre grimmigen, schlecht gelaunten Gesichter, ihre Ungeduld und ihre Ignoranz. Die originelleren Schmerzkörper unter ihnen haben sich ein Mäntelchen aus Düsterkeit, Coolness, Harmlosigkeit oder Erbärmlichkeit umgehängt. Manche Schmerzkörper ähneln dem Glöckner von Notre Dame, manche Paris Hilton, oder sie wirken wie Jack Nicholson in *Shining* oder Charly Brown aus den *Peanuts*. Es gibt Schmerzkörper, die sich als wandelnde »Charmebolzen« und gar als »Lolitas« verkleidet haben. Ich meine zu erkennen, wie diese Schmerzkörper ihre Herrchen und Frauchen im Griff haben. Und ich ahne, dass sie nicht mal von ihrem Schmerzkörper wissen, mit dem sie sich dringend beschäftigen müssten. So, wie man keine Wurmkur macht, solange man nicht weiß, dass man einen Bandwurm hat.

Ich komme auf den glorreichen Gedanken, mich auf dem Viktualienmarkt auf eine Obstkiste zu stellen und eine Predigt zu halten: »Ihr habt alle einen Schmerzkörper! Aber ihr *seid* nicht euer Schmerzkörper!« Und ich würde auch gern allen zurufen: »Liebt euren Schmerzkörper, denn er ist ungefährlich!«

Meine missionarischen Ambitionen werden jedoch im Keim erstickt. Denn sobald ich von Eckhart Tolle erzähle, muss ich feststellen, dass die meisten Leute in meinem Umfeld ihn schon längst kennen. Selbst in der Filmbranche ist er kein Unbekannter mehr. Das liegt sicher auch daran, dass er mit Oprah Winfrey befreundet ist, die ihren sämtlichen Hollywoodfreundinnen von Eckhart erzählt hat. Und von Hollywood nach München ist es ja nur ein Katzensprung. Überhaupt scheint plötzlich ein Eckhart-Tolle-Fieber ausgebrochen zu sein. Alle wollen so schnell wie möglich ins Jetzt, wo die Erleuchtung und ihr wahres Selbst auf sie warten. Ich finde mich mitten in einem spirituellen Trend wieder, und Eckhart Tolle gilt als der größte Weisheitslehrer unserer Zeit.

Ich weiß nicht, ob ich das gut finden soll oder ob ich bloß einer Modeerscheinung aufgesessen bin, wie in der Vergangenheit halb Hamburg der Sache mit der Eigenurinkur. Man musste morgens, am besten auf nüchternen Magen, sein Pipi trinken – eventuell mit Tomatensaft geschmacklich neutralisiert –, um sämtliche bereits vorhandenen oder noch drohenden Krankheiten auszumerzen. Ich kannte fast niemanden, der da nicht mitmachte. Jeder wollte heil und ganz sein, überwand den Ekel und würgte dafür seinen eigenen Saft hinunter. Manche verwendeten die besondere Flüssigkeit sogar zum Kochen und Backen von Geburtstagskuchen oder Weihnachtsplätzchen. Aber keiner von meinen Freunden wurde dabei gesünder, als er es schon war. Ich persönlich warf nach einer einzigen Kostprobe (die mich viel Überwindung kostete) sofort das Handtuch – auch wenn ich so riskierte, als Spielverderber dazustehen. Aber auf Eckhart Tolle bin ich reingefallen.

»Wir sind im Wassermannzeitalter«, orakelt Irma. »Die Welt ist bereit für die Transformation.«

Sie schenkt mir einen dampfenden Yogitee ein. Ich bin mal wieder bei ihr zu Hause und inhaliere schicksalsergeben Räucherwerk.

»Im Jahr 2012 ändert sich alles. Die Menschen wachen auf.«

»Dein Wort in den Gehörgang des Universums«, sage ich und verbrenne mir die Zunge am heißen Tee.

Beim genüsslich-präsenten Sein an der Supermarktkasse am nächsten Tag – ich »warte« ja nicht mehr, sondern »weile« im Jetzt – sehe ich, wie weit die Menschheit noch vom Erwachen entfernt ist. Ein Mann mit Zornesfalten im Gesicht rammt mir den Einkaufswagen in die Hacken, um schneller dranzukommen. Und der Kassierer verdreht genervt die Augen, während die Kundin vor mir mit gichtkrummen Fingern nach Münzen sucht. Doch als ich das Baby auf dem Arm seiner Mutter entdecke, das an der Nachbarkasse selig mit den Armen rudert, erinnere ich mich wieder daran, worum es mir selbst geht.

Das Baby hängt wunschlos glücklich in Mutters Arm. Voller Vertrauen. Bedenkenlos. Ohne Kontrolle. In seinem Kopf läuft kein Panikhörspiel ab: »Oh, jetzt macht sie gleich den Geldbeutel zum Zahlen auf, oh Gott, dusselig, wie sie ist, könnte sie mich fallen lassen wie neulich die Milchflasche, gleich lässt sie mich fallen, und dann breche ich mir alles und ich werde für den Rest meines Lebens verkrüppelt sein. Ich kann ihr nicht trauen, ich muss hier weg.«

Nein, das Baby sabbert nur lange Spuckefäden auf den Arm seiner Mutter und guckt mich dabei erstaunt an, als überlege es, was für eine komische Alte das wohl ist, die es dämlich und wie unter Drogeneinfluss anlächelt. Ich bin fasziniert.

Habe ich dieses Urvertrauen nicht schon lange verloren? Ich bin versucht, die Leute, die hinter mir anstehen, zu fragen, ob sie noch dieses Urvertrauen haben. Aber wenn ich mir meinen Hintermann mit den Zornesfalten anschaue, ist auch bei ihm einiges schief gelaufen. Vielleicht gibt es grobe Parallelen zu mir. Man geht nicht entspannt durchs Leben. Deshalb war der Vortrag von Eckhart Tolle so überfüllt: Da waren all die Menschen, die das Glück suchten, das sie im Laufe ihres Lebens verloren hatten. Ich sehe mir die Wartenden an der Kasse an und mag sie plötzlich alle: Die Frau mit dem Baby, die inzwischen erfolgreich gezahlt hat, ohne das Baby fallen zu lassen, den Zornesfaltenmann, den ungeduldigen Kassierer, die Frau mit den krummen Fingern und die, die sich jetzt anstellt, die mit den Hotpants, für die sie eigentlich viel zu alt ist. Sie wollen dasselbe wie ich: glücklich sein.

Im Café mit dem weisen Mann

Ich sitze mit meinem Notebook im Café und arbeite mit Feuereifer an einem Drehbuchexposé für einen neuen Filmauftrag. Draußen blühen die Bäume weiß und rosa. Sie explodieren förmlich. Der Frühling ist meine Lieblingsjahreszeit. Ich mag das ungestüme, unbescheidene, wolllüstige Emporlodern über alles. Ich jogge gern durch den Rosengarten, tripple auf der Stelle und halte meine Nase in die Blütenpracht. Im Grunde muss man nur nachahmen, was die Pflanzen machen: schamlos blühen und sich von nichts und niemandem davon abhalten lassen.

Im Café ist es voll, ständig kommen und gehen Leute. Alle sind ein wenig »frühlingsbluna«. Während ich am Filmplot feile, ertappe ich mich dabei, wie ich immer wieder zu den Zeitschriften hinüberlinse, die an der Garderobe hängen. Schon lange habe ich in keine Bunte und in keine Gala mehr geguckt. Das tat ich früher regelmäßig, auch, um nachzusehen, ob ich selbst drin vorkam. Und nun lächeln die beiden verführerisch mit ihrer Hochglanzfassade zu mir herüber.

Ehe ich es mich versehe, blättere ich mich durch die schillernde Welt der Stars und teste meinen Schmerzkörper aus. Ich will wissen, ob er zuckt und heult, wenn er feststellen muss, dass ich in den Gazetten keinen Platz mehr finde. Ich blättere vor und zurück, verweile bei den Society-Events und warte ab, was sich in mir regt. Hier und da zieht es in der Herzgegend, und der üble Verdacht beschleicht mich mal wieder, einfach nicht »angesagt« genug zu sein. Ich kann mich eines klitzekleinen bisschen Neids nicht erwehren, wie damals, als meine Cousine beim Familienspaziergang im Wald diese riesigen bezuckerten Gummibären aß, von denen sie noch mehrere in der Tasche hatte, mir aber keinen abgeben wollte. Ich schielte immer wieder auf ihre Dirndl-Tasche, aber dann steckte sie sogar ihre Hand hinein, damit ja keiner ihrer Zuckerbären entwischen und mir in den Mund springen konnte. Ich litt.

Diese unfrohe Erregung verspüre ich nun gerade wieder. Ich atme tief durch und erinnere mich an den bittenden Blick des liebesbedürftigen Schmerzkörper-Klaus. Ich sage mir: »Bleib cool, Maria. *Give a little bit, give a little bit of your love to me …*« Der alte Song von Supertramp dudelt nämlich gerade durchs Café.

Und dann fällt mir ein, dass all die gut aussehenden amerikanischen Starkolleginnen nie wie ich gerade eine dicke Spanische Vanillatorte essen dürfen und ihren Körper mithilfe ihres Personal Coach massiv malträtieren müssen, um in ihre gesponserten Abendkleider zu passen. Und dass sie nach außen immer nett lächeln müssen, auch wenn der Schuh oder der Magen drückt. Außerdem ist es kein Zuckerschlecken, wenn man überall, wirklich überall von allen Menschen erkannt wird und sogar auf der Autobahntoilette Autogramme geben muss. Megaerfolg ist ein hartes Geschäft.

Ich lege die Zeitschriften zur Seite und schnappe mir die Süddeutsche Zeitung. Als ich sie aufschlage, blickt mir Eckhart Tolle in die Augen. Der Weisheitslehrer hat ein ganzseitiges Interview gegeben! Nicht etwa in einem esoterischen, kostenlosen Monatsblättchen. Nein, in der Süddeutschen Zeitung! Wir sind wirklich im Zeitalter des Erwachens. Ich beginne zu lesen.

Da kommt auch schon Sybille angehetzt, mit Manuskripten unterm Arm, die sie noch schnell persönlich beim Produzenten abgeben muss. Sie lässt sich auf die Bank mir gegenüber plumpsen und bestellt einen Darjeeling.

»Ich bin fertig. Ich bin kurz vorm Hörsturz«, stößt sie hervor.

Ich erinnere mich vage an mein letztes Ohrrauschen vor Jahren. Das war zu jener Zeit, als mir sämtliche Flughäfen Deutschlands vertrauter waren als meine Wohnung.

»Hast du schon mal davon gehört, im Jetzt zu leben?«, frage ich vorsichtig.

Sie lacht: »Schaffe ich nicht, ich hinke immer hinterher.«

»Das Jetzt ist also schneller als du.«

Sie nickt und zieht die Jacke aus.

»Ganz schön blöd«, gebe ich zurück und kratze mit dem Löffel den letzten Rest geschäumte Milch aus meiner leeren Cappuccinotasse.

»Eine Autorin ist ausgefallen und ich kann einfach nicht Nein sagen, im Moment könnte ich nur noch durchdrehen«, beschwert sich Sybille.

»Du brauchst eine Pause, du musst wieder in den Moment kommen«, sage ich.

»Keine Zeit.« Sie rührt hektisch Kandiszucker in ihren Tee.

»Was meinst du – wie lang ist ein Moment?«

»Nicht lang.«

Sie lächelt, und mir ist nicht klar, was daran amüsant sein soll.

»Also sagen wir eine Sekunde oder eine halbe?«

Sie schlürft laut und setzt dann vorsichtig die Tasse ab: »Das kann man so nicht sagen.«

Sie wird ruhiger.

»Nach einer halben Sekunde kommt dann der nächste Moment? Oder könnte es auch eine Viertelsekunde sein?«, frage ich wieder.

»Ich bin mir sicher, ein Moment ist noch viel kürzer«, sagt sie.

»Aber wie lang genau?«

»Keine Ahnung.«

Ich bestelle noch einen Cappuccino. »Die einzelnen Momente reihen sich dann aneinander, und wir haben die Zeit«, folgere ich messerscharf.

Sie lacht verwirrt: »Du meinst, wenn ich mir das klarmache und jeden einzelnen Moment genieße, muss ich nicht mehr so hetzen?«

Ich nicke.

»Ich versuche ja schon, im Jetzt zu sein. Aber das kann ich nur, wenn ich Zeit habe.« Sie gibt zu, dass sie in dieser Hinsicht oberflächlich ist. »Aber lies mal Eckhart Tolle, das ist so ein Mystiker«, fügt sie hinzu. »Der hat, glaub ich, ein ganz tolles Buch darüber geschrieben.«

»Laut Tolle gibt es gar keine Zeit«, kläre ich sie auf.

»Dann gibt es den Moment auch nicht?«, will sie wissen. »Ein Moment ist ja auch Zeit, wenn auch eine Miniaturausgabe davon.«

»Der Moment ist ein Seinszustand, der nicht mit linearer Zeit, wie wir sie kennen, gemessen werden kann«, trumpfe ich auf. »Der Moment, den er meint, hat mit dem Sein zu tun, nicht mit Zeit.« Ich weiß allerbestens Bescheid.

»Du bist ganz schön am Klugscheißen, aber das hilft mir jetzt auch nicht.« Sybille schaut auf die Uhr. Sie ist von meiner Besserwisserei genervt, doch das irritiert mich nur wenig.

Ich lese ihr einen Satz von Eckhart Tolle aus dem Zeitungsinterview vor. Die Journalistin wollte wissen, wie sie heute noch dem Glück ein Stück näher kommen könne. Tolle riet ihr, sich zu fragen: »Wie ist meine Beziehung zum jetzigen Moment – ist er mein Freund oder mein Feind?« Allein das könne schon ihr Leben verändern.

Sybille und ich werden merkwürdig ehrfürchtig und still, ja, meditativ inmitten des belebten Cafés. Dann gucken wir uns an und Sybille macht: »Mhm.«

Ich schaue zu Cameron Diaz hinüber, die mir vom Hochglanzcover entgegenlächelt, und wünsche ihr, dass der jetzige Moment gerade ihr Freund ist, so wie er meiner ist.

Ich tippe einen kleinen Text in mein Notebook, der nicht in mein Drehbuchexposé gehört:

Was wollen
»Kreieren«
Sich selbst verführen
Gehen durch verschlossene Türen
oder
Alles so lassen, wie es ist
Auch Mist
Ihn sogar lieben
Nichts verschieben
Wer ist frei:
Der mit oder der ohne Bohei?

Dann klappe ich das Notebook zu.

6.

Gnadenlos

Prost Neujahr

Auf dem Weg vom Café nach Hause schlendere ich an der Mutter eines Indianerhäuptlings in Kriegsbemalung vorbei. Der Indianer ist vielleicht vier Jahre alt und trägt einen bunten Federschmuck auf dem Kopf. Und das, obwohl nicht Fasching ist. Ich denke an mein eigenes Indianerkostüm, das ich im gleichen Alter trug und das immerzu nach Jutesack roch, weil es aus einem Jutesack geschneidert war. Dazu gesellt sich in meiner Erinnerung der Geruch des roten Nagellacks meiner großen Schwester, bei dem ich nie sicher war, ob er schon getrocknet war, selbst nach Stunden nicht. Deshalb hielt ich meine Finger vorsichtshalber immer klauenartig gekrümmt. Meine schwarze Squawperücke kitzelte mit ihren Kunsthaaren mein Gesicht und rutschte auf dem Kopf hin und her, die Feder fiel dauernd herunter, und so gestaltete sich das Indianerleben an »Fasenacht«, wie es bei uns hieß, ziemlich unbequem. Ich konnte nicht herumspringen, wie ich wollte. Vielmehr verlieh ich dem Rosenmontagszug durch die Hauptstraße mit etwas steifer, aber würdevoll zu interpretierender Kopfhaltung eine exotische Note. Ich fiel nie aus meiner Rolle, sodass alle sagten: »Des Mädle werd emol e Schauspielerin.« Ich schob die schwarze Perücke zurecht, blieb stumm und dachte mir: Eine Indianerin kennt keinen Schmerz.

Was Indianer-Schmerz wirklich bedeutete, sollte ich erst kurz nach meiner Schauspielausbildung in Hamburg erfahren. Ich schlendere weiter und versuche, mich an die Einzelheiten dieser

Geschichte zu erinnern. Es war kurz vor Silvester. Ich wollte das neue – und hoffentlich glückliche, erfolgreiche – Jahr mal anders begrüßen. Die üblichen Partys lockten mich nicht wirklich, und allein wollte ich auch nicht bleiben. Ich war fünfundzwanzig und sehnte mich nach Leuten, die sich nicht um jeden Preis betrinken wollten. Ich wollte in der Silvesternacht etwas über mich erfahren, was ich noch nicht wusste. Ich wollte das neue Jahr »besinnlicher« beginnen.

Drei Tage zuvor machte mich die Verkäuferin im esoterischen Buchladen auf den Flyer »Indianische Schwitzhüttenzeremonie an Silvester« aufmerksam, der sich ziemlich abgefahren las. Jack, der Ehemann der Verkäuferin, war Schamane und veranstaltete regelmäßig auf dem Land indianische Workshops. Er war eng mit den Blackfoot-Indianern verbunden und von ihnen zu einem spirituellen Würdenträger erhoben worden. Jack nahm alljährlich am Sonnentanz des Stammes in Kanada teil, bei dem die Krieger tagelang fasteten, trommelten, beteten und tanzten. In Trance stießen sie sich Metallhaken durch die Haut am Rücken, um sich daran aufhängen zu lassen, Zugang zur geistigen Welt zu erlangen und Kraft und Weisheit zu finden.

Ich hatte zwar schon viel über Selbstgeißelung und Masochismus gehört – darunter fiel dieses traditionelle Ritual meines Erachtens eindeutig – und hatte auch selbst schon einschlägige Erfahrungen damit gesammelt. Und zwar in Gestalt von durchlittenen Liebesqualen, bei denen es vielleicht so aussah, als würde ich sie aus freien Stücken auf mich laden. Doch von einer freien Entscheidung war ich so weit entfernt wie von einer Hollywoodrolle mit Jeff Bridges als Co-Star. Nach erfolgreich bewältigtem Liebeskummer reagierte ich wie jetzt, als ich von den Sonnentanzindianern hörte. Nämlich mit der Frage:»Wie kann man sich freiwillig nur so viel Schmerz zumuten?«

Die Buchhändlerin versprach mir, dass man mir bei einer Schwitzhüttenzeremonie weder Brustwarze noch Rückenhaut piercen würde. Da meldete ich mich an.

Es war bitterkalt, und auf dem Weg zum Seminarhaus waren

die Landstraßen spiegelglatt. Ich hatte keine Winterreifen auf meinem Fiat Uno (das war das Auto, das nach dem verblichenen R4 kam). Aber der Große Geist der Blackfoot war bereits mit mir, und ich kam heil an. Hinter dem Seminarhaus stand auf einer verschneiten Wiese ein Gerippe aus Weidenästen, die oben mittig zusammenstießen. In diesem Tipigerippe sollte ich Silvester feiern: Es war die Schwitzhütte. Auf dem Boden befand sich in der Mitte eine Vertiefung, in die später heiße Steine gelegt würden. Im Laufe des Nachmittags wurden die Weidenäste mit Wolldecken und alten Teppichen abgedeckt. Jede Ritze sollte versiegelt werden, sodass kein Luftzug mehr hindurchkam. Auch ich legte mit Hand an. Ich ahnte ja nicht, welch ein Höllentrip mich erwartete. Große Steine wurden von der Feuerhüterin, der Buchhändlerin und Jacks Frau, in einem Feuer erhitzt und nach und nach in die Hütte getragen.

Jack trug Cowboystiefel, ging o-beinig wie ein Cowboy und hatte einen Pferdeschwanz. Er beherrschte die Sprache der Indianer fließend. Manchmal brabbelte er ein paar Sätze im Vorbeigehen, als führe er ein Selbstgespräch. Es klang so fremd und schön und vertrauenerweckend, dass es die weiblichen Teilnehmer magisch zu ihm hinzog. Jack war ein erfahrener Schwitzhüttenmeister. Er kannte die schamanischen Rituale, und jeder respektierte ihn sofort. Wir waren eine gemischte Gruppe von achtzehn Frauen und Männern.

Am Abend war es so weit. Der Mond stand hoch am Himmel. Das Thermometer zeigte Minusgrade, aber wir krochen barfuß und spärlich bekleidet in Leggings und Shirts in die Hütte. Niemand sollte nackt wie in der Sauna sein, denn ums Schwitzen ging es nicht. Es ging ums Beten, ums Stillsein, ums Spüren. Eigentlich war nach zehn Personen die Hütte voll. Aber es mussten noch weitere acht hinein. Für Jack war es ganz selbstverständlich, dass wir dichter zusammenrücken mussten. Dichter. Und dichter. Und noch dichter.

Bis mein Oberschenkel an die Hüfte der Nachbarin andockte und meine Brüste unweigerlich mit den Oberarmen meines

Nachbarn Tuchfühlung aufnehmen mussten. Ich kriegte schon meinen ersten klaustrophobischen Anflug, als die Hüttenöffnung noch unverschlossen und Frischluftzufuhr gesichert war. Da saß ich nun: auf dem gefrorenen, schmutzigen Wiesenboden irgendwo in der Pampa. Nicht mehr ganz so wild entschlossen, einen total anderen, unvergesslichen Jahresstart hinzulegen.

Der Eingang wurde fest verhängt und Wasser auf die heißen Steine in der Mitte gegossen. Es entwickelte sich innerhalb von Sekunden eine große Hitze. Aber das war erst der Anfang. Nur zögernd stimmte ich in die schamanischen Lieder ein, die die indianischen Geister und Ahnen beschwören sollten. Damit es auch wirklich eine erfolgreiche Zeremonie wurde.

Nach der ersten Runde wurde der Teppich vor dem Eingang beiseite geschlagen, wir krochen hinaus in die Kälte und sprachen die Worte: »*Aho mitakuye oyasin.*« Das hieß »Für alle meine Verwandten«, womit selbstverständlich nicht unbedingt meine Patentante aus Franken gemeint war, die mir zur heiligen Erstkommunion ein sechsteiliges Essbesteck sowie Soßenlöffel und Schöpfkelle geschenkt hatte. Vielmehr war es ein Zeichen des Respekts vor der Schöpfung, den Tieren, Mineralien, Pflanzen und Menschen, die allesamt unsere »Verwandten« waren.

In der zweiten Runde – es waren insgesamt vier – wurden weitere heiße Steine in der Mitte aufgetürmt und mit indianischen Kräutern geräuchert. Die ätherischen Dämpfe brannten scharf in der Lunge. Die Hitze wurde bald so unerträglich, dass ich mich sehr anstrengen musste, um nicht in Ohnmacht zu fallen. Mein linker Arm war den heißen Steinen am nächsten und knallrot gebrannt. Jack beeindruckte das nicht. Er lud uns zum Gebet ein. Wir sollten danken:

Danke hat viele Gesichter.
Oberflächliches Danke, routiniertes Danke,
*   Anstandsdanke.*
Danke aus Verpflichtung. Genervtes Danke.
Danke aus Höflichkeit. Danke aus Dankbarkeit.

Danke, weil man es nicht fassen kann.
Trauriges Danke. Danke für alles. Danke aus Einsicht.
Herzensdanke.
Danke aus Freude oder Überschwang.
Notgedrungenes Danke.
Einsames Danke.
Danke aus purer Lust am Danke.
Danke aus Liebe.
Danke als Bitte. Danke als Gebet. Danke als Danke.
Danke.

Mein Danke wurde ehrlicher, je heißer es wurde. Doch dann fror mein Allerwertester am Boden fest, während mein Kopf vor Hitze glühte. Ich senkte das Haupt Richtung Erde, um mehr Kühlung zu bekommen. Mein Gehirn verdorrte schier, konnte aber noch Folgendes gedanklich formulieren:»Ich will hier raus.«

Ich japste nach Luft, und ungeheure Platzangst ereilte mich. Aber die Hütte war vollständig abgedichtet – es gab keinen einzigen Spalt, der frische Luft hereinließ. Ich hatte noch selbst dafür gesorgt! Jeder Atemzug war schmerzhaft, die Hitze versengte die Nasenschleimhäute, so fühlte es sich jedenfalls an. Ich versuchte, meine Sitzposition zu verändern, aber ich hatte kaum Spielraum, es wurde höchstens unbequemer. Die anderen Teilnehmer hatten mit sich selbst zu tun, ächzten, schnieften, beteten, meditierten und suchten nach der bequemsten Position.

Hier war sich jeder selbst der Nächste. Das war schrecklich und beruhigend zugleich. Ich dachte: Wenn ich nicht rauskann, geht es wohl darum, hierzubleiben und mich der Angst vor dem Erstickungstod zu stellen. Und dem Ärger, dass ich ausgerechnet an Silvester, wenn sich alle auf Partys amüsierten, etwas »Besinnliches« hatte erleben wollen, um mein Bewusstsein zu erweitern! Ich sehnte mich nach einem frisch bezogenen Bett mit einer elektrischen Heizdecke drin, wie früher bei Muttern.

Dann wurde mir klar, wohin der Hase hoppelte. Denn Jack erinnerte uns daran, zu beten, zu singen und uns der Hitze in Demut

155

hinzugeben. Demut! Bis dahin wusste ich gar nicht, was es mit dieser Demut eigentlich auf sich hatte. Demut klang immer nur nach Sich-Begnügen, nach Verzicht oder nach Unterordnung. Nicht nach Lebensfreude. Deshalb hielt ich nicht viel von ihr. Zu meinen Qualen kam jetzt mein Aufbegehren gegen die öde Demut, die sich mir aufdrängen wollte.

»Ich will das nicht, ich muss das nicht«, beharrte ich auf meinem Recht und verfluchte den Moment, an dem ich aus Jux und Tollerei, und weil es draußen schneeregnete, den esoterischen Buchladen betreten hatte. Wieso konnte ich mir nicht einfach mal zu Silvester einen hinter die Binde kippen wie normale Leute auch?

Ich schrumpfte zu einem Häufchen schwitzenden und frierenden Elends zusammen, bis ich begriff, dass ich selbst hier in dieser indianischen Silvesterhölle nicht notwendigerweise leiden musste. Ich war ja freiwillig hier. Hatte sogar dafür gezahlt. Und ich würde nicht sterben. Dafür würde Jack sorgen, da war ich mir sicher. Er würde mich nicht abkratzen lassen, auch wenn er manchmal den entsprechenden Gesichtsausdruck hatte. Er war Schamane, die zeigten nicht so viel Gefühl.

»Ich werde nicht sterben«, dachte ich noch einmal. »Ich tanze hier meinen persönlichen Sonnentanz.« Deshalb beschloss ich, während das Eis unter meinem Po zusammenschmolz, zu meiner augenblicklichen Lebenssituation Ja zu sagen, und zwar mit allem Wenn und Aber. Und dann sagte ich es sogar so laut, dass alle es hören konnten: »Ja!« Ich bedankte mich wirklich und wahrhaftig und schnörkellos, so wie noch nie: für etwas, das ich gar nicht richtig benennen konnte. Und da wusste ich, dass ich jetzt gerade demütig war.

Als das Silvesterfeuerwerk in der Ferne losging und die Böller krachten, saß ich immer noch im Morast von Eis und Erde. Runde drei. Aber es ging mir viel besser. Die Demut klopfte an mein überhitztes Herz, und dieses Herz konnte nicht anders, als zu sagen: »Na gut, bevor du dir da draußen den Tod holst, immer rein in die gute Stube.« Ab da wurden Hitze und Kälte erträglicher.

Demut – sie hatte auch mit Normalität zu tun. Sie hatte damit zu tun, zu glühen wie der Stein im Feuer, weil ein Stein im Feuer glühen kann. Zu verdampfen wie das Wasser, das darauf gegossen wurde, weil Wasser verdampft. Und sie hatte damit zu tun, zu beten wie Menschen, die beten, wenn sie Hilfe brauchen. Demut hatte damit zu tun, einfach die Tür aufzumachen, und wenn es die zum eigenen Herzen war. Die Demut holte mich auf ihre Ebene hinunter, wo jeder Fluchtversuch, jede Überheblichkeit, jede Weigerung und jedes Besserwissen nur lächerliche Luftblasen waren. Die Demut war ein starkes Stück. Sie beflügelte mich wie die gepiercten Indianer des Blackfoot Blood Tribe beim Sonnentanz in Kanada. Ich hielt bis zur letzten Runde durch.

Gegen vier Uhr dreißig morgens duschte ich mich bei minus elf Grad im Freien mit einem Gartenschlauch kalt ab. Die Zeremonie war beendet. Ich fühlte mich, wie sich Amundsen bei der Heimkehr nach der Entdeckung des Südpols gefühlt haben muss: ausgelaugt, tausendfach dankbar für seine Entdeckungen und dafür, dass er nicht aufgegeben hatte. Ich war eine Siegerin. Während die Partygänger ihren Rausch ausschliefen, feierte ich mich bei einem Festmahl mit den anderen Überlebenden unserer Zeremonie. Blinzelnd begrüßte mich – eine in die fahle Morgensonne zu indianischen Gesängen tanzende Squaw – das neue Jahr.

Auf der Heimfahrt drehten auf den vereisten Straßen die Räder durch, und ich schlingerte in Schlangenlinien nach Hamburg. Fazit: Demut schützt vor Glatteis nicht. Der Vorsatz für das neue Jahr lautete, dass ich trotz allen persönlichen Wachstums nie wieder eine Schwitzhütte von innen sehen wollte. Zum Ausgleich wurde ich zur regelmäßigen Saunagängerin. Nach jedem Saunagang denke ich bis heute an »alle meine Verwandten« und die Soßenschöpfkelle zu meiner Erstkommunion, die als einziger Teil der Aussteuer noch immer im Einsatz ist.

An diesem Punkt in meiner Erinnerung angekommen, fällt mir ein, dass Jack uns damals von einer bestimmten Gabe der Schamanen erzählte: Sie konnten die Zeit langsamer gehen oder sogar ganz stillstehen lassen. Sie baten die Götter um eine Zeitblase, in die sie sich hüllten und darin ihre Arbeiten verrichteten, bis sie sie nicht mehr brauchten und wieder verließen.

Zuhause rufe ich sofort Sybille an und erzähle ihr von der schamanischen Zeitblase, die ihr einiges Ohrensausen ersparen könne. In so einer Blase könnte sie unheimlich viel nacharbeiten, ohne auch nur eine Stunde Zeit zu verlieren. Aber Sybille gesteht, sie befürchte, nie mehr aus der Blase herauszukommen, und deshalb wolle sie erst gar nicht hinein. Sie will es lieber mit dem Jetzt versuchen. Nun gehört auch sie zu den Selbstsuchern. Ihr Tinnitus war schuld.

Irgendwas will jeder

Bewusst im Jetzt zu sein ist nicht ohne. Es ist eine Sisyphus-arbeit: Sobald man anfängt drüber nachzudenken und glaubt, man hat's geschafft, fängt man wieder von vorn an. Außerdem bin ich mir nicht mehr so sicher, ob das »Im-Moment-Sein« tatsächlich für meinen Beruf ausreicht.

Das geht nicht nur mir so. Mittlerweile hat sich ein loser Zirkel zusammengefunden: Johanna, Christine, Doris, Sonja, ich und immer wieder auch ein paar andere, die dazustoßen, wenn sie eine Drehpause oder einen Babysitter haben – Kolleginnen. Das sind die Frauen, mit denen man konkurriert, weil sie für die gleichen Filmrollen vorgeschlagen werden, denen man sich über- oder unterlegen fühlt, mit denen man sich solidarisiert, mit denen man sich vergleicht, obwohl man es nicht will, von denen man sich was abguckt, denen man sagt: »Zieh doch mal zum Casting was an, was total sexy ist«, die man wahlweise bewundert oder bemitleidet, vor denen man sich seelisch auszieht, weil es manchmal nicht anders geht und weil es zusammen-schweißt, und mit denen man trotz und wegen allem befreundet ist. Wir bilden besagten Künstlerzirkel, den »Blauen Reiter« der Schauspielerinnen, wenn man so will, weil wir alle irgendetwas wollen: uns schauspielerisch verbessern, Selbsterkenntnis, Erfolg und künstlerische Freiheit.

Wir diskutieren, ob wir alle nur egozentrische Schauspielerinnen mit zu viel Zeit sind. Aber selbst die Freundinnen, die Familie haben, und die, die vor lauter Drehpensum nicht mehr aus den Augen gucken können, wollen in ihre Mitte kommen, weil es irgendwo klemmt. Da müssen Neurodermitisschübe vor Castings bewältigt, dominante Schwiegermütter entmachtet, Kinder, die nachts nicht schlafen, beruhigt und eifersüchtige Ehemänner gepampert werden, wenn eine Knutschszene beim Drehen bevorsteht.

Als Künstlerin gilt es, einen Spagat zu bewältigen: Einerseits müssen wir uns öffnen, durchlässig und verwundbar sein. Andererseits sind wir permanent Kritik und Beurteilung ausgesetzt. Wir müssen uns gelegentlich wie ein Hochleistungssportler körperlich und geistig stählen, um schnell zu funktionieren. Und wir müssen mit unserem kreativen »Material« haushalten, damit wir nicht ausbluten. Alldem wollen wir standhalten, wollen wir etwas entgegensetzen können. Das Verweilen im Jetzt ist als Grundlage nicht das Schlechteste. Aber muss man nicht mehr tun, um in unserer Branche sichtbare Fortschritte zu machen? (Davon abgesehen finden diese Anstrengungen ja auch im Jetzt statt.) Johanna, unsere Jüngste, bringt einen Satz des Schauspielgurus Lee Strasberg an: »Wenn du ein guter Schauspieler werden willst, arbeite an deiner Persönlichkeit.« Alle stimmen zu.

Doch Moment mal! Um die Persönlichkeit geht es ja eigentlich gerade *nicht*! Das hat man mir jedenfalls lange genug vorgekaut. Die Persönlichkeit ist doch die falsche Maske, die laut Eckhart Tolle das wahre Selbst verdeckt und einen in der Illusion der Zeit hält, wegen der man streckenweise leidet wie ein Hund. Die Persönlichkeit gilt es zu durchdringen, um den wahren Kern des Menschen zu entdecken. Das zu schaffen erfordert manchmal eine große Anstrengung. Die Masken einiger Leute sind so dick, da müsste man eigentlich mit dem Schlaghammer vorgehen. Aber an der Persönlichkeit zu *arbeiten*, wie Strasberg rät, heißt ja, wieder einen Schritt zurück in die niederen Sphären zu machen. Ich soll auf einmal wieder an meiner äußeren Hülle herumdoktern!

Aber weil die Filmbranche nun mal in den niederen Sphären und der Illusion der Zeit ansässig ist und die Zeiten nicht besser werden, komme ich wohl nicht darum herum. Jetzt soll es also auf einmal verstärkt um »oberflächliche« Attribute wie Wirkung, Leistung und Erfolg gehen. Zugegeben: Es käme gelinde gesagt nicht gut an, sich bei der Pressekonferenz eines Kinofilmstarts vor einer Horde Journalisten im Fünf-Sterne-Hotel ein Schild um den Hals zu hängen, auf dem steht: »Ich bin gerade der Raum für meine Angst, deshalb gucke ich so paralysiert!« Oder am Drehort: »Ich fühle gerade meinen Schmerzkörper, deshalb kann ich die Probe nur mit halber Kraft machen.«

Wieso gibt es eigentlich nicht eine Eier legende Wollmilchsau im Stil von: »One wisdom fits all«? Ich sehe allerdings ein, dass ein einziger Ansatz nicht in allen Lebenslagen hilft und man äußerst flexibel mit seinen gesammelten Kenntnissen umgehen muss. Aus diesen Gründen fungiert unser »Blauer Reiter« auch als kreativ-spirituelle Selbsthilfegruppe, in die jede ihre Themen einbringen kann. Wenn sie auch noch so banal sind – es kommt am Ende immer etwas Brauchbares dabei raus. Wie bei meinem Auftritt als Verkehrssünderin, den ich aufschreibe, damit es mir nie wieder passiert:

Ich fahre mit dem Rad zu unserem wöchentlichen Mädelstreff. Nehme die Abkürzung, will gleich links abbiegen. Am Hotel Königshof parkt die Polizei quer auf dem Gehsteig. Ich denke, die wollen Verbrecher jagen, denke, die haben Wichtiges vor, denke, die sind auch überall. Mir ist mulmig zumute, obwohl ich gar nichts verbrochen habe. Ich denke: Wieso habe ich immer ein schlechtes Gewissen, wenn ich Polizei sehe? Frage mich, wann sich auf meiner Lebenslinie beim Anblick von Polizei Freude in Schiss verwandelt hat.

Der Polizist geht auf mich zu und bittet mich, vom Rad zu stei-

gen. Ich suche nach der versteckten Kamera, gucke rechts und links. Vielleicht haben sie mich wieder als Promi ausgegraben, weil alle anderen in TV-Shows und Kochsendungen bereits restlos verbraten sind.

Der Beamte sagt, ich dürfe nicht auf dieser Seite in diese Richtung Rad fahren. Ich sage, oh ja, ich wollte ohnehin gleich abbiegen, wissen Sie. Der Mann weiß nicht und kontrolliert meinen Ausweis, als wäre ich ein Schwerverbrecher, er notiert sich was und hält mir einen Vortrag. Er will fünfzehn Euro oder ich kriege eine Anzeige, ich könne mir seine Dienstnummer notieren, und er gibt sie mir direkt und ich sage: »Ich zahle ja, aber –« Er schneidet mir das Wort ab.

Ich merke allmählich, dass ich der Schwerverbrecher bin, den sie suchen! Wegen mir stehen die hier quer auf dem Gehsteig vorm Hotel. Und wenn ich das noch mal mache, sagt er zu mir, dann habe das Folgen. Und ich könne mich gern über ihn beschweren, was ich gar nicht vorhabe. Der Beamte ist viel jünger als ich, ich würde ihn duzen, wäre er kein Polizist, wir würden uns sogar sympathisch finden, und er weiß das und verbarrikadiert sich hinter seiner Mütze und seinen Gesetzen und hinter Bayern und steht da, als wäre er kein Mensch in Uniform, sondern eine Uniform als Mensch verkleidet. Meine Güte!

Wie unsouverän macht mich das! Und wie schnell man sich schämt für »Falschradeln«. Ich mache es nie wieder.

Das sage ich auch ihm. Und nachdem ich endlich meinen Ausweis zurückbekommen habe, schiebe ich mein Rad weiter. Er sieht mir hinterher, ob ich auch wirklich nicht mehr aufsteige. Sonst würde er mich einsperren, glaube ich. Ich setze die Sonnenbrille auf. Prophylaktisch. Aber mich erkennt eh keiner, das ist der große Vorteil, wenn man nicht mehr berühmt ist. Man fällt auch negativ nicht mehr auf! Hinter der Sonnenbrille laufen ein paar Tränen, und es ärgert mich, dass ich wegen so einer Lappalie weinerlich werde. Aber ich kann es nicht mehr ändern. Ich bin froh, dass mir das Ganze nicht mit dem Auto passiert ist, und schiebe mein Rad den restlichen Weg.

Johanna macht mir auf dem Sofa Platz: »Man fühlt sich so gedemütigt, wenn man so unwürdig behandelt wird. Er hätte es auch netter sagen können.«

»Ich hätte nicht heulen sollen!«

»Aber da warst du doch schon weg, das hat er gar nicht gesehen.«

»Trotzdem, ich hätte selbstbewusster reagieren müssen.«

»›Hätte‹ gibt's nicht«, meint Doris.

»Vielleicht hat er dich als Schauspielerin erkannt und dachte, er muss dich genauso behandeln wie die anderen, und das ist dann eben strenger ausgefallen«, fantasiert Sonja.

»Du warst im Vorfeld schon energetisch geschwächt und hattest Angst«, assistiert Johanna eifrig und schenkt mir heißen Tee ein.

»Ich war nicht energetisch geschwächt, nur dünnhäutig«, verteidige ich mich trotzig.

Ich wickle mich wie eine Schiffbrüchige in eine Wolldecke. Leider ist sie nicht grau, filzig und kratzig wie die Schiffbrüchigendecken in den alten Filmen.

Sonja sagt: »Da ist was ganz Verletzliches berührt worden.«

»Ja, das war mein innerer Klaus«, jammere ich.

Doris verpasst mir Notfall-Bach-Blüten und meint, ich hätte die Situation energetisch angezogen, weil ich nicht stark genug gewesen sei. Und dass der Polizist mir nur spiegele, wo ich gerade in meinem Leben stehe.

»Auf der falschen Straßenseite«, gifte ich. »Du meinst also, ich bin selbst schuld.«

»In gewisser Weise: Ja.«

Ich stöhne.

»Wie innen, so außen. Alles im Außen ist ein Spiegel des Inneren«, doziert Doris in Therapeutischdeutsch, und ich entgegne ihr aufgebracht, dass ich solche spirituellen Allgemeinplätze jetzt überhaupt nicht gebrauchen könne: »Dann wäre ich ja auch schuld, wenn in China ein Sack Reis umfällt«, sage ich. »Weil der Flügelschlag eines Schmetterlings in Afrika einen Tornado in Amerika auslösen kann.«

»Es geht nicht um Schuld, sondern um Ursache und Wirkung«, meint Doris. Aber auch das nützt mir jetzt nichts. »Ich will nichts analysieren, ich will einfach nur ganz primitiv verstanden werden, sonst nichts«, brause ich auf. »Empathie«, schiebe ich nach. »Ich will einfach nur stinknormales Mitgefühl. Keine Lebensweisheiten.«

Das sehen alle ein, und ich bin zufrieden.

Wir reden darüber, dass man manchmal einfach nicht souverän sein kann, obwohl man es partout will. Unsouveränität ist menschlich. Und dann ziehen wir ausnahmsweise alle eine Engelskarte, obwohl wir nicht daran glauben, und lassen uns durch wohlmeinende Texte ermutigen und inspirieren. Für jede ist es zufällig genau die richtige Karte, und wir finden uns umgehend in einer Unterhaltung über Ängste wieder. Keine will gehen, obwohl wir inzwischen alle schon in Hut und Mantel in der offenen Tür stehen.

Da kommt Christine angehetzt – sie hat es nicht früher geschafft. Ich erzähle ihr die Zusammenfassung unseres Treffens auf dem Weg zur U-Bahn. Wer was gesagt hat, weiß ich nicht mehr, wohl aber die Moral von der Geschicht':

1. Das Wichtigste ist, dass man keine Angst hat.
2. Vor dem Versagen. Vor Fehlern. Oder vor Misserfolg.
3. Man merkt gar nicht, dass man eigentlich die ganze Zeit vor irgendwas Angst hat.
4. Wenn man genau überlegt, hat man ständig Angst, dass man nicht gut genug ist. Und dass man eigentlich besser sein müsste.
5. Die Angst schwingt immer und überall subtil mit.
6. Es geht gar nicht darum, besser zu sein, sondern die Angst davor zu verlieren, einfach nur ganz beschissen mittelmäßig zu sein.

   (Christine nickt die ganze Zeit. Sie sagt, sie habe früher zu Glücklichmachern gegriffen, weil sie glaubte, sie packe das Leben an sich nicht. Weil sie furchtbare Angst vor der Mittelmäßigkeit hatte.)

7. Man möchte fähig sein, die Perspektive zu wechseln, um Dinge aus einem anderen Blickwinkel sehen zu können. Das geht besser ohne Angst.

(Christine bestätigt, sie habe viel mehr glückliche Momente, seitdem sie was dafür tue:»Ich mache jeden Morgen mentales Training.«
Ich frage:»Aber nützt es immer was?«
»Nein«, sagt sie,»nicht immer. Aber ohne wäre es noch schlechter. Also nützt es doch was.«)

8. Leben heißt: sich weiterentwickeln und angstfreier werden. Wer das in unserer Zeit nicht will, der verpasst was.

9. Der hat das eigentliche Problem.

10. Aber man weiß nie, was für einen anderen gut ist. (Auch nicht, wenn man ganz sicher ist, dass man es weiß.)

Wir gehen zusammen mittagessen und stellen fest, dass sämtliche Selbsthilfemaßnahmen unterm Strich nur dazu da sind, die unterschiedlichsten Formen von Angst zu bewältigen – sodass man aufhören kann, sich von seinen Gedanken bedroht zu fühlen. Weil die Welt vielleicht von sich aus gar nicht so schlecht ist, wie sie manchmal aussieht.

Klopfen für den guten Zweck

Die einzige Frau auf der Welt, der es permanent gut geht und die vor nichts Angst hat, ist Doris. Ihr Befinden ist immer »großartig«. Doris ist ein Phänomen. Eigentlich kenne ich niemanden, dem es je besser ging als Doris. Sie hat einen kleinen Sohn und keinen Vater dazu und immer wieder ein Kindermädchen, das niemals deutsch spricht, das sie nicht bezahlen kann und das trotzdem bleibt. Sie verstaut ihr Kind regelmäßig in ihrem Sportwagen, den sie auch nicht bezahlen kann und der ihr auch trotzdem bleibt. Sie kann den ganzen Tag auf hohen Absätzen herumlaufen, ohne dass ihr die Füße wehtun, und ihr Kleiner sieht immer so aus, als käme er gerade vom Mode-Fotoshooting.

»Mir geht's gerade so gut«, sagt sie ständig und klingt dabei, als könne sie es selbst nicht ganz glauben, dass sie vom Leben so bevorzugt wird. Und wenn es ihr mal nicht ganz so gut geht, dann weiß sie, dass sich bei ihr »gerade ganz viel entwickelt«. Was auch wieder ein Grund zu unbändiger Freude ist. »Ich kann richtig spüren, wie ich mich weiterentwickle.«

Manchmal ballen sich meine Fäuste selbsttätig, wenn sie so etwas sagt; Sonja musste sich sogar einmal übergeben. (Später stellte sich allerdings heraus, dass sie schwanger ist.) Wir stehen alle noch blass um die Nase und mit einem Fuß im Entwicklungsland der Selbstverwirklichung, während Doris uns schon Meilen voraus ist. Näher an der totalen Selbstfindung, näher am totalen Glück, näher am Paradies.

Zwischendurch frage ich mich, ob ich in dieses Paradies überhaupt gelangen will. Vor allem, wenn Doris schon da ist, es sich in der Hängematte unterm Baum der Versuchung bereits gemütlich gemacht hat und sich am Ende sogar dort noch weiterentwickelt, obwohl es im Paradies gar nichts mehr zu tun gibt außer Genießen, Genießen, Genießen. Aber selbst an ihrer Genussfähigkeit kann sie vermutlich noch was verbessern. Und dann heißt es: Wer ist der beste Genießer im Paradies?

»Ich finde mich viel besser als früher, ich bin viel besser in der Hingabe ans Leben. Sogar meine Sexualität profitiert davon«, sagt Doris.

Wir nicken alle ehrfürchtig.

»Ich habe so tollen Sex. Das geht so tief. Ich bin so dankbar.« Dabei legt sie eine Hand aufs Herzchakra, und ihr blonder Pagenkopf wippt kaum merklich. »Ich hatte aber auch noch nie so einen tollen Liebhaber.«

»Toll«, kann man da nur antworten. »Toll, dass du so toll in der Hingabe bist, und toll, dass du so tollen Sex hast. Ganz, ganz toll. Wirklich.«

Wir sind permanent neidisch auf Doris, ihre persönlichen

Fortschritte, ihr bewegtes Innenleben und ihre Liebhaber, die sie durch ihre tolle Ausstrahlung unentwegt anzieht. Wenn es einen Oscar für das entwicklungsreichste Innenleben gäbe, müsste ihn Doris bekommen. Ich dagegen dümple unproduktiv in meinen negativen Gefühlen und meiner Weigerung dahin, mich mit meiner Missgunst auseinanderzusetzen, die wahrscheinlich – und das nervt am meisten – nur auf das Bewusstsein meiner eigenen Unzulänglichkeit hinweisen will.

Doris ist zudem seit Kurzem meine Yogalehrerin. Eigentlich ist sie Tänzerin, aber inzwischen zu alt dafür, deshalb macht sie eine Yogaausbildung. Sie muss üben, braucht Kunden und hat mich gefragt, ob ich Lust habe.

Ja, ich wage mich wieder auf die Yogamatte! Aber erst, nachdem ich mir ihre Zertifikate in Yoga und Thai-Massage habe zeigen lassen. Seit langer Zeit mache ich zum ersten Mal wieder den Sonnengruß; er gerät eher zum Eiertanz. Ganz vorsichtig, damit ich mir nicht den einen oder anderen mittlerweile älter gewordenen Knochen breche, manövriere ich mich in die Asanas. Überhaupt ist es eine revolutionäre Erfahrung, mit einem gewissen Maß an Zärtlichkeit ans Werk zu gehen und mich nicht gleich wie eine Rentnerin zu fühlen, wenn ich nicht dreißig Atemzüge im Schulterstand aushalte wie Doris, sondern nur zehn. So bekommt das Wort »Achtsamkeit« ein Gesicht. Nämlich meins. Es steht mir ausnehmend gut.

Da wir Kolleginnen uns neben Erfolg auch alle so tollen Sex wünschen wie Doris und immer mehr auf die Hingabe zu was auch immer hin entwickeln wollen, sind wir äußert offen für alles, was das Allgemeinbefinden *schnellstmöglich* verbessert und nicht erst nach drei Jahren Übung. Wir brauchen eine Technik für den Notfall, für den Sonderfall, für den plötzlichen Nervenzusammenbruch. Etwas, das uns zwischen Tür und Ampel aus der Patsche helfen kann und uns wieder Kraft gibt, wenn uns beispielsweise beim bevorstehenden Casting plötzlich Quotenkönigin Veronica Ferres auf der Toilette begegnen sollte.

Für diese Fälle gibt es MET, die legendäre Meridian-Energie-

Klopftechnik. Nach kaum sechstausend Jahren ist diese Methode aus China nun auch zu uns nach Deutschland gekommen. Und selbstverständlich ist es Doris, die sie in mein Wohnzimmer bringt. Ich habe neben meinen Mädels auch meine Nachbarin eingeladen und komme mir wie die Gastgeberin einer kalifornischen Tupperware-Party vor. Es gibt Prosecco, Bruschetta mit und ohne Knoblauch und diverse Salate. In einem privaten Intensivkurs bringt Doris uns das Beklopfen der Meridiane bei, jener Energiebahnen, die über den gesamten Körper verteilt sind. Wir sitzen um den Tisch und tippen mit dem Zeigefinger rhythmisch auf Wangenknochen, Thymusdrüse und Kopf herum und freuen uns, dass uns niemand dabei zusieht. Man beklopft übrigens nicht das Problem – das lässt man am besten ganz in Ruhe –, sondern kümmert sich nur um die emotionale Blockade. Man beklopft das schlechte Gefühl.

Wir formulieren Affirmationen dazu, bei denen sich uns eigentlich die Fußnägel aufrollen müssten. Als es um das Thema »beruflicher Durchbruch« geht, sagen wir Sätze wie: »Obwohl ich es nicht verdient habe, erfolgreich zu sein, liebe und akzeptiere ich mich so, wie ich bin.« Und: »Obwohl ich es immer noch brauche, unglücklich zu sein, liebe und achte ich mich so, wie ich bin.« Danach wiederholen wir mantraartig: »Mein Unglücklichsein, mein Unglücklichsein, mein Unglücklichsein.«

Louise L. Hay würde bei dieser Formulierung vielleicht den Wutanfall bekommen, den ich bei meinem verstopften Badewannenabfluss hatte, und Arthur, der Qigong-Meister, würde einen kosmischen Schlangenzisch vom Feinsten loslassen und zur »freundlichen Missachtung unseres Unglücks« aufrufen. Aber wenn diese Methode bei Doris so gute Ergebnisse zeigt, warum nicht? Dann klopfen wir uns doch einfach den leidenschaftlichen Sex herbei!

Mit ein wenig Meridianbefingern ist es nur leider nicht getan. Es tauchen immer mehr darunterliegende Schichten auf, die nun auch beklopft werden wollen. Wenn man einmal damit anfängt … Nachdem meine Kolleginnen rechtzeitig vor dem Abwasch gegangen sind, lande ich beim Abtrocknen meiner angestoßenen Lieblingstasse unversehens bei Martin. Ausgerechnet bei Martin, dem ich ewige Feindschaft geschworen habe und an den ich mich Jahre nach unserer Trennung noch immer emotional gefesselt fühle. Kein Wunder, dass der Drei-Buchstaben-Mann nicht an mich herankam und lieber wieder zu seiner Sehnenscheidenentzündung zurückkehrte.

Martin steigt nach dem Beklopfen aus den finsteren, verschütteten Höhlen meiner Erinnerung ans Tageslicht empor, reißt den Mund auf und gähnt mich an, wie er es tat, als wir beziehungsmäßig bereits in den letzten Zügen lagen. Er gähnte am Telefon und sprach dabei weiter, sodass ich ihn fast nicht mehr verstand, und er gähnte zur Begrüßung, wenn er mit Sonntagsbrötchen in meiner Wohnungstür stand. Er gähnte gegen Ende unserer Beziehung fast nur noch. Nur beim Sex nicht. Eigentlich war sein geräuschvoller Druckausgleich zwischen Mittelohr und Eustachischer Röhre der Trennungsgrund. Er gähnte ausgiebig, ohne etwas zurückzuhalten, laut und herzhaft, furchtlos, rücksichtslos, ja wollüstig. Er gähnte so, wie er mich eine Zeit lang liebte: mit allem, was er hatte.

»Obwohl ich Martin immer noch auf den Mond schießen könnte, liebe und akzeptiere ich mich so, wie ich bin.« Das fühlt sich wie ein Kernthema an. »Obwohl ich es immer noch brauche, Martin auf den Mond schießen zu wollen, liebe und akzeptiere ich mich so, wie ich bin.« Irgendwie funktionieren diese irrsinnigen Sätze, den verrückten alten Chinesen sei Dank! Ich habe den richtigen Beklopfungssatz erwischt.

Mein Energielevel steigt. Ich merke es daran, dass ich Lust bekomme, die Fenster zu putzen und einen Monolog von Hugo von Hofmannsthals Klytämnestra auswendig zu lernen, nur so, zum Spaß. Weil das Blut wieder schneller durch die Adern rauscht. Weil es so ein Vierundzwanzigstundentag plötzlich wieder wert ist, dass man ihn mit sinnvollen Tätigkeiten ausfüllt. Apropos sinnvoll: Ich habe sogar das Bedürfnis, mit Martin zu sprechen. Das ist das zweite Wunder nach meiner Rückenbegradigung.

Da klingelt meine Nachbarin, weil sie ihr Handy bei mir liegen gelassen hat. Wir machen uns über die Salatreste her und reden über unsere Exfreunde, ich über Martin, sie über einen gewissen Christian. Den muss sie nicht wegklopfen, weil er inzwischen zu einem ihrer besten Freunde geworden ist. Ich sage, das sei mit Martin nicht möglich. Wenn ihr Christian so ein Gähner vor dem Herrn wäre, wäre sie wahrscheinlich auch nicht mit ihm befreundet. Sie meint darauf, dass das gut möglich sei und dass man niemanden zwingen könne, sich zu verändern. Und: Es fänden sich immer wieder Leute, die in ihrem direkten Umfeld Verwendung für einen Gähner hätten.

Danach sprechen wir über Knieprobleme und darüber, wie gut man sein muss, um in der Pinakothek der Moderne auszustellen. Sie erzählt mir, wo sie vor ihrem Einzug in unserem Haus gewohnt hat, und wir vergleichen die Mieten und die Wohnungsgrößen und die Betriebskostennachzahlungen. Dann kehren wir zur Pinakothek der Moderne zurück, in der ein Künstler ausstellt, der jünger war als ich, in seiner besten Schaffensphase an Aids starb und alle seine Bilder seinem Lebensgefährten, einem Fotografen, widmete. Wir wollen demnächst zusammen hingehen. Dann verabschiedet sich meine Nachbarin, und ich gehe schlafen, ohne den Abwasch erledigt zu haben. Ich denke, es muss wohl an MET liegen, dass mir die Ordnung in der Küche heute Abend auf einmal egal ist. Und dann denke ich, dass der Künstler aus der Pinakothek sein Aids mit MET sicher nicht weggekriegt hätte. Und plötzlich kommt mir diese Methode völlig banal und lächerlich vor.

Am nächsten Nachmittag ist der Himmel düster. Links von meinem Balkon, zirka zweihundert Meter Luftlinie entfernt, ist er sogar gelb. Ich stehe da und warte ab, ob er mit der Zeit noch gelber werden wird. Oder grüner. Oder grauer. Aber der Himmel bleibt gelb, als hätte er sich auf Gelb eingeschossen. Es regt sich gar nichts, auch kein Lüftchen. Ich würde gern dort drüben unter diesem gelben Himmel stehen, nur um herauszufinden, ob es dort vielleicht schon regnet oder nicht.

Ich gehe zurück in die Wohnung und schreibe Martin eine Mail. Kaum abgeschickt, kommt auch schon eine Antwort: ob wir uns heute Abend nach seiner Generalprobe treffen wollen. Ich starre auf den Monitor. Das geht mir alles viel zu schnell. Draußen wirbeln Blätter durch die Luft. Auf einmal ist da Wind. Bewegung. Der Alurollo im Wohnzimmer klappert zu mir herüber. An ein Treffen habe ich nicht gedacht, an Reden schon. Ich ziehe das Rollo hoch, aber es klappert immer noch.

In meiner Antwortmail erwähne ich das Telefon. Aber Martin will nicht telefonieren. Er würde sich »sehr freuen«, wenn wir uns sehen könnten, schreibt er in Sekundenschnelle zurück. Er wisse aber nicht, wie lang seine Probe dauere, und so bleibt alles offen. Auch, wo wir uns treffen könnten. Ich gehe zum Yoga, um mich zu erden, verausgabe mich nicht, bin achtsam, verlasse in der Entspannungsphase meinen Körper und betrachte mich von oben. Während ich auf mich herunterschaue, flüstere ich mir zu, dass es nicht schaden könne, bei Martin vorsichtig zu sein. Auch, wenn MET ihn mir schicksalsmäßig herbeigeklopft hat.

Ich schaffe es gerade noch trockenen Fußes nach Hause, dann geht endlich das Gewitter über München nieder. Es kracht und blitzt, und es klingelt an der Tür. Direkt nach einem polternden Donner. Martin. Ich schnappe meinen Schirm und laufe ihm im Treppenhaus entgegen. Ich will ihn und seine Gähnenergie auf keinen Fall in meiner Wohnung haben. Seit unserer Trennung habe ich sie völlig umdekoriert: das Sofa neu bezogen und die Wände farbig gestrichen.

Und dann steht er da auf einer Treppenstufe: von oben bis unten klatschnass, mit einem Sturzhelm in der Hand. Seit wann fährt er Motorrad? Die Begrüßung, die er mir nach Jahren des Nichtsehens und -hörens von unten zuruft, fällt folgendermaßen aus: »Kann ich rein? Entweder ich ziehe mich aus und du gibst mir eine Decke, oder ich fahre wieder nach Hause. Sonst erkälte ich mich.«

Kein »Hallo« oder »Schön, dich zu sehen« oder »Gut siehst du aus«, nichts! Dann hechtet er weiter die Treppe hoch, mir entgegen. Ich stehe am Geländer, den Regenschirm zu meiner Verteidigung leicht nach vorn gestreckt. Man weiß ja nie. Aber Martin geht zielsicher an mir vorbei und direkt in meine Wohnung hinein. Und so steht er ruckzuck in meinem Flur, zieht die nassen Schuhe aus, knöpft seine Baggyjeans auf (die ist viel zu lässig für ihn), entledigt sich ihrer, lässt mich seine strammen Waden und die trainierten Beine sehen und die neuen schwarzen Sportsocken, die ihm sicher seine derzeitige Frau gekauft hat, sowie seinen Super-Minislip, bevor ich entsetzt wegschaue.

Er wirft seine nasse Hose im Bad auf meine trockenen Yogasachen, ohne zu fragen, rubbelt sich mit meinem Handtuch die Arme trocken und wickelt sich die rote Decke aus dem Wohnzimmer um die Hüften: fertig ist der Exfreund – in Strümpfen mit verlaufenem, schwarzem Kajal um die Augen. Martin hat sich nach der Generalprobe im Theater nicht abgeschminkt. (»Obwohl ich nie wollte, dass eine männliche Geisha in meiner Wohnung sitzt, liebe und akzeptiere ich mich so, wie ich bin.«)

Wir sitzen in der Küche und teilen uns ein Bier. (Erst will er gar nichts trinken.) Ich ziehe die Beine hoch, schlinge die Arme darum, und nach einer Dreiviertelstunde Smalltalk – er gähnt kein einziges Mal – sagt er Folgendes: »Es tut mir leid, wie es gelaufen ist.«

»Bitte?« Ich bin mir nicht sicher, ob er mit mir spricht oder mit sich selbst. Oder ob es Rollentext ist, den er mal eben rezitiert.

»Ich wollte dich nicht verletzen. Es tut mir leid.«

Und dann blickt er mir in die Augen, und da sehe ich das, was ich in der Zeit unseres Zusammenseins immer gesucht und nie gefunden habe: die Abwesenheit einer Rechtfertigung. Da ist kein »Es war dein Fehler«, kein »Ich kann nichts dafür«, kein »Die Umstände sind schuld«. Nichts dergleichen. Da ist nur dieser aufrichtige Blick aus seinen blaugrauen Augen, der mich bis ins Mark trifft.

Ich klettere von meinem Stuhl, seine Arme recken sich mir entgegen, und wir umarmen uns. Es ist in etwa so, als würden wir uns zusammen alte Fotos von unserem schönsten, gemeinsamen Sommertag anschauen. Sogar Vögel zwitschern.

Ich sage: »Mir tut es auch leid. Ich wollte dir auch nicht wehtun.«

Und dann weinen wir beide ganz kurz.

Er steht auf, um zu gehen. Ich gähne einmal verhohlen, unwillkürlich, während er seine nasse Hose im Flur wieder anzieht. Die Entspannung muss vom Yoga kommen. Er linst einmal kurz zur Schlafzimmertür, aber sie ist geschlossen. Er murmelt: »Dann geh ich jetzt mal.«

Die Antwort fällt mir schwer, doch es ist die einzige, die stimmt. Ich sage: »Ja.«

Dann stehe ich am geöffneten Fenster und sehe ihn unten auf seine Vespa steigen und davonfahren.

Kein Sex mit dem Ex, sondern Versöhnung mit dem Ex. Das Gewitter ist vorbei, die Straßen schimmern nass in der Dunkelheit. Ich gehe zurück in die Küche, trinke das lauwarme Bier aus und öffne die Balkontür, damit die samtige Luft hereinkann. Ich halte meine Nase nach draußen und schnuppere. Ich bin irgendwie melancholisch, aber trotzdem ist alles viel besser als vorher. Ich käme nie und nimmer auf die Idee, diese leise Traurigkeit jetzt wegzutrommeln. Sie ist zu schön.

Verkehrt herum ist richtig

Auch das Beklopfen der Energiebahnen kann es nicht ändern: Die Filmbranche bekommt einen Knick. Nicht nach und nach, nicht allmählich, nicht so, dass man sich darauf vorbereiten kann, sondern plötzlich. Fast von heute auf morgen. An die Einsparungen bei Reise- und Übernachtungskosten haben wir Schauspieler uns längst gewöhnt. Das ist nur ein kleiner Stich fürs Künstlerego. Aber jetzt wird es ernst. Es werden weniger Filme produziert, Produktionsgelder gestrichen, Förderungen fallen mager aus, die Gagen schrumpfen, immer öfter steht eine reduzierte, »nicht präjudizielle Sondergage« im Vertrag. Dafür wird das Tagesdrehpensum erhöht, man muss mehr für weniger Geld bringen, und Billigdrehformate haben Hochkonjunktur. Besonders auffällig ist, dass hochkarätige Kollegen, die früher nur Kinofilme drehten, plötzlich in Episodenrollen von Vorabendserien zu sehen sind.

Ich denke, ich habe eine Halluzination, als ich die »Big Names« schwitzend, mit Kopfwunde und Knarre über abgewrackte Industriegelände flüchtend oder als einsame Betrogene mit elegischem Gesichtsausdruck in der High-Society-Villa über den Bildschirm flimmern sehe. Die anderen, die diese Rollen üblicherweise übernehmen, fallen die Treppe hinunter in die Nachmittagsprogramme oder ganz raus und haben plötzlich sehr lange unbezahlten Urlaub ohne Kranken- und Rentenversicherung. Sie verbringen von nun an viel Zeit im Fitnesscenter oder im Yogastudio und wechseln in ihrer Verzweiflung die Schauspielagentur, weil sie hoffen, dass es mit einem anderen Agenten besser wird. Wird es aber nicht.

Immer öfter werde ich von der verschämten Kostümbildnerin gefragt, ob ich »ausnahmsweise« etwas aus meiner eigenen Garderobe zur Verfügung stellen könne, sie müsse so knapp kalkulieren. Und obwohl ich das Kleidungsstück nach dem Drehen privat nicht mehr anziehen will, weil es durchtränkt ist von der Rollenenergie, sage ich immer öfter ausnahmsweise Ja.

Die Einschaltquoten bleiben gut, und das ist der Beweis, dass man mit Sparmaßnahmen und weniger Anspruch mindestens genauso erfolgreich sein kann. Was zählt, ist die Quote. Die künstlerisch wertvollen Projekte werden rar. Für uns Mimen ein Trauerspiel. Eine neue Ära ist eingeläutet: die Ära der kränkelnden, weinerlichen Filmbranche.

Doris rennt mit Flyern der amerikanischen Bestsellerautorin Byron Katie durch die Gegend, schürt Neugier und predigt von der Veränderung von Sichtweisen. Meinen Einwand, dass ich das alles schon kenne, wischt sie mit der Bemerkung weg, dass die

Technik, die jetzt gerade angesagt sei, sogar von Eckhart Tolle empfohlen werde. Und der müsse es ja wissen.

Es geht um die Frage: Ist das Glas voll oder leer? Will heißen: Gehen wir mit der Branche in die Knie oder ändern wir unsere Sichtweise und können uns mit hocherhobenem Kopf durch das Tal der Tränen retten? Und sogar etwas verändern? Im Flyer ist ein Auszug aus dem Bestseller abgedruckt. Wenn man ein Problem mit jemandem oder ganz pauschal mit der Lage der Welt habe, sei man eingeladen, seine bedrückenden Gedanken darüber aufzuschreiben und zu überprüfen. Das solle man aus Liebe zur Wahrheit tun und nicht, um die Welt zu retten. Denn man wolle die Welt ja nur verändern, damit man selbst glücklich sein könne. Die Autorin schlägt vor, man solle deshalb die Weltrettungsaktion überspringen, direkt zuerst sich selbst retten und einfach glücklich sein.

Zugegebenermaßen ist solch ein Ansatz in diesen dreharmen Zeiten und vor allem in schauspielerischer Hinsicht sehr interessant: Wenn eine Rollenfigur nur so schmalspurig zu denken in der Lage ist wie man selbst, ist man besetzungstechnisch ziemlich eindimensional festgelegt. Da ist es keine schlechte Idee, den persönlichen Denkhorizont etwas zu erweitern. Wenn man ohnehin arbeitslos ist ...

Es ist Sommer und zu heiß zum Schwimmengehen. Auf dem Starnberger See treiben Sonnenmilchschlieren und Algen, und die Münchener Stadtwerke empfehlen, das gute Leitungswasser bis auf Weiteres nicht zu trinken. Man hält es nur im Schatten oder in klimatisierten Räumen aus. Wie zum Beispiel in der Mehrzweckhalle in Garching, wo die Lebenslehrerin und Bestsellerautorin Byron Katie heute ihren Offenen Abend gibt.

Doris und ich sind auch da. Am Eingang bindet man uns ein Bändchen ums Handgelenk, und auf geht's in die Welt der »Arbeit«, wie Byron Katie ihre Methode nennt: »The Work«. Auf dem Verkaufstisch massenweise Bücher, CDs, DVDs. Und auf allen das Gesicht von Byron Katie. Sie guckt chronisch verständnisvoll und freundlich, wie eine Bilderbuchmutter mit graublondem Haar.

Für meinen Geschmack einen Tick zu gütig, zu durchgestylt von ihrer Farb- und Stilberaterin. Weltfremd, aus dem Land der ewig positiv Denkenden. Nicht auszuhalten. Vermutlich die reine Selbstinszenierung. Bestimmt hat sie eine grauenhaft hohe Stimme. Wahrscheinlich ist ihr das Lächeln im Gesicht festgetackert und sie ist zu einem anderen Gesichtsausdruck gar nicht mehr fähig. Deswegen sind Doris (der es heute wegen Zahnschmerzen gar nicht so gut geht wie sonst) und ich in getrennten Autos gekommen: Jede kann jederzeit abhauen.

Mehrere hundert Leute sitzen in dem großen Saal, bereit, umzudenken und sich endlich die Sterne vom Himmel zu holen. Manche sind zum Teil von weit her angereist, ich sehe es an den Nummernschildern auf dem Parkplatz. Byron Katie erscheint auf der Bühne wie zu einer Talkshow, lässt sich auf dem bequemen roten Sofa nieder und strahlt wie auf den Buchumschlägen. Ihr Lächeln ist annehmbar und überraschenderweise echt und sehr flexibel. Sie kann sogar ernst schauen, und auch das überzeugt mich. Jetzt fängt sie an zu sprechen; eine Übersetzerin dolmetscht.

»Die Realität ist kein Problem, nur unsere Gedanken darüber.« Ihre Stimme klingt okay, und die Realität ist kein Problem.

In der Theorie kann ich dem folgen. Die Realität ist kein Problem. Aber in der Praxis? So kann nur jemand reden, der den Schalter dauerhaft auf »Erleuchtung« umgelegt hat. Eckhart Tolle sagte ja schon damals bei seinem Vortrag: »Die, die viel leiden, sind der Erleuchtung am nächsten.«

Byron Katie ist eine von ihnen. Sie war viele Jahre Alkoholikerin bis kurz vorm Exitus, verzweifelt, einsam, verlassen, hoffnungslos. Sie wollte nur noch eins: sterben. Aber sie starb nicht, es löste sich nur ihr Ego auf. Nicht durch Zufall, durch Gnade. Sie machte einen erfolgreichen Entzug, ließ sich liften, wurde weise und berühmt. Und jetzt sitzt sie hier wie ein Popstar zum »Meet and Greet« und wirkt auch noch unglaublich sympathisch dabei. Das ist ungerecht.

Ich habe anscheinend noch nicht genug gelitten, um ihr darin zustimmen zu können, dass die Realität kein Problem sei. Ich schwanke unentschlossen zwischen Einsicht und Besserwisserei. Das Mittelmaß wie ich hat's schwer. »Die Realität ist kein Problem.« Ich verpasse mindestens zwanzig weitere Sätze von ihr, weil ich über diesen einen nicht hinwegkomme. Wenn ich die eingebrochene Filmbranche mal außen vor lasse: Was ist mit Krieg und Hunger und Klimawandel? Und Gewalt gegen Kinder und Missbrauch? Ich sehe mich um. Denkt hier noch einer mit?

»Wenn wir uns über das, was ist, beschweren, beweisen wir uns immer wieder, dass wir mit unserer Negativität recht haben«, wird Frau Katie übersetzt. »Um diesen negativen Gedanken weiter glauben zu können, müssen wir ihn ständig wiederholen.«

Doris guckt die ganze Zeit enthusiastisch nach vorn, und fast glaube ich zu erkennen, wie sie die Lippenbewegungen von Byron Katie nachahmt, als würde sie ihr die Sätze soufflieren. Ich brauche eine Weile, bis der Inhalt bei mir durchsickert. Als er ankommt, muss ich der Amerikanerin zustimmen. Zu viel habe ich schon über die geistigen Gesetze gehört, als dass ich meine Rebellion aufrechterhalten könnte.

Das Problem ist meine Negativität. Wenn ich immer wiederkäue, dass die Filmindustrie den Bach runtergeht, wird es auch nicht besser. Aber auf Schönreden habe ich erst recht keine Lust, und es nützt auch nichts, das weiß ich seit Louise L. Hay. Byron Katie empfiehlt, sich keine neue Realität auszumalen, sondern sie so zu akzeptieren, wie sie ist, und anders darüber denken zu lernen. Das müsse man üben.

Ich schließe daraus: Wirkliche Veränderungen brauchen entweder extrem viel Leiden und die spontane Auflösung des Egos durch Gottes Gnade (heißt: wann *er* will, und nicht, wann *ich* will) oder über lange Zeit viel Disziplin und Praxis im Umdenken. Bei mir würde wohl eher Letzteres in Frage kommen. Ich stöhne unhörbar. Aber nun bin ich schon mal da und hoffe, dass Byron Katie ein Patentrezept hat.

»Wer braucht Gott, wenn wir deine Meinung haben?«, fragt Byron Katie jetzt eine Frau mit Föhnwelle aus dem Publikum, die ihr Eheproblem vorträgt. Die Frau meint, ihr Mann müsse liebevoller zu ihr sein, als er es ist. Damit hat sie so gut wie alle weiblichen Beziehungspartner im Saal auf ihrer Seite, und die Spannung steigt merklich. Aber da hat sie mit Frau Katies raffinierter Befragungsmethode nicht gerechnet. Sie bringt die Föhnwellenfrau dazu, es sich auf dem Bühnensofa gemütlich zu machen, so gemütlich, dass sie sogar den Gürtel ihrer Hose lockert und die Schuhe von sich wirft.

Byron Katie »beworked« die Föhnwellenfrau nach Strich und Faden, verdreht Sätze, stellt sie auf den Kopf und untersucht mit ihr ihre begrenzenden Ansichten über sich und den lieblosen Ehemann. Mir fliegen die Dialoge der beiden um die Ohren.

»Mein Mann hat Vorurteile gegen meinen schwulen Arbeitskollegen. Das ist unmöglich in der heutigen Zeit«, sagt die Frau erzürnt.

Byron Katie reagiert mit dem Erstaunen eines Kindes: »Hast du etwa Vorurteile gegenüber seinen Vorurteilen? Es sollte keine Vorurteile geben? Auf welchem Planeten?« Sie selbst würde ihre Vorurteile mögen, sagt Byron Katie.

Und als die Föhnwellenfrau meint, jetzt gingen ihr die Augen auf, sagt Katie, dass sie ihren Mann wohl jetzt zum ersten Mal sehen würde, wie er eigentlich immer schon war. Wie tragisch sei es, dass wir jahrelang mit Menschen verheiratet sind, die wir nicht mal kennen. Denn sie seien ja immer schon, wie sie seien, und niemals anders. Die meisten Leute heiraten nur das Traumbild ihres Partners, ihn selbst aber nicht.

Am Ende wischt sich die Föhnwelle mit geröteten Wangen den Schweiß von der Stirn und gesteht, dass es ihr jetzt ziemlich egal sei, ob ihr Mann liebevoll sei oder grantig. Sie liebe sich selbst auf einmal viel mehr. Und dabei entwischt ihr ein schelmisches Glucksen, das Eckhart Tolle nicht besser hingekriegt hätte. Sie sieht so erleichtert aus, als hätte man ihr die Zahnwurzelbehandlung erspart, die Doris vielleicht noch bevorsteht.

Zuhause beworke ich bei einem Apfelpfannkuchen mit Puderzucker und achtundzwanzig Grad Hitze die Filmbranche. Möge meine einengende Denkweise hinausflattern und unter der Sonne

Münchens verbrennen, verkohlen, verdursten und verdunsten! Ich fange mit den sinkenden Schauspielergagen, den fehlenden Jobs und den gestrichenen Filmproduktionen an, mache weiter mit dem fehlenden Anspruch auf Arbeitslosengeld und Krankenversicherung in arbeitslosen Phasen und gelange auf einmal auf Abwege zu völlig veralteten Forderungen an meine Eltern (sie hätten mir die Kinderverschickung mit dem Roten Kreuz in die Schwäbische Alb ersparen sollen).

Ich sitze bis nachts in der Küche und blicke mit sich unaufhaltsam einstellendem Frohsinn auf Dinge, die ich nicht mag und die ich nicht ändern kann. Die Akzeptanz löst den internen Krieg auf – das hat schon was. Zumindest habe ich geistig etwas bewirkt, wenn deutsche Schauspieler schon keine Lobby haben wie die Amerikaner. Das ist ein gutes Gefühl. Die fehlende Lobby »beworke« ich auch gleich noch, und dann reicht's. Ich werde in einer Nacht wohl kaum meine Branche retten können, wenn ich es auch gern tun würde. Na ja – wenn jeder Filmschaffende täglich Byron Katies Methode anwenden würde, dann könnte man durch das kollektive Rettungsbewusstsein vielleicht doch …

Mir fallen die Augen zu. Die naheliegendste Abkürzung zu meinem Lebensglück ist momentan der Weg zu meinem Bett. Und den finde ich ganz ohne Frau Katie.

Die Meister-Frage

Es ist Wochenende, und eigentlich sollte ich gestriegelt und aufgehübscht im Schumann's sitzen und einen Cocktail schlürfen. Ich bin lose verabredet. Aber wie immer, wenn ich lose verabredet bin, bin ich im Grunde nicht verabredet. Falls meine Schauspielkollegen zufällig gekommen wären, würden sie sich auch ohne mich die Bratkartoffeln mit Quark schmecken lassen. Ich bin schon oft zu losen Treffen angereist, manchmal sogar extra mit dem Zug. Und dann war keiner da. »Wir waren doch nur lose verabredet«, wurde mir entrüstet entgegengehalten, als ich wieder zuhause war und endlich jemanden am Mobiltelefon erreichte.

Nun liege ich trotz oder wegen dieser losen Verabredung faul auf dem Sofa – ich habe nichts zum Anziehen und will nicht ausgehen. Mein Lieblingsteil habe ich schon dreimal im Schumann's getragen, und ein viertes Mal würde es sicher auffallen. (Schauspieler denken zwanghaft, dass sie ständig unter Beobachtung stehen und jeder auf sie guckt.)

Ich zappe durch die Fernsehprogramme und bleibe wieder mal an einer Fernsehshow hängen. Der junge Kerl singt sich die Seele aus dem Leib und will der Jury unbedingt gefallen. Mir ist klar, dass der Kandidat so hart gar nicht an sich arbeiten kann, dass er den Poptitanen Dieter Bohlen jemals wird weichklopfen können. Dieter hat sich schon längst gegen ihn entschieden. Der angehende Sänger meint, er würde beim nächsten Mal »absolut alles geben«, um Dieter zu überzeugen, macht sogar eine Verbeugung, legt zum Namasté (!) die Hände in Gebetshaltung vor die Brust und schleicht buckelig von der Bühne. Die äußeren Merkmale von Spiritualität halten nun schon Einzug in kommerzielle Gesangsshows! Und Dieter sitzt wie ein Guru hinter seinem Pult und guckt unbeeindruckt am Kandidaten vorbei.

Unwillkürlich schießt mir Eckhart Tolle durch den Kopf. Ich habe in seinem Buch gelesen, dass es gut sei, wenn man sich in der Nähe eines lebenden Meisters aufhalte, der einem immer wieder auf die Sprünge helfe. Damit dessen »Feuer der Gegenwärtigkeit« auf einen überspringe.

Nicht, dass Dieter Bohnen für mich als Guru in Frage käme, bewahre! Ich will generell vor niemandem buckeln. Ich will nicht aufblicken müssen zu einem Lehrer, der mich angeblich durchschaut und weiß, was gut für mich ist. Ich will von niemandem abhängig sein, will niemandes Regeln befolgen. Außerdem habe ich Angst, dass ich als Anhängerin eines spirituellen Weisen irgendwann wie Tom Cruise mit diesem transzendenten Glorienlächeln auf den Lippen herumlaufen könnte, das immer ein wenig aussieht, als hätte ihn der Wahnsinn geküsst. Und ich will auch nicht weiß gewandet auf meinen meniskusgeschädigten Knien die Warteschlange entlangrutschen und indische Songs singen, um nachher einem Erleuchteten die Käsefüße zu küssen und chronischen Herpes zu kriegen. Das ist mir nämlich mal bei Amma passiert. Auch wenn ich das mit dem Herpes ausgelassen habe.

Mata Amritanandamaya, kurz Amma oder »Mutter« genannt, ist eine Erleuchtete, die ihr Leben dem Mitgefühl und der Wiedergutmachung von körperlichen und geistigen Schmerzen gewidmet hat und immerzu Leute umarmt. Man sagt, sie habe bislang dreißig Millionen Menschen umarmt, getröstet, ermutigt und transformiert. Es heißt, sie esse und trinke nichts, müsse nie zur Toilette und strahle immer. Die Leute, die sich ihr auf Knien nähern und von ihr umärmeln lassen, laufen tagelang wie stoned vor Liebe und Mitgefühl durch die Gegend. Da fällt mir ein: Selbst Sharon Stone ließ es sich nicht nehmen, sich an Amma heranzurobben und sich von ihr umarmen zu lassen. (Ich könnte mir aber auch vorstellen, dass Sharon die Abkürzung über den VIP-Eingang genommen hat.)

Ich kniete mich jedenfalls mit meinem Eintrittsmärkchen brav in die lange Wartereihe zu all den Suchenden und Gläubigen, summte fremdländische Melodien, ließ mich vom Rausch, den Ammas göttliche Aura in der Radsporthalle München verbreitete, betören und rutschte langsam, sehr langsam in ihre Richtung.

Wieso sollte ihre Liebe nicht auch mich erfüllen und mir einen Hauch mehr Lebenssinn verleihen? Mehr Sorglosigkeit? Ich war bereit dazu. Der Samen war seit meiner Kindheit gesät. Er musste bloß noch gedüngt werden, aufgehen und blühen. Meine Kniegelenksknorpel hingegen wurden beim Vorwärtsrutschen arg strapaziert. Ich stellte mir bildlich vor, wie sie sich beim allmählichen Annähern an Ammas Diwan auf dem Knochen abrieben und splitterten, sodass ich um die OP nicht mehr herumkommen würde. An Aufstehen war nicht zu denken, das machte keiner.

Und jetzt die Schlange verlassen, da ich nach über zwei Stunden schon im vorderen Drittel angelangt war, war auch keine Lösung. Wie war das noch mal in der Schwitzhütte damals an Silvester? Demut hieß das Zauberwort. Doch nach einer Minute merkte ich, dass nicht Demut, sondern pure Neugier mein Zauberwort war.

Ich versuchte, mich auf das Singen der Mantras zu konzentrieren, mich einzulassen und versprach mir eine indische Linsensuppe zum krönenden Abschluss. Oder einen Chaitee oder einen Schmuckanhänger von Amma. All das gab es nämlich hier zu kaufen. Die Halle wurde immer voller und die Reihe der Umarmungsanwärter immer länger. Ich hingegen war schon fast ganz vorn, und allein das erzeugte in mir ein warmes Gefühl von Angekommensein – selbst wenn es nur am Ende der Warteschlange war.

Dann wurde es hektisch. Ich wurde nach einem bestimmten System von Ammas Mitarbeitern geschäftig in die Hauptreihe gelotst – von meditativer Stimmung war hier nichts mehr zu merken. Kurz vor der Begegnung mit Amma wurde mir sogar das Haupt nach unten gedrückt, damit ich Amma ja in Demut begegnete. Ich hatte keine Zeit, Widerstand zu leisten, denn in diesem Moment passierte es schon: Die indische Amma presste meinen Kopf mit beiden Händen fest an ihren voluminösen Busen. Ich kam mir vor wie an einer Mutterbrust. Da ich aber ein Flaschenkind bin, war ich die weiche Masse in meinem Gesicht nicht gewohnt und sträubte mich innerlich dagegen. Ich hatte Angst zu ersticken, als sich meine Nase tief in das Gewebe von Ammas weißem Wallegewand grub. Statt Heilung und Wohlbefinden durchzuckten mich Platzangst und auch ein wenig Abscheu. Denn mit halb zugequetschtem Auge erspähte ich, dass meine Vorgängerinnen auf Ammas Kleid Spuren von Make-up und Lippenstiften in fast allen Farben des Regenbogens hinterlassen hatten. Und die gute Frau muffelte eindeutig nach einem Sammelsurium von Parfumdüften, Deo und Körper.

Das Ganze war eine unhygienische Sache, über die ich nicht hinwegkam. Dahinter hätte ich sicher Ammas Mitgefühl und

Weisheit erkannt, aber so weit stieß ich gar nicht vor. Amma flüsterte in einem deutschen Singsang und mit hin- und herwiegendem Oberkörper:»Meine Liebe, meine Liebe, meine Liebe«, drückte mir etwas in die Hand, von dem ich nicht wusste, was es sein könnte, und ehe ich mich versah, war der Spaß vorbei. Ich musste die Bahn schnellstens für den nächsten Friedenssucher freimachen, dafür sorgten ihre Mitarbeiter. Das war Fließbandarbeit, die Amma da leistete.

Aber was hatte sie mir in die Hand gedrückt? Ich war sicher, dass sie mir ein Zeichen mitgegeben hatte, ganz speziell und nur für mich. Ich öffnete neugierig meine Hand, und darin lag: ein aufgeweichtes Fruchtbonbon. Es schmeckte sogar noch. Ich hoffte, dass es von Amma gesegnet war und sich seine göttliche Kraft im Nachhinein noch entfalten würde. Aber das Einzige, was sich hemmungslos entfaltete, war das künstliche, pappsüße Orangenaroma in meinem Mund.

Etwas verwirrt bestellte ich mir eine Portion Dhaal und setzte mich an einen der Tische, weit abseits vom Geschehen. Ich löffelte andächtig meine Linsensuppe und suchte in meinen Zellen nach der Wirkung dieser Umarmung. Die musste doch für etwas gut sein! Aber ich fand nichts. Ich empfand keinen Frieden, keine Heilung. Nur Ammas Geruch blieb mir nachhaltig in Erinnerung. Und ihr Busen. Er war wie ein dickes Federkissen, mit dem man lautlos Leute umbringen kann.

Meine Knieschmerzen wollten nach der Rutschtortur wochenlang nicht besser werden. Als der Orthopäde mich fragte, was ich angestellt hatte, erzählte ich etwas von einer anstrengenden Pilgertour – und das war ja nicht mal gelogen. Es war ohnehin nicht leicht, zu dieser missglückten Erfahrung zu stehen, während alle um mich herum von Amma schwärmten und dabei ein entrücktes Gesicht kriegten. Einige meiner Bekannten verbrachten sogar den ganzen Sommer lang in Ammas Ashram in Indien, schliefen auf harten Matten, schrubbten Küchentöpfe und Toiletten. Und das sogar, wenn die Chefin gar nicht vor Ort war, sondern auf Umarmungswelttournee.

182

Argumente wie »Du warst im Widerstand, wahrscheinlich bist du noch nicht so weit«, retournierte ich postwendend an den Absender. Wenn er ein Problem damit hatte, dass ich ein Problem hatte, dann hatte er das größere Problem und nicht ich. Denn für mich war die Sache erledigt. Mata Amritanandamaya war als meine persönliche Meisterin ungeeignet. Auch, wenn der Rest der Weltbevölkerung das anders sah.

Wenn ich recht überlege, kenne ich keinen Meister, der für mich in Frage kommt, außer Osho, und der ist umstritten und zu allem Überfluss auch noch tot. Seine Schüler mit den unaussprechlichen indischen Namen heißen inzwischen alle wieder Franz, Luzie, Oliver und Susanne. Und Eckhart Tolle, der Einzige, der mir gefällt und der möglicherweise keinen Fußgeruch hat, ist nach Vancouver abgehauen und widmet sich dem Schreiben seines neuen Bestsellers. Na toll.

Ich linse zu Dieter auf die Mattscheibe. Er räkelt sich in seinem Chefsessel, macht zwischen zwei Kandidaten einen unflätigen Witz und wird sogar noch dafür angehimmelt. Ich suche die Fernbedienung und drehe dem Popguru den Saft ab, indem ich zu ARTE umschalte. Zwischendurch gucke ich aus dem Fenster und blicke auf die Dächer der Nachbarhäuser. Bei einem wird gerade das Dach ausgebaut und neu gedeckt. Es ist übers Wochenende zur Hälfte mit Plastikplanen verhüllt. Die Bewohner des Dachgeschosses können durch die Staubfolien hindurch nur noch sehr begrenzt die Aussicht genießen.

Würde ein Meister mir nicht auch die Sicht auf die Dinge verschleiern? Ein Guru ist nur was für Leute, die ihr Leben nicht auf die Reihe kriegen. Nur schwache Menschen gehen zu einem Lehrer, um sich Rat zu holen. Verirrte, Unentschlossene, Angreifbare, Visionslose, Meinungslose, Angsthasen, Langschläfer und faule Couch-Potatoes, die den Hintern nicht hochkriegen. Bei diesem Gedanken ziehe ich wie elektrisiert die Hand aus der Chipstüte, schalte ohne Umschweife den Fernseher aus, schäle mich aus der Faulenzerdecke, ziehe irgendeinen Fetzen aus dem Schrank, den ich länger nicht getragen habe, tusche mir sorgfältig die

Wimpern, schwinge mich aufs Rad, fahre zum Schumann's und rette mich auf diese Weise vor meinen selbstgebastelten Anfechtungen.

Bei Schummerlicht genehmige ich mir einen Caipiroshka mit völlig unbewussten, spiritualitätsfernen, witzigen Schauspielkollegen, die vergessen haben, dass wir eigentlich nur lose verabredet waren, und die ganze Zeit schon auf mich gewartet haben.

Quasi nebenbei erfahre ich, dass Tim gerade Vater geworden sei und reichlich zu tun habe, um die junge Familie zu ernähren. Er habe letzten Monat in einem Affenzahn geheiratet, praktisch unmittelbar, bevor die Wehen bei seiner Frau eingesetzt hätten. Die Sehnenscheidenentzündung aus Berlin! Das Baby heiße Lulu nach Frank Wedekinds Theaterstück, und Tim sei völlig aus dem Häuschen.

Ich höre still zu und bestelle mir den zweiten Caipiroshka. Als er kommt, sauge ich an dem Strohhalm, als wäre ein Vergesslichkeitselixier im Glas. Ich hatte geglaubt, den Drei-Buchstaben-Mann hinter mir zu haben. Aber ich kann ihn nach all der Zeit noch problemlos buchstabieren. *Das* ist mein Problem.

7.

Gottlos

Zu viel des Guten

Das Filmfest München lockt wie jedes Jahr neben Filmen aus dem In- und Ausland mit Empfängen, Preisverleihungen und Partys. Ich gehe mit Sybille auf die Praterinsel, wo sie zwischen Ansprachen, thailändischem Curry mit Zitronengras, Mini-Kalbsfleischpflanzerln und Bayrisch Creme heimlich ihre selbstgebrannten Eckhart-Tolle-CDs an ausgesuchte Kollegen verteilt. Ich sehe sie irgendwann im Laufe des Abends in konspirativer Unterhaltung in einer Vierergruppe stehen, und am leicht vorgebeugten Oberkörper ist zu erkennen, dass sie nicht über ihr neuestes Drehbuch redet.

Ich selbst halte mich zu vorgerückter Stunde am Schokoladenbrunnen auf. (Dafür hat es trotz Branchenknick und Sparmaßnahmen noch gereicht.) Am Schokobrunnen lässt es sich am besten networken, weil jeder irgendwann dort landet. Zwischen zwei Sätzen kann man bequem ein Ananasstückchen oder eine Erdbeere in den heißen Schokoladenstrom – wahlweise Vollmilch- oder Zartbitterschokolade – halten und dem Gespräch eine neue Richtung geben. »Wie im Schlaraffenland« oder »Da könnt' ich mich reinlegen« oder schlicht »Geil!« sind Äußerungen, die selbst den renommiertesten Filmschaffenden über die Lippen perlen, bevor sie die Schokoladenananas mit langem Arm und bei vorgehaltener Serviette in den Mund manövrieren. Gegen Mitternacht jonglieren die Hostessen Tässchen mit Gulaschsuppe durch die Menge, und ohne zu überlegen nehme ich eins davon.

185

Als ich von der Suppe koste, mundet sie mir zwar vorzüglich, aber mir vergeht trotzdem schlagartig der Appetit, als mir etwas klar wird.

Mit Häppchen auf Filmevents geht es mir inzwischen ähnlich wie mit den Selbsthilfeangeboten: Ich esse immer weiter, obwohl ich eigentlich längst satt bin. Weil irgendetwas in mir noch Hunger hat. Hat dieses Etwas Hunger, weil es so verdammt viel Auswahl gibt? Oder weil ich noch nicht das Richtige gefunden habe? Oder ist es nur ein eingebildeter Hunger? Weil alle anderen auch eingebildeten Hunger haben? Und was ist eigentlich dieses Etwas?

Auf jeden Fall kann ich jetzt nicht mehr weiteressen. Ich weiß nicht, wohin mit meiner Gulaschsuppe. Gerade als ich sie mit einem Anflug von schlechtem Gewissen – Essen wirft man nicht weg – heimlich auf einem Bistrotisch neben ein paar Champagnergläsern abstellen will, laufe ich Tim in die Arme: »Ey, wo hast du das her? Ich hab einen Bärenhunger.«

Tim eignet sich hervorragend als Resteverwerter und der Bistrotisch als Stütze, an der ich mich festhalten kann, damit ich nicht beleidigt, freudig oder erregt zusammenbreche. Tim ist natürlich ohne Sehnenscheidenentzündung da und kommt dank seiner neuen Lebensumstände weder zum Essen noch zum Schlafen. Aber die Kleine sei ein Traum.

»Das ist ja das Wichtigste«, bestätige ich, greife nach einem fremden, noch fast vollen Champagnerglas vor mir und trinke es in einem Zug aus. Es schmeckt nicht mal abgestanden und die Angst vor Herpes diskreiere ich in einem spontanen »Avatar«-Rückfall blitzschnell. Dann wird es still an unserem Stehtisch; keiner der vielen Gäste will sich zu uns gesellen, und selbst Sybille ist nirgends zu sehen.

»Es ist ja alles anders gekommen«, sagt Tim gewichtig und zieht Luft durch die Zähne, als sei die Suppe zu heiß gewesen. Ich nicke. Er trägt das Haar kürzer und einige Kilos mehr mit sich herum. Es steht ihm.

»So ist das Leben.«

Jetzt nickt er.

»Läuft's gut bei euch?«, frage ich.

»Mhm«, meint er. »Ganz gut. Ein Kind ist natürlich eine Riesenumstellung.«

Ich antworte, dass das ja vollkommen klar sei. Er lächelt unverbindlich, fragt nach Weißbrot, und ich bilde mir ein, dass es ihm schwer fällt. Das Lächeln, meine ich. Es wirkt nämlich zittrig, wie bei jemandem, der partout seine Gesichtsmuskeln nicht entspannen will. Er guckt auf den Boden und nimmt Anlauf für einen bestimmt ziemlich wichtigen Satz. Ich sehe, dass er im Kopf schon an ihm feilt. Ich denke noch: Vielleicht ist ja Tim der »sensible Mann mit Tochter«, den mir Frau Wachs damals prophezeit hat.

Tim will gerade zu sprechen beginnen, da kommt Sybille und zeigt mir, was in ihrer Give-away-Tüte drin ist: eine Sonnenmilch mit Schutzfaktor zehn, ein Plastikauto, ein Jägermeisterglas, eine Sonderedition Parfum, ein Feuerzeug, eine Adapterauswahl für jede Handymarke und ein Piccolo Rosé.

»Ich kann das ganze Zeug nicht mehr sehen«, sagt Tim. »Man wird zugeschissen mit Müll.«

Das sind sogar zwei sehr wichtige Sätze, aber nicht die, die ich erwartet habe. Und dann kommt dieser eindringliche Blick, den ich nicht deuten kann.

»Seit wir Lulu haben, rege ich mich wahnsinnig über diesen Konsumscheiß auf«, motzt er. »Ein Kind bringt dich da wirklich auf den Punkt.«

(Am liebsten würde ich sagen, dass ich ihn beneide und gern auch eins hätte. Aber ein Kind als Mittel zum Zweck kommt mir nicht in die Give-away-Tüte. Es muss möglich sein, auch ohne Kind auf den Punkt zu kommen.) Tim muss dann nach Hause, das Kind wickeln, freut sich aber total, dass er mich getroffen hat. Sybille und ich gehen auch, um daheim unsere Tüten auszupacken und das Meiste daraus auf das Fensterbrett in den Müllraum zu stellen: »Zu verschenken«. Am nächsten Tag ist alles weg.

Mein Vorsatz, in Zukunft auf einen Weisheitslehrer zu verzichten, erscheint mir immer sinnvoller. Ich will einfach nicht mehr so viel konsumieren: Essen. Und Selbsterfahrungsmethoden. Und spirituelle Lehren, durch die ich mich finden wollte. Schluss damit.

Ich mache mit Irma einen langen Spaziergang durch den Englischen Garten. Wir setzen einen Fuß vor den anderen und haben kein Ziel ins Auge gefasst. Sie ist zu dünn angezogen. Ich gebe ihr meinen Schal. Mir ist warm, ich ziehe meinen Trenchcoat aus und trage ihn überm Arm. Im Gehen bemerke ich irgendwann, dass der Gürtel die ganze Zeit auf dem Boden schleift. Wir bleiben stehen, und ich klopfe den Schmutz aus dem Stoff, bis nichts mehr zu sehen ist. Mancher Schmutz geht einfach so weg. Ohne großes Brimborium. Aber den Rotweinfleck auf meinem weißen Sommerrock bekomme ich gar nicht raus. Irma fragt, wo ich den Mantel gekauft hätte, und ich sage, er sei aus dem Secondhandladen in Schwabing.

Sie will wissen, ob es mir nicht unangenehm sei, Sachen anzuziehen, die schon mal jemand anders getragen hat. Ich meine: Nein, und dass ich sowieso nur Kleidung kaufe, die in gutem Zustand sei. Und dass ich manchmal selbst etwas zum Verkaufen hinbringe. Sie meint, dann könne ich ja den gleichen Mantel wieder zurückgeben, wenn ich genug von ihm hätte. Ob sie da auch mal was hinbringen könnte?

»Kommt darauf an, was«, antworte ich zögernd. Ich mag ihr nicht sagen, dass alle ihre Sachen aussehen, als seien sie schon fünfmal im An- und Verkauf eines Secondhandladens gewesen.

Nach einer Pause gesteht sie, dass ihr spontan gar kein Kleidungsstück einfalle, das sie dort verticken könnte. Sie fragt mich, ob ich Lust hätte, eine Kleiderschrankinventur mit ihr zu machen. Ich sage, dass ich das gern mache.

Wir gehen zu ihr nach Hause und räumen ihren Schrank aus. Am Ende ist er ziemlich leer, und sie will ein Drittel der aussortierten Klamotten gleich wieder einsortieren. Ich sage, dass es vielleicht immer so ist: Erst will man die große Veränderung, und nachher wünscht man sich die alten Zeiten zurück.

»Nur, weil ich noch nichts Neues habe, das besser ist.« Irma klingt wie ein kleines Mädchen, das seine Puppe partout nicht in den Karton fürs Kinderheim in Rumänien packen will.

»Wir könnten in die Stadt gehen und was Schönes für dich suchen.«

Sie meint, dass sie meistens überfordert sei. Sie wisse gar nicht mehr, was ihr gut zu Gesicht stehe. In ein Kaufhaus könne sie schon gleich gar nicht gehen. Da gebe es zu viel Auswahl. Das geht mir mit den spirituellen Selbsthilfeangeboten genauso.

Ich sehe zu, wie sie aufgeregt ihre alten Kleidungsstücke wieder auf die Bügel hängt. Das passt gar nicht zu Irma, die sonst die Ruhe selbst ist – »im Frieden«, wie sie es ausdrückt. Jetzt ist in ihrem Gesicht Unzufriedenheit zu entdecken.

Als ich frage, was mit ihr los sei, sagt sie: »Ich hätte nicht gedacht, dass mich mein Kleiderschrank so fertigmachen könnte.« Sie jammert, sie habe gehofft, endlich von ihrem indischen Glitzerlook wegzukommen. Aber sie schaffe es nicht. Sofort zündet sie ein Räucherstäbchen vor ihrer hinduistischen Shakti-Statue an, die die weibliche Urkraft des Universums symbolisiert. »Ich bin geschockt, dass ich immer noch so an Äußerlichkeiten hafte,« sagt sie.

Zuerst stimme ich ihr zu, aber dann frage ich, was daran eigentlich so verkehrt sei, wenn man sich nicht alle naselang menschlich weiterentwickelt.

Sie schnieft und antwortet nach einer kurzen Pause: »Eigentlich gar nichts.« Sie ringt sich ein Lächeln ab und fragt nach einem Taschentuch.

Es ist so wenig Ausrangiertes übrig geblieben, dass es sich nicht mal lohnt, einen Müllsack dafür zu vergeuden. Aber wir hatten einen schönen Nachmittag.

Verführung ins Nullpunktfeld

Meine Hände graben sich tief in die Qualitätsblumenerde, als das Telefon klingelt. Ich stehe auf meinem Balkon. Der Anrufbeantworter springt an, und meine Freundin Gut-Besser-Doris quasselt los: »Bist du da? Ich muss dir was erzählen!« Inzwischen ist sie zu einer Koryphäe in Sachen Selbstcoaching geworden. Sie bietet Klopfworkshops an, ihre Yogakurse werden immer voller, und es geht ihr immer noch besser. Ich habe Angst, dass sie eines Tages einmal vor lauter »Besser-Geherei« platzen könnte, und hoffe, dass es nicht gerade auf meinem pflegeintensiven Sofa passiert.

Ich will gar nichts Neues von ihr wissen. Ich will nur meinen Balkon hübsch bepflanzen, sonst nichts.

»Ach, weißt du«, plappert sie weiter, »ich bin in einer Stunde in deiner Nähe, mach schon mal Kaffee. Ich bring dir ein Buch mit, das musst du lesen. Mir geht's so gut, seit ich das gelesen habe! Bei mir verändert sich gerade total viel, tschühüß!« Den letzten Satz singt sie fröhlich auf die Maschine und legt auf.

Ich drücke die Erde rund um die Pflänzchen an und überlege, ob ich nicht jetzt gleich wegfahren und auf den Jochberg steigen will. Der Jochberg ist während der Woche nicht so voll, man hat eine Spitzenaussicht, und ich könnte mich wahlweise direkt in den Kochelsee oder in den Walchensee stürzen, um dem Buch von Doris zu entkommen. Ich könnte aber auch die Blumen fertig einpflanzen, zur Konditorei gehen, zwei Stück Torta della Nonna holen und mir todesmutig anhören, was Doris Weltbewegendes zu sagen hat. Wenn sie erst mal da ist, ist sie meistens ganz liebenswert. Sie wird schon bald selbst merken, dass die optimale Art, friedlich zu leben, die ist, auf ständige Verbesserungsmaßnahmen zu verzichten. Ich beeile mich mit der Gartenarbeit, schrubbe mir die Hände und klopfe auf dem Weg zum Bäcker meine Defizite mit MET weg.

»Zwei Stück Torta della Nonna, bitte. Zum Mitnehmen. Danke schön.« Auf dem Nachhauseweg beklopfe ich den Rest des Körpers. Weil keiner guckt, beklopfe ich sogar den Meridianpunkt mitten auf dem Kopf. Fast möchte man damit rechnen, dass das Vögelchen da oben gleich die Tür öffnet: »Mein Überrolltsein von Doris, mein Überrolltsein von Doris, mein Überrolltsein von Doris.« Jetzt geht's mir besser, und ich freue mich drauf, wie Doris gleich mit ihrem Glanz meine bescheidene Hütte erhellen wird.

Und da ist sie auch schon, livehaftig, mit schwarzer Sonnenbrille im Haar und einem Lächeln, an dem selbst Pretty Woman Julia Roberts sich ein Beispiel nehmen könnte.

»Du bist jetzt auf Level eins, würde Robert Scheinfeld sagen«, sagt Doris glücklich und nippt an ihrem Cappuccino. Wie immer fällt sie mit der Tür ins Haus. Dabei wackelt sie vor Freude mit dem Kopf, sodass ihr weißblonder Pagenkopf mit Pony wie eine schlecht sitzende Perücke wippt.

Sekundenlang schlägt mich der Gedanke in den Bann, dass Doris vielleicht schon seit Jahren Zweithaar auf dem Kopf spazieren führt und keiner es gemerkt hat. Vielleicht hat sie darunter überhaupt keine Haare! Vielleicht hat sie eine schlimme Krankheit, was ihren Aufstand um das Wohlgefühl, dem sie so chronisch nachjagt, natürlich sofort erklären würde! Und sie steckt jeden damit an. Was weiß ich schon von ihr? Nichts Eingemachtes. Sie hält das Geheime streng geheim – und dass es Geheimes gibt, sagt mir mein Instinkt.

Auf einmal kommt mir Doris so abgrundtief menschlich vor. Mich unterscheidet gar nicht mehr so viel von ihr, wie ich immer geglaubt habe. Aber ich kann es ihr nicht sagen, so ein inniges Verhältnis haben wir nicht. Erst ihre trällernde Stimme zerrt mich zurück in die Realität: »Unbewusstes Vor-dich-hin-Vegetieren. Du glaubst deinen Kreationen, du denkst, das ist echt!«

Ich gieße meine Pflänzchen und habe keine Ahnung, wovon sie redet.

»Dass du zum Beispiel keine glückliche Beziehung hinkriegst oder dass du glaubst, ich rede gerade Unsinn. Das hast du alles nur erfunden. Alles, was du erlebst, hast du erfunden.«

Ich werde ärgerlich: »Doris, ich hab kein Interesse an einer weiteren Glücklichmachmethode, die man sich reinzieht wie ein Drogenjunkie. Das gibt mir nix mehr, Doris!«

Doris stutzt. Dann hellt sich ihr Gesicht auf. »Auch diese Einstellung hast du erfunden. In deinem Hologramm! Wenn du das weißt, könntest du nicht nur dich selbst, sondern sogar die Umwelt retten. Du hast eine Verantwortung! – Sag mal, hast du dicke Socken?« Auf dem Weg zur Sockenschublade begleitet mich ihre Stimme: »Die meisten Menschen leben noch immer in der Steinzeit. Sie glauben, sie hätten nicht kreiert, was sie erleben.«

»Kreiert«? Ich bekomme spontan einen Pickel am Kinn. Das Wort kommt mir doch irgendwie bekannt vor. Und natürlich muss ich ihr Recht geben. Irgendwo mische ich schon kräftig mit an meinem Lebensdesign. Aber doch nicht immer bewusst! Und das Unbewusste kann man nicht beeinflussen, solange es schlummert. Bewusstwerdung ist allem Anschein nach ein sehr schleichender Prozess – bei mir zumindest –, auf den man nur bedingt einwirken kann. Selbst Karl Lagerfeld hat neulich in einem schnoddrigen Nebensatz erwähnt, dass vieles einfach nur Glück ist. Aber Doris würde mir sofort das Gegenteil beweisen wollen, und das ist mir zu anstrengend.

Doris zieht die Socken an, und ich sage, dass ihr neuer Ansatz klingt wie die »Avatar«-Bewusstseinsmethode, die ich schon lange hinter mir gelassen habe (den Rückfall bei der letzten Begegnung mit Tim mal ausgenommen), und dass ich mir nicht mehr diktieren lasse, immerzu wissen zu müssen, was ich will. Denn das sei ja die Voraussetzung bei solchen Techniken und setze einen irrsinnig unter Druck.

Ich schaue auf mein neues Blumenbeet auf dem Balkon und freue mich über die rosafarbenen Hängepetunien, die langen Gräser und den Lavendel. »›Avatar‹ ist oberflächlich und überholt, viel zu umständlich.«

Doris steckt sich ein Stück Nonna in den Mund, kaut. Dann greift sie in ihre Tasche, legt mit wichtigem Gestus ein schwarzbraunes Buch auf den Tisch und wartet ab. Als ich nicht reagiere, fragt sie: »Willst du dich beschweren oder glücklich sein?«

»Weißt du, Doris, ich freue mich gerade über meine Balkon-bepflanzung. Ich weiß nicht, was du hast. Ich *bin* glücklich. In diesem Moment bin ich glücklich, und das ist alles, was zählt.«

Doris meint, ich würde ablenken und den Kopf in den Sand stecken, weil ich unterdrückte Sehnsüchte hätte und mir was vormachen würde und …

Ich unterbreche sie: »Ich müsste nur sehen, dass Gedanken Gedanken sind, nicht die Realität, das Drama erkennen und aus-steigen, das Problem den Ahnen übergeben, was weiß ich.«

»Ja«, sagt Doris und atmet tief ein. »Das ist aber nur ein Teil der Geschichte. Hier geht's um eine neue Matrix im Ursprungs-zustand aller Realitäten. Hier geht's ums Nullpunktfeld! Quanten-physik!« Sie spricht das Wort so betont aus, dass ich es ihr von den Lippen ablesen könnte, wäre ich taub. »Das sind Fakten, das ist nichts Spirituelles!«

»Und dann habe ich eine Beziehung?« Ich hätte noch zwei Stück Nonna mehr kaufen sollen. Ich habe Hunger.

Sie schüttelt vorsichtig ihren Pagenkopf: »Du reinigst nur die Festplatte von Zeug, das dich blockiert. Und dann lässt du los, und es kommt, was dir entspricht. Von allein. Du kreierst *über-haupt nichts*! Du folgst nur deinen Impulsen, das ist der große Unterschied.«

Sie wartet, bis die frohe Botschaft bei mir angekommen ist. »Vielleicht passiert was viel Tolleres als eine Beziehung,« trium-phiert sie. »Eine Liebesbeziehung kann ja auch wieder Ablenkung vom Wesentlichen sein. – Kann ich noch 'n Kaffee haben?«

Der Milchaufschäumer zischt und pufft. Festplatte reinigen! Das waren doch Olgas Worte bei der Pendeltherapie, in deren Anschluss ich die Katze sprechen hörte.

»Wir können was verändern«, höre ich Doris in meinem Rücken hauchen.

Ich nicke und sage: »Und was ist mit Eckhart Tolle und seinem Leben im Jetzt? Ist der plötzlich out?«

»Leben im Jetzt passiert ja sowieso. Das hier ist zusätzlich.« Doris stürzt den Kaffee hinunter.

Sie muss plötzlich los und lässt mir das Buch da. »Ich schenk es dir«, sagt sie. »Ich bin eh gerade so in der Fülle.« Sie umarmt mich und schaut mir im Hinausgehen beschwörend in die Augen: »Nie mehr Level eins.«

Dann zieht sie die Wohnungstür hinter sich zu; doch bevor die ins Schloss fällt, lugt Doris noch mal durch den Türspalt und droht: »Du bewegst dich nicht, und das ist der einzige Grund, warum du deine Fesseln nicht spürst!« Dann ist sie weg.

Mein Blick fällt auf das Buch, das sie mir aufgedrängt hat: *Raus aus dem Geld-Spiel!* von Robert Scheinfeld. Aber es gehe darin nicht nur um Geld, sondern auch um alles andere, was nicht Geld ist, hat Doris gesagt.

Ich verziehe mich an diesem Abend früh ins Bett – ohne das Buch. Es liegt noch immer unberührt auf dem Küchentisch. Ich müsse die »Energie aus den Eiern ziehen«, hat Doris gesagt. Die Eier seien dem Buchautor zufolge die negativen Emotionen und hätten nichts mit Sexualität zu tun. Dabei hat sie gelacht.

Diverse Kissen hinter mir aufgetürmt, denke ich ernsthaft darüber nach, ob ich wirklich wissen will, was in dem Buch steht. Ich überlege, ob es mich nicht nur in die nächste Gier treiben könnte, wunschlos glücklich zu sein. Ich fürchte die Gier, und zwar nicht, weil sie eine der sieben Todsünden ist. Sondern weil sie einen so unzufrieden macht.

Außerdem hat mir heute bis vorhin noch kein einziges Mal eine Beziehung gefehlt. Ich denke über Beziehung eigentlich schon länger nicht mehr nach. Das Thema ist in der letzten Zeit verblasst, wie bunte Wäsche, die man einen Sommer lang nicht von der Leine nimmt. Was, wenn ich meine Beziehungslosigkeit nur erfunden hätte? Nicht »kreiert«, sondern einfach »erfunden«?

Ich lasse das Fenster die ganze Nacht weit geöffnet, ziehe die Decke bis zum Kinn und träume davon, dass meine Mutter mich siezt und behauptet, ich sei auf die schiefe Bahn geraten. Worauf ich sage, dass ich ihre Tochter bin und wir uns eigentlich duzen könnten.

Einige Tage später liegt das Buch noch immer unberührt an der gleichen Stelle auf dem Küchentisch. Es macht mir gute Laune, dass ich so widerstandsfähig bin. Ich sitze an meinem Notebook und schreibe eine Kurzgeschichte über das »unantastbare Buch«, in dessen Seiten das Glück der Welt auf den Leser wartet. Aber wenn er das Buch aufschlägt, verschwindet das Glück, das darin ist. Das treibt den Leser zum Wahnsinn, und er wird immer unglücklicher – obwohl es ihm gut ging, bevor er das Buch geschenkt bekam.

Danach telefoniere ich neben dem Buch sitzend mit meiner Agentin, mache einen Termin mit meinem Steuerberater, esse in Anwesenheit des Buchs mit Appetit zu Mittag, und zum krönenden Abschluss wische ich den Tisch ab, hantiere beflissen um das Buch herum, stelle sogar meine Tasse darauf ab und riskiere, dass sich ein breiter Teerand auf dem Umschlag bildet.

Schlussendlich setze ich mich zu meinem Putzschwamm auf die Spüle und finde es armselig, dass dieses lächerliche Selbsthilfebuch so viel Beachtung durch Nichtbeachtung von mir bekommt. Dann kann ich es auch gleich lesen. Ich meine: Der Autor ist ja auch nur ein Mensch. Ein schräger Vogel vielleicht, aber wäre Albert Einstein nicht anderen Geistes gewesen, hätten wir heute noch keine Ahnung, was $E = mc^2$ heißt. Ich werde mich doch wohl von ein paar Buchseiten nicht ins Bockshorn jagen lassen! Es sind nur Wörter und Seiten aus Papier, die man sogar durchstreichen oder herausreißen kann! Ein kleiner Gedanke fängt mich, als wäre ich eine Stubenfliege: Könnte es nicht sein, dass in diesem Buch doch ein kleiner Hinweis versteckt ist, wie ich zu einer anständigen Beziehung kommen könnte? Ich werde auch nicht jünger, die besten Männer haben dazugelernt, sind geläutert und lassen sich gerade wieder scheiden. Die Chancen stehen vielleicht gar nicht so schlecht.

Partnerfindung statt Selbstfindung! Wie oft hört man, dass jemand mit jahrelangen Schlafbeschwerden tausend Hilfsmaßnahmen ausprobiert, von Kreti zu Pleti rennt, Medikamente, Therapeuten und Meditationstechniken verschleißt, aber nichts hilft.

Und plötzlich passiert etwas: Er findet zufällig dieses seltene Kraut, das ihm die unscheinbare Kräuterfrau anpreist, die jeden Samstag zu Fuß aus den Bergen in die Fußgängerzone pilgert. Er kocht aus dem Kraut einen Sud, trinkt ihn bei abnehmendem Mond, und alle Schlafbeschwerden sind plötzlich weg.

Vielleicht könnte eine verirrte Synapse in meinem Gehirn ausgerechnet durch die Scheinfeld'sche Technik wieder nach Hause finden und mich das Richtige denken und tun lassen, sodass urplötzlich das Wunderbare geschieht ...

Ich greife nach dem Buch und schlage es auf.

Die Nacht, in der ich fast hinter das Geheimnis von Jesus kam

Und klappe es drei Tage später um Mitternacht wieder zu. Ich habe so lange dafür gebraucht, weil ich während des Lesens direkt meine Energie aus den Eiern zurückgeholt und wie empfohlen gesagt habe: »Ich bin das unendliche Bewusstsein, ich kann erfinden, was ich will.« Dabei habe ich wieder mal an Jesus gedacht und an seine unzähligen Wunder. Von denen stand aber nichts im Buch. Überhaupt kam der Gute mit keiner Silbe im Buch vor. Und trotzdem war er ehrlich gesagt der einzige Grund, warum ich es bis zum Ende gelesen habe. Denn schon beim Lesen verspürte ich ähnliche Kräfte, wie Jesus sie gehabt haben muss, bevor er ein Wunder wirkte. Ich dachte, vielleicht komme ich durch diese Methode auf die Spur seiner Wunder. Jesus behauptete ja ständig, dass das, was er tut, auch wir tun könnten – und noch viel mehr! Wenn das stimmt, kocht er vielleicht auch nur mit Wasser. Zumindest konnte er über selbiges gehen.

Und jetzt habe ich den Salat. Der Autor hat mich über Nacht mit seiner abstrusen Cyberstory angefixt. Ich muss nur meine vergeudete Energie wieder einsammeln, dann passiert das tolle Leben von allein. Ich und mein »erweitertes Selbst« – nicht zu verwechseln mit dem wahren Selbst – machen das schon. Das ist jetzt vollkommen logisch. Ich bin im Vollbesitz meiner geistigen Kräfte. Über alles erhaben, wandle ich zwar noch nicht übers Wasser, aber im Schlafanzug durch die Wohnung. Alles ist möglich. Außer Fliegen. Nun ja, es käme auf einen Versuch an ... Ich bin glasklar im Kopf. Adrenalin pur. Energetisch ganz oben. Mir meiner selbst bewusst bis in die kleine Zehe. Wer weiß, wann ich diesen Energiepegel noch mal erreiche! Ich wallfahre vom Schlafzimmer ins Wohnzimmer, von dort ins Arbeitszimmer, statte sogar der Abstellkammer einen Besuch ab und verweile eine Zeit lang im Bad, wo ich mit explodierendem Blutdruck der Lüftungsanlage meiner Nachbarn lausche. Sie scheppert, wie ich es noch nie gehört habe. Entweder sitzt dort jemand auf der Toilette, oder sie haben vergessen, die Anlage auszuschalten. Ich setze mich auf den Badewannenrand und warte ab, was mir in den Sinn kommen will.

Nichts vornehmen, nur spontan sein. So steht es im Buch. Ich habe aber keine Ahnung, was meine Energie spontan machen will. Weil ich mir nichts überlegt habe. Weil man das ja nicht soll. »Wenn euer Glaube so groß wie ein Senfkorn wäre, könnt ihr zu diesem Berg sagen: ›Rücke von hier dorthin!‹ Und es würde geschehen. Nichts wäre euch unmöglich.« Diese Lehre hat Jesus damals aus einem kleinen Wunderausrutscher hingebogen. Er hatte schlechte Laune und Hunger auf Feigen, aber der Baum trug keine Früchte. Aus Frust ließ er den ganzen Feigenbaum von jetzt auf gleich vertrocknen. Und auf freundliche Nachfrage seiner Jünger, was das solle, ließ er besagten Spruch los.

Also: Welchen Berg möchte ich verrücken? Ich horche auf dem Badewannenrand tief in mich hinein. Doch jetzt, da ich das Zeug dazu hätte, fällt mir nichts ein. Alle Veränderungsmöglichkeiten sehen von meinem derzeitigen Machtpotenzial her betrachtet nur wie Kinderkram aus. Ich wünschte, mir würde etwas unter den Nägeln brennen, das ich unbedingt haben will; aber es gibt gerade nichts zu verrücken, keinen Berg, kein Möbelstück. Eine Beziehung wäre mir im Augenblick nur lästig, jetzt, da ich die Gelegenheit habe, die ganze Welt zu bewegen. Aber es ist gut zu wissen, dass ich jederzeit eine haben könnte.

Wenn ich ehrlich bin, würde ich am allerliebsten schlafen gehen. Doch dazu bin ich zu wach. Zum Joggen ist es zu dunkel, zum Staubsaugen zu spät. Doch dann fällt mir was ein.

»Welcome to the Hotel California, such a lovely face, such a lovely place!« Meine linke Hand schlingt sich um den Hals meiner Gitarre, die bislang eingestaubt in der Ecke ein wenig Songwritercharme in meinem Wohnzimmer versprühte. A-Moll, E-Dur, G-Dur, D-Dur. Ich arbeite mich nach Mitternacht durch die Eagles-Komposition und lerne jetzt endlich auch die Textstrophen, die ich mir noch nie merken konnte. Ich übe bis halb drei Uhr Gitarre und bedanke mich bei meinem Nullpunktfeld für die Gesangsstunde, weil Bedanken ein ganz wichtiger Teil im Schöpfungsprozess ist. Man soll sich sogar für Rechnungen, Mahnungen und Knöllchen am Auto bedanken. Weil es eine »Wertschätzung« für die eigene Erfindung der Situation ist, selbst wenn sie eine eindeutige Fehlerfindung ist. Sich nicht zu bedanken wäre die reinste Selbstsabotage.

Mein kindlicher Forschergeist hat mich mal wieder gepackt. Ich bin neugierig, wohin mich diese mentale Technik bringen wird und ob es möglich ist, grundsätzlich etwas an meinem Erfahrungsbewusstsein zu verändern. Ich meditiere nach Scheinfelds Anleitung ungefähr zwei Wochen lang. Meine alltäglichen Durchhänger oder sonstige Selbstzweifel kommen mir mehr und mehr abhanden. Ich bin energetisch in Topform und fühle mich super.

Aber eigentlich bin ich immer ein wenig über dem »Super«. Und das ist äußerst unangenehm. Ich habe viel mehr Energie, als ich will oder brauche, und das macht mich hibbelig und permanent high, wie auf Speed. Ich wälze mich nachts von einer Seite zur anderen. Morgens habe ich Ränder unter den Augen und die Befürchtung, dass ich von diesem Energietrip nicht mehr runterkomme. Das kann nicht der richtige Weg sein.

In der darauffolgenden Woche flattert mir ein Drehbuch mit

einem Rollenangebot ins Haus. Kam das durch die neue Methode oder einfach so? Der Dreh beginnt sozusagen postwendend, doch es geht nicht lange gut. Die Stimmung am Set ist angespannt. Der Regisseur wird gefeuert und ein anderer eingestellt. Der neue Regisseur kommt mit dem Kameramann nicht klar, und nun wird auch der entlassen und ein neuer angeheuert. Dieser hat Probleme mit dem alten Kameraassistenten und muss sich erst noch an das hohe Tempo der TV-Produktion gewöhnen, weil er vom Kino kommt. Jeder arbeitet für sich. Auch jeder Schauspieler. Der Funke zwischen Kamera, Regie und Schauspieler springt nicht über. Außerdem haben wir immensen Zeitdruck.

Man soll Scheinfelds Technik unbedingt anwenden, sobald man sich in einer Situation unwohl fühlt. Aber ich habe nicht die geringste Lust, noch einmal den Finger in die energetische Steckdose zu stecken, bis ich wie nach fünf Tassen Kaffee oder wie ein Handy auf Vibrationsalarm pulsiere. Zu viel Energie ist nicht gut. Auch bin ich nicht unbedingt der Wunderwirkungstyp. Und übers Wasser muss ich auch nicht gehen. Es sei denn, ich wollte unbedingt damit ins Fernsehen. Für einen annehmbaren Dreh reicht auch ein wenig antiquierter »guter Wille«, wie früher, als es noch keine Selbstverbesserungsmethoden gab und die Welt in dieser Hinsicht noch in Ordnung war.

Am nächsten Tag habe ich eine Bettszene in einer Altbauwohnung. Die Fenster werden mit schwarzem Mull abgehängt, damit es aussieht, als wäre es Nacht. Leberkässemmelkauende Techniker in zu kurzen Heavy-Metal-T-Shirts und tief sitzenden Jeans mit herausblitzender Po-Ritze bauen das Licht auf, heben Scheinwerfer auf die Ständer und heften Folien davor, während ich spärlich bekleidet in nudefarbener Seidenwäsche probe, wie der Winkel der Kopfhaltung beim Kuss mit meinem heimlichen Geliebten sein muss. Damit Licht in die Augen fällt, wird das Kissen höher drapiert – man schiebt mir zwei dicke Wälzer aus dem Bücherregal unter – und die Kamera weiter heruntergefahren.

Ich bringe mich in Liebesstimmung, obwohl das Drehbuch sagt, dass der Typ ein Scheißkerl ist und ich verheiratet bin. An wen soll ich denken? Mein Lebenskerl kommt und kommt nicht. Es bleibt mir nichts übrig, als eine alte Erinnerung aufzuwärmen. Mein Partner und ich kauen Kaugummi für guten Atem. Kaugummi wieder raus, »Ruhe bitte, wir drehen«, Kamera läuft: »Und bitte!«

Wir schauen uns an, sagen nichts, küssen uns kühl zum Abschied, mein Geliebter geht, und ich schaue ihm hinterher. Eine Mischung aus Enttäuschung und Erleichterung. Dann greife ich zum Telefon, wähle eine Nummer. Sage: »Ich bin's«, und klinge dabei geheimnisvoll. Cut.

Der neue Kameramann spendiert eine »Schnapsklappe«, weil er Geburtstag hat. Statt Schnaps gibt es Antipasti vom Italiener und Chianti, und alle sind rundum glücklich. Die schlechte Stimmung hat sich von allein aufgelöst, ohne Hokuspokus. Das kann schon mal vorkommen.

Deshalb sage ich Doris ab, als sie mich zum Treffen der Scheinfeld-Experten einlädt. Sie bedauert das sehr und weiß, dass ich immer noch auf Level eins bin und, wenn ich so weitermache, auch bleiben werde. Ich sage ihr, dass das für mich völlig in Ordnung ist. Bei all den Verlockungen das Beste für mich zu tun: Dieser Selbstverwirklichungsansatz stresst mich. Und Stress macht nun mal nicht glücklich.

Halleluja

Die Gitarre steht wieder zum Verstauben in der Ecke. Manchmal streiche ich zärtlich über die verstimmten Saiten und erinnere mich an meine Mitternachtsgesangsstunde und meine Jesuskräfte. Was davon geblieben ist, ist die Lust zu singen. Ich trete in einen Kirchenchor mit über hundert Sängern ein, übe mich in der Kunst des Notenständer-auf-und-zu-Klappens und beschäftige mich mit den dicken Gesangspartituren. Die Stimmbänder werden beim Einsingen über mehrere Oktaven mit »miamiami«

und »aoaäaoaäaoaäa« so gut geölt, dass ich nicht mehr nur unter, sondern jetzt auch außerhalb der Dusche glaube, dass ich ein verkanntes Gesangsgenie bin.

Ich stehe in vielen Kirchen, vor allem in alten Kirchen, auf einer gefühlt zwei Zentimeter dicken Eisschicht auf dem Boden im Winter und bei Graden um den Gefrierpunkt im Hochsommer. So bleibt mein Kopf schön frisch, ich kann nicht in Unbewusstheit dahindämmern. Ich friere. Ich bibbere. Ich singe und fröstle und gebe nicht auf. Ich lerne, vom Blatt zu singen. Ich kann intonieren, kenne aber keine Noten. Nur ein paar. Ich improvisiere. Mein Geist erahnt vorausschauend die nächste Tonfolge. Ich muss gestehen: Mein Kopf hat mit Bach, Britten und Mozart eine geheime Abmachung geschlossen. Sie sagen mir die Töne ein, dafür gibt mein fahriger Geist Ruhe und stört die Komponisten nicht in ihrem ewigen Schlaf. Ich liege – fast – immer richtig. Zumindest wollen einige Altistinnen gern neben mir singen, und das ist ein gutes Zeichen. Gute Sängerinnen neben sich zu haben ist die halbe Miete.

Die Musik erfasst uns so vehement, dass wir den kalten Steinboden unter unseren Füßen verlieren. Sie trägt uns mit sich bis unters Kirchenschiff. Wenn es gut läuft, ist die gesamte Kirche von Klang erfüllt. Kein Misston, nichts, was stört, nichts, was verbessert werden muss. Es ist der perfekte Klang, mit dem ich mich anfreunde. Ich würde diesen Klang greifen, einstecken und mit nach Hause nehmen, wäre er nicht ein Freigeist wie ich. Er bevorzugt es, nach dem letzten Ton im Raum regungslos stehen zu bleiben, bis er sich allmählich in nichts auflöst. Das Nichts, das übrig bleibt, ist absolute Stille, und jeder kann sie spüren. So gesehen ist da nicht nichts. Da ist etwas wie … Glücksverwehungen. Uns alle, so unterschiedlich wir sind, verbindet das gleiche Glück. Ich sehe es an den Gesichtern: Sie sind transparent und leuchten. Keiner hat in diesen Momenten Probleme.

Umso schlimmer ist es, wenn danach ein professioneller Tenor seinen Solopart beginnt und vor sich hinknödelt, als hätte er einen schlecht gelaunten Clown gefrühstückt. Erstaunlich, dass unser Chorleiter keine Miene verzieht und sich höchstens den Schweiß mit seinem blütenweißen Taschentuch abwischt, um sich dann wieder ganzkörperlich dem Dirigieren unserer Stimmen zu widmen. Er ist nicht hier, er ist bei Mozart oder Bach – Knödel hin oder her. Ich liebe es, ihn dabei zu beobachten, wie die Musik ihn willenlos macht und so leidenschaftlich mitreißt, dass er einmal sogar von seinem Dirigierpodest stolpert.

Am Karfreitag verschwinde ich in der Masse, um Teil des großen Werkes zu sein und bei der Matthäus-Passion draufgängerisch »Kreuzige ihn, kreuzige ihn!« zu singen. An den Festtagen atme ich Weihrauch, Kerzenduft, Kirchenstaub und sauerstoffarme Luft und arbeite, ohne es geplant zu haben, meine gesamte Kirchenvergangenheit auf.

Denn der süße Qualm ließ mich in meiner Jugend mehr als einmal in Ohnmacht fallen. Mein Niedergang verursachte immer ein vernehmliches Rumpeln in der Kirche, bis ich mich zwischen Fußbank, Gehstöcken und nassen Regenschirmen wiederfand – in einem angeschmutzten roten Sonntagsmantel, dessen Schadensbegutachtung meine Mutter von der Andacht ablenkte und zu der geflüsterten Bemerkung »Es wächst« an ihre Banknachbarin inspirierte. »Es« bedeutete »das Kind«. Alle guckten auf mich; der Pfarrer unterbrach einmal sogar eine Fürbitte und warf einen mahnenden Blick in meine Richtung. Die halbe Gemeinde wusste nun, dass ich gerade wuchs. Das war mir sehr unangenehm.

Als ich noch ein paar Zentimeter gewachsen war und nicht mehr in Ohnmacht fiel, wurde ich Mitglied der Katholischen Jugend und lernte Pater Danninger kennen. Er war Jugendseelsorger und der einzige Geistliche, den wir Fünfzehnjährige je für vertrauenswürdig hielten. Ihm konnte man auch sagen, dass man Jesus lieber mochte als Gott. Er fand das »klasse«, statt uns zu rügen.

Ich fragte ihn einmal, was der Unterschied zwischen Jesus und Gott sei. Er meinte, das sei eine »klasse« Frage. Er kam nicht mit der leidigen Vater-Sohn-Geschichte, sondern erklärte, dass Gott

Jesu geistiger Führer hier auf Erden war. Gott sei sein Helfer und sein einziger verlässlicher Halt gewesen, aber nicht sein strenger Vater, der mit langem Bart auf der Wolke regierte und nur drauf wartete, dass jemand hier unten Mist baute. Das sagte Pater Danninger aber eher hinter vorgehaltener Hand. Ich fragte weiter, ob es dann aus Zeitspargründen nicht besser sei, gleich zum Chef zu beten statt zu Jesus, der die Anfrage ja erst umständlich weiterleiten musste.

»Klasse«, begeisterte sich Pater Danninger und meinte, das sei egal, es käme sowieso immer an die richtige Stelle. Und als ich ihn länger kannte, vertraute ich ihm an, dass ich seit Neuestem noch viel lieber als Jesus einen Typen aus meiner Nachbarschaft mochte – er hatte blaue Augen, und mir stockte der Atem, wenn er mit seinem bunt lackierten VW Käfer an mir vorbeiraste. Darauf sagte Pater Danninger nicht »klasse«, sondern nur, dass er das gut verstehe.

Er brachte immer neue Impulse in seine Jugendarbeit und feierte in jenem Jahr am Gründonnerstag mit uns das Passahmahl. Er wollte es so begehen, wie Jesus es zu seiner Zeit mit seinen Jüngern feierte: mit ungesäuertem Brot und bitteren Kräutern, mit ungewürztem Fleisch und Wein. Passah war das traditionelle Fest der Juden und erinnerte an die Befreiung aus der ägyptischen Knechtschaft durch Moses. Passah, so erklärte uns Pater Danninger, bedeutete also immer Erlösung.

Und wir konnten jetzt von dieser Erlösung profitieren. Am Gründonnerstag zogen wir mit Schlafsäcken und Zahnbürste ins Kloster und richteten uns im Schlafsaal häuslich ein, als wollten wir für den Rest unserer Tage bleiben. Am Abend setzten wir uns erwartungsvoll im Seminarraum in den Kreis. Zehn Jugendliche, die Jesus besser verstehen wollten: vier Jungen und sechs Mädchen.

Wir gackerten wie aufgeregte Hühner, als Pater Danninger ankündigte, uns jetzt allen stellvertretend für Jesus die Füße zu waschen. Ich war die Erste. Ich fand es peinlich, als er die alte Schüssel vor mich hinstellte. An manchen Stellen war die Emaille abgeplatzt. Aber dann, als ich meine nackten Füße in die Schüssel senkte, hörte ich auf zu grinsen. Pater Danninger bückte sich vor mir und goss aus einer Karaffe lauwarmes Wasser über meine Füße. Langsam und vorsichtig. Er sprach nicht dabei, er war andächtig, und sein Gesicht sah sehr jung aus. Das Wasser verteilte sich auf meinen Zehen, dem Spann, der Ferse. Er kippte noch einen Schwall Wasser nach. Danach griff er nach einem gestärkten, dünnen Handtuch und trocknete meine Füße mit Bedacht ab. Keiner kicherte mehr. Der Pater schämte sich nicht für das, was er tat. Er war sich für nichts zu schade. Das war groß. Er beeindruckte uns. Es war still im Klosterraum, und jeder konnte Jesu Geist am Abend vor seiner Kreuzigung spüren. Auch Pater Danninger spürte ihn und meinte, wie klasse es ist, wenn man Jesus als Freund hat und deshalb nie allein ist. Dann folgte das Mahl, und wir sprachen die Worte, die Jesus gesprochen hatte, und aßen das Brot und das Lammfleisch. Es schmeckte nicht, aber wir mochten es, weil Gottes Sohn es mochte.

Die Regeln dieses Abends besagten, dass jeder Becher Wein ausgetrunken werden musste, bevor es zum nächsten Teil der Zeremonie ging. Mein Becher war immer sehr voll, und ich trank ihn so zügig aus wie die weiße Limonade beim Heilige-Messe-Spielen mit meinem Bruder. Doch kaum war der Becher leer, wurde er wieder vollgeschenkt, und ich musste ihn wieder austrinken. Das Ritual zog sich über den ganzen Abend hin, und wenn Jesus das so gemacht hatte, wollte ich keinesfalls mit der Tradition brechen. Er musste recht trinkfest gewesen sein. Irgendwann wusste ich nicht mehr: Ist das Jesus oder nur der Pater, der gerade versucht, mich auf die Beine zu stellen? Die jedenfalls rutschten mir immer wieder weg, und als ich aufwachte, hatte ich die herrlichste Aussicht auf einen Kotzeimer neben meinem Bett.

Ich lag in einem duftigen, weiß bezogenen Federbett, das sich so dick über mir aufbauschte, dass ich gerade mal die gelbe Deckenlampe mit Goldrand, nicht aber die Zimmertür sehen konnte. Ich wusste nicht, wo ich war. Ich wusste bloß, dass mein Kopf nie wieder durch einen Türrahmen passen würde – sollte ich unwahrscheinlicherweise dieses Bett je verlassen können. Wessen Bett es war – ein schweres Klosterbett aus lackiertem, dunklem Holz in den Maßen neunzig mal zwei Meter –, wird wohl für immer ein Geheimnis bleiben.

Jesus blieb noch länger Teil unseres Freizeitprogramms. »Herr, deine Liebe ist wie Gras und Ufer« sangen wir mit Inbrunst zu Gitarrenbegleitung im Jugendgottesdienst. Mit Jesus hatte man immer jemanden, an den man sich halten konnte, während man sich langsam vom Elternhaus löste. Wenn auch meine Annäherungsversuche bei den Jungs in die Binsen gingen – bei Jesus konnte ich immer landen. So lange zumindest, bis es auch mal mit einem Jungen klappte und Jesus nicht mehr mithalten konnte. Es war tragisch. Denn Jesus hatte kein Motorrad. Nicht in meinen kühnsten nächtlichen Träumen sah ich ihn je auf einem sitzen. Alles Mögliche konnte er reißen. Nur fürs Motorradfahren hat's nicht gereicht. Das war ganz schlecht. Er war selbst schuld. Er hätte gut daran getan, sich den Gepflogenheiten der Jugendlichen ein wenig anzunähern.

Denn wir Mädels trafen uns neuerdings mit den »Sharks« an der Raiffeisenbank. Alle von den Sharks hatten einen Bock, auf den wir uns schwangen, um eine Spritztour in den Steinbruch zum Picknicken zu machen. Oder ins Schwimmbad. Und dort ins Verliebtenviertel ganz nach hinten, wo die Bäume standen und das Kleinkindergeschrei nur noch von Weitem zu hören war. Wehmütig sah ich mit an, wie ich Jesus aus den Augen verlor. Es gab anderes, was mich mehr faszinierte als die Fähigkeit von Jesus, an Pfingsten durch verschlossene Türen und Wände zu treten und seine Jünger »in fremden Zungen« reden zu lassen. Ich interessierte mich von nun an mehr für Zungenküsse. Wenn die auch mal mit dem Sturz aus dem siebten Himmel endeten, so waren sie wenigstens real, mit Spucke, Zunge, Zahnspange und Lippen, und ich konnte mit meinen Freundinnen darüber reden. Während mein Freund Jesus mehr und mehr zu einem kitschigen Heiligenbild in Buntstiftfarben einfror.

Etwa zeitgleich mit der Zungenkuss-Ära wurde Pater Danninger versetzt, und wir bekamen einen Ersatzpater, den keiner von uns besonders mochte. Außerdem nahm er die Beichte altmodisch im Beichtstuhl hinter der Gitterwand ab, und man musste wieder Sünden erfinden, um den armen Mann nicht zu enttäuschen. Er war eben nicht wie Pater Danninger, wo die Beichte in einem Klosterzimmer stattfand und an einen Nachmittagsplausch erinnerte, bei dem man bei einer Cola und Salzstangen sogar noch seinen Liebeskummer loswerden konnte.

Immer öfter stand ich nun während der Sonntagsmesse hinten bei den »Lässigen«, wo es angesagt war, selbst im ärgsten Winter den Parka – so man dieses coole Kleidungsstück überhaupt besaß – offen zu tragen, die Arme demonstrativ vor der Brust zu verschränken, den Kniefall vor dem Altar einfach wegzulassen und so zu tun, als ginge einen der Gottesdienst gar nichts an. Besonders lässig war, sich zu weigern, das Glaubensbekenntnis mitzubeten, in dem man gelobte, dass man an die »eine, heilige, katholische Kirche« glaubte. Wo doch jeder wusste, dass viele andere Glaubensrichtungen existierten, die man auch gut finden konnte.

Das Vaterunser durfte man nur unverständlich murmeln und mit so wenig Lippenbewegung wie möglich. Und beim neu eingeführten Friedensgruß an Hochfesten rannte man nicht mehr herum, um der halben Gemeinde enthusiastisch die Hände zu schütteln: Nein, man blieb souverän an seinem Platz stehen und rang sich höchstens einen laschen Handshake nach rechts und links ab. Ohne Lächeln, bitte schön! Manchmal verschwanden wir nach der Predigt heimlich in den »Hirschen«, wo sich alle Fans zum Pater-Danninger-Gedenkfrühschoppen trafen. Aber wir waren uns nicht ganz sicher, ob der Pater diese Aktion »klasse« gefunden hätte.

Sybille wundert sich, wieso ich plötzlich ständig im schwarzen Auftrittsanzug und in praktischen Auftrittsschuhen mit Fußbett unterwegs bin und die Passionen zuhause mit eigens produzierten »Übungs-CDs für Chorsänger« einstudiere. Sie fragt mich, wo meine Highheels abgeblieben seien, mit denen ich immer über den roten Teppich stolziert sei. Bevor ich sie im Müllraum auf das Fenstersims stelle, würde sie sie gern bei eBay verkaufen. Ich erkläre ihr, dass mein Aufenthalt in Kirchen wie eine »Allroundaufarbeitung« für meine katholische Kinderseele sei und das Singen mich beflügle und entspanne. Ich versuche, Sybille zum Mitmachen zu überreden. Aber sie hat trotz ihres Lebens im Jetzt eine feste Meinung dazu: »Ich habe keine Zeit.«

Sie kommt mit ihrem Mann zum Weihnachtsoratorium von Bach, wo ich »jauchzen« und »frohlocken« darf und die Posaunen- und Trompeteneinsätze das Kirchendach wegpusten.

»Das war ja ein Trip«, meint sie hinterher, und ich beobachte, wie sie zwei feuchtgeweinte Taschentücher in den nächsten Abfalleimer bugsiert. Und ihr Mann übersetzt: »Es hat uns sehr gut gefallen.«

8.

Bewusstlos

Das kannst du deinem Friseur erzählen

Dass ich nicht dauerhaft in Erinnerungen schwelgen kann, offenbart sich direkt bei meinem nächsten Friseurbesuch. Der holt mich schnurstracks in die Gegenwart zurück. Ich begreife, dass all die Selbstbefreiungsmethoden der letzten Jahre sich erst bewähren, wenn es wirklich hart auf hart kommt. Und jetzt ist es so weit.

Ich habe ein veritables Loch auf dem Kopf: als wäre ein Dreieck aus meinen Haaren herausgeschnitten worden. Ich glaube, dass sich ein Friseur ziemlich anstrengen muss, um so ein perfektes Dreieck hinzukriegen. Meiner ist ein Naturtalent, es passiert ihm einfach beim Reden. Ich bemerke es sofort. Ich sitze wie paralysiert auf dem Friseurstuhl und kann meinen Blick nicht mehr von diesem Bermudadreieck in meinem mittellangen Haar wenden.

»Da ist ein Loch«, sage ich tonlos.

Herbie hört auf, mir von den Hotelzimmer-Upgrades zu erzählen, die er bei jeder Auslandsreise durch einen Trick ergattert. Er zupft die Haare zurecht, als ginge es um nichts, legt andere behutsam über die kahle Stelle, zieht daran – als würde das etwas ändern! Loch ist Loch!

»Das ist okay«, sagt er. »Das ist auf der anderen Seite auch so.«

Es ist aber auf der anderen Seite nicht so. Nun schiebt und zupft er auch dort die Haare so lange hin und her, bis es ähnlich aussieht.

»Das ist der Schnitt«, höre ich ihn durch eine Nebelwand auf-
steigender Panik hindurch. Ich versuche, ihm zu glauben, obwohl mein Adrenalinpegel etwas anderes signalisiert, lasse ihn
mit dem Glätteisen routiniert das Haar glätten, sodass man gar
nichts mehr von dem Loch sieht – so machen die das immer! –
lasse ihn irgendein Spray aufsprühen, stehe auf, bedanke mich,
zahle und gehe.

Bin ich denn von Sinnen? Ich bedanke mich, weil ich glauben will, dass er recht hat. Und dass ein Promifriseur nicht danebenschneiden *kann*, auch nicht, wenn er beim Schneiden redet.
Ich radle nach Hause und wähle die Notfallnummer für solche
Zwecke.

Sybille ist die ideale Frisurenprüferin. Selbst unzählige Male
zerfleddert und gebeutelt, fand sie erst nach einem halben Leben
die Haarschneiderin ihres Vertrauens. Sie kennt das Herzklopfen, das verunglückte Frisuren verursachen, die Panikattacken,
die schlaflosen Nächte und die Selbstvorwürfe, weil man nicht
genau vermitteln konnte, was man wollte. Sie kennt das Gefühl,
der eigenen Haupthaarverstümmelung zugestimmt zu haben. Und
das Allerschlimmste: Sie kennt die Erinnerung daran, die Ver-
stümmelung noch freundlich abgenickt zu haben, bis zu Hause
dann die Fassade bröckelte und die Haarwelt zusammenbrach.

Das Haarthema war lange Zeit ihre Achillesferse, bis sie bei
dieser Omafriseurin Asyl fand, in deren Salon Trockenhauben
herumstehen und bei der es immer nach Haarfestiger riecht. Zu
ihr würde ich nicht mal gehen, wenn mir die Haare auf dem
Boden schleiften. Sybille sieht auch immer ein wenig wie ihre
Friseurin aus. Aber damit geht es ihr supergut.

Sybille kommt, stellt mich unter die Deckenlampe und beginnt
mit der Untersuchung meines Haupthaars. Sie begutachtet mein
Profil, bürstet die Frisur in verschiedene Richtungen und hebt
sogar einzelne Haare an, um die Stufung zu überprüfen. Dann
seufzt sie tief, tritt einen Schritt zurück, schaut mir in die Augen
und verkündet: »Maria, dir kann gar nichts passieren. Die wachsen wieder.« Und dabei hat sie diesen mitfühlenden Gesichtsaus-

druck, den sie nur in ganz schlimmen Situationen aufsetzt und vor dem ich mich jedes Mal fürchte.

»Aber da ist ein Loch«, flehe ich sie an, damit sie mir um Gottes Willen widersprechen möge.

»Ja, da hat er leider Mist gebaut«, gibt sie zu.

Das Damoklesschwert donnert auf mich herab. Es ist keine optische Täuschung meinerseits.

»Es dauert Jahre, bis das nachwächst«, heule ich.

»Es dauert vielleicht drei Monate, deine Haare wachsen schnell.«

»Und wenn ich zwischendurch einen Film drehe?«

»Ich würde sie erst mal waschen«, versucht sie mich zu trösten.

Das ist ohnehin die nächste Notfallmaßnahme auf meiner Agenda. Dahinter steht die verzweifelte Hoffnung, dass die Haare wie durch ein Wunder durch eigenständiges Waschen und Föhnen wieder in den Vor-Friseur-Zustand zurückkehren könnten. Die erste Haarwäsche nach einem Haarschnitt ist sowieso der ultimative Härtetest, auch wenn die Frisur gelungen ist. Erst dann zeigt sich, ob sie was taugen: der Friseur und der Schnitt. Kleben die Haare lustlos am Kopf oder hängen sie wie halbtot in der Gegend herum, heißt das, dass der Friseur die Haare nicht verstanden hat. Meine Haare versteht fast nie einer. Und wenn doch, dann zieht er früher oder später in eine andere Stadt. Ich kann ja nicht alle zwei Monate nach Düsseldorf oder New York fliegen, nur um zum Friseur zu gehen. Es muss jemanden *hier* geben, der mit meinem Kopf klarkommt.

Mehrere Wochen Leiden stehen mir bevor. Aber ich bin ja nicht allein. Nicht umsonst habe ich in den letzten Jahren die lange Liste der Weisen und Erleuchteten abgearbeitet! Und jetzt, da ich sie wirklich brauche, müssen sie mir beistehen. Für diesen Moment habe ich über Jahre all das schöne Geld in Workshops, Bücher und Übungsstunden investiert, das andere für Designerklamotten, Schuhe und Top-Friseure, die nicht danebenschneiden, ausgegeben haben. Abends im Bett wiederhole ich leise: »Ich bin nicht meine Haare. Ich bin nicht meine Haare.«

Ich versuche, mit dem Universum zu verhandeln: »Du machst,

dass morgen früh alles wieder gut ist, und ich werde mir dafür nie wieder was wünschen. Deal!« Aber das Universum ist nicht interessiert. Es hat nicht vergessen, wie ich es damals wegen seiner angeblichen Geschwätzigkeit beleidigt habe, und gähnt mich an wie mein Exfreund Martin kurz vor der Trennung. Beim lieben Gott persönlich anzuklopfen traue ich mich nicht, ich will ihn nicht mit Dingen belästigen, die in seinen Augen Banalitäten sind. Außerdem schätzt er mich sicher so ein, dass ich inzwischen auch mit einem Haartrauma umgehen kann. Weit gefehlt.

Ich stelle fest, dass mein innerer Klaus Kinski einen Schmerzkörperauftritt vom Feinsten hinlegt. Aber ich weiß in meiner Not nicht mehr, wie man an ihn herankommt, ohne dass er ausrastet. Ich versuche es mit einem weiteren Rat von Eckhart Tolle: »Kann ich der ›Raum‹ dafür sein?« Ich versuche zu fühlen, was ich fühle: das Stahlbrett auf meiner Brust, den zugeschnürten Hals. Ich will alles tun, damit es weggeht. Aber so – das habe ich inzwischen kapiert – geht es nicht. Die Technik anzuwenden, *damit* es weggeht, ist Beschiss. Es funktioniert nicht.

Dann versuche ich, völlig aus dem Frisurendrama auszusteigen: »Fühl nur das Gefühl, denk nicht an den Friseur dabei.« Aber ein anderer Teil in mir, eventuell mein falsches wahres Selbst, quatscht dazwischen: »Überleg dir lieber, wie du diesen Stümper zur Strecke bringst!«

Jetzt bin ich eher wütend denn verletzt. Ich liege im Bett und probiere, all die Gefühle, die hochschießen, da sein zu lassen. Das ist ziemlich viel Arbeit. »Liebe Gefühle, die ihr mich quält und mir den Schlaf raubt, ihr dürft da sein …« Und dann spreche ich mit aller Macht, die mir zur Verfügung steht, die ultimative Zauberformel aus: »… für immer.«

»Nein«, schreit ein anderer Teil von mir panisch. »Nein, bloß nicht für immer!«

Ich spüre, wie sich mein Magen umstülpt und die Tortellini vom Abend darin aufmucken. Die Sache mit der totalen Akzeptanz ist zu viel für mich. Die Ratschläge des weisen Mannes verlangen

Unmenschliches, wenn es hart auf hart kommt. Um es so sein zu lassen, wie es ist, muss ich großzügig sein, groß, viel größer als das Ausmaß des Haarverschnitts. Größer als die Rachegelüste. Ich muss so groß sein, dass sich die Gefühle darin ausbreiten können und an keiner Ecke anstoßen. Und ich muss eine Badewanne voller Selbstliebe mitbringen, weil ich immer wieder in den alten räudigen Sog hineingezogen werde. Um die Sache abzukürzen, versuche ich es andersrum: Ich male mir aus, wie schrecklich es wäre, wenn Herbie mir ein Loch in die Kopfhaut geschnitten hätte oder wenn ich auf dem Nachhauseweg in die Straßenbahnschiene geradelt, gestürzt wäre und ein Auto mich überrollt hätte.

»Willst du ein Problem loswerden, back dir einfach ein größeres!« Doch die Zeiten sind längst vorbei, in denen ich mich selbst mit fadenscheinigen Ausflüchten abspeisen konnte. Das ist der Nachteil des Selbstfindungswegs: Dumm stellen hilft nicht. Man kann nicht mehr so tun, als wüsste man von nichts.

Ich stehe wieder auf, schenke mir einen australischen Shiraz ein und proste meiner Verzweiflung zu: »Wohlsein.« Ich öffne die Balkontür, setze mich raus und blicke in die noch junge, unschuldige Nacht. Ich lasse es einfach mal gut sein, lasse den Krieg in mir wüten und schaue zu. Und auch manchmal hoch zu den glitzernden Sternen. Und prompt ändert sich was. Ich nehme noch einen Schluck. Liegt es am Wein? An der Nachtluft? An meinen ernsthaften Versöhnungsversuchen? Auf einmal erreicht mich ein Anflug von Ruhe, und ich kriege ein wenig Abstand zu den Ereignissen. Es sind wirklich nur Haare. Ich bin aus dem Drama unbemerkt ausgestiegen.

Was soll ich daraus lernen? »Such dir einen besseren Friseur«, sagt eine fürsorgliche Stimme in mir, die bislang geschwiegen hat. Das ist bestimmt mein echtes wahres Selbst. »Und den Rest erledigt die Zeit.«

Am nächsten Tag rufe ich Herbie an und sage ihm, dass er absolute Scheiße gebaut hat. Er ist sofort sehr kleinlaut und bietet mir an, noch mal zu kommen, um »Schadensbegrenzung« zu betreiben. Ich lehne dankend ab. Am Ende würde er die linke Seite der rechten angleichen.

Nach einiger Zeit wachsen Gras und Haare über die Sache, und ich habe mich an mein Loch in der Frisur gewöhnt. Es verlagert sich mit der Zeit Millimeter um Millimeter nach unten. Es lässt sich nicht vermeiden, dass zwei Monate später der nächste Friseurtermin ansteht. Und diesmal will ich es richtig machen (lassen).

Meine Kollegin Sonja schwärmt in den höchsten Tönen von einem »Energiefriseur«. Sie ist inzwischen Mutter einer Tochter, die auf den seltenen Namen Majoran hört, und arbeitet als Synchronsprecherin. Der Energiefriseur verpasste ihren dünnen Härchen einen »Energiehaarschnitt«. Dieser soll dazu beitragen, dass ihr zeitnah eine dichte Löwenmähne wachsen wird. Sie spürte auch gleich nach der Behandlung, wie ihr kümmerlicher Haarflaum dicker wurde. Sie räumt ein, dass der Friseur schon ein wenig eigentümlich sei und sicher nicht jedermanns Geschmack. Aber da ich mich inzwischen mit eigentümlichen Menschen auskenne und mich manchmal mit ihnen recht wohlfühle, lasse ich mich von ihrem Einwand nicht beirren. Ich will mehr über diesen Mann wissen.

Sonja sagt, er habe sie in ein energetisches »Dreieck« – schon wieder eins! – gesetzt. Dort habe sie total viel Energie im ganzen Körper spüren können. Er habe dann ihr Haar gebürstet, um alle schlechten Energien »rauszuziehen«. Sie habe sofort gefühlt, wie sich etwas auf ihrem Kopf veränderte. Nicht nur auf, sondern auch *in* ihrem Kopf. Ihre Haarblockade, die sie dank falscher Überzeugungen jahrelang aufrechterhalten hatte, habe sich aufgelöst.

»Und was waren das für Überzeugungen?«, frage ich.

»Zum Beispiel, dass ich es nicht verdient habe, eine tolle, dicke Mähne zu haben. Oder dass ich zu schwach bin, um kräftige Haare zu haben. Die Haare sind der Spiegel deiner Seele.«

Ich schwanke zwischen Einsicht und einem mitleidigem Lächeln. »Und das glaubst du?«

»Nichts im Leben ist Zufall. Das weißt du doch.«

Ich inspiziere ihr Haar genauer. »Aber da ist gar nichts anders als sonst.«

»Doch«, beteuert sie. »Ich spüre es. Vielleicht ist es ja nur Einbildung, aber das ist egal.«

»Placeboeffekt?«, mutmaße ich.

»Keine Ahnung.«

Nachdem sie gegangen ist, gehe ich auf die Website des »Haarkünstlers«, wie er sich nennt. Jeder Mensch habe die für ihn passende Frisur, mit der er sich rundum wohl fühle, ist dort zu lesen. Diese entstehe, wenn man Haare unter Berücksichtigung des energetischen Feldes, der Aura, schneide. Der ganze Körper profitiere davon.

Aber die Vorstellung, dass ich mich am Ende vielleicht mit einem Schnitt wohlfühlen könnte, der zwar energetisch zu mir passt, aber total hausbacken ist, macht mir Angst. Ich bin mir nicht sicher, welchen Frisurengeschmack meine Aura so hat.

»Ich hätte gern einen Meg-Ryan-Schnitt« war bislang meine Ansage beim Friseur. »Also eine Nicht-Frisur«, gab man mir manchmal zur Antwort. Meist kam dann aber doch was ganz Tolles dabei heraus.

Wenn nun ausschließlich meine Aura das Sagen hat – sie kennt Meg Ryan wahrscheinlich gar nicht –, dann kann es durchaus passieren, dass ich mich plötzlich mit einem Trutscherlhaarschnitt wohlfühle, so wie Sybille mit dem Haarschnitt ihrer Omafriseurin. Ich müsste seelisch verarbeiten, dass ich mich jahrzehntelang dank des schädlichen Einflusses meines Egos künstlich verfälscht habe und in Wahrheit ganz anders bin, als ich immer vorgegeben habe. Das kann eine handfeste Lebenskrise nach sich ziehen. Ich bin mir nicht sicher, ob ich überhaupt will, dass meine Aura plötzlich so sehr in den Vordergrund gerückt wird. Aber dann wische ich die Bedenken weg. Ich will *meinen* Haarschnitt! Es gibt genug Gründe dafür, mal abgesehen von den jüngsten fatalen Erfahrungen: Ich bekomme eine bessere Ausstrahlung, ich werde endlich mein künstlerisches wie menschliches Potenzial leben können und im Einklang mit mir selbst sein. Ich mache einen Termin.

Ich weiß, dass hohe Erwartungen nichts bringen. Ich habe sie trotzdem. Ich ziehe einen langen, leuchtend grün fluoreszierenden Schuppenschwanz voller Erwartungen durch den Hinterhof und schließlich durch die Praxistür meines Retters. Es dauert fast eine Minute, bis ich die Tür hinter mir schließen kann. Der Flur ist voll von meinen Erwartungen.

Der Haarkünstler, braungebrannt, dynamisch und sehr energetisch, bietet mir einen Tee an. Ich sage mir: »Alles wird gut.« Er bittet mich in seinen »Behandlungsraum«, und ich suche das Energiedreieck, in das ich mich am liebsten sofort unaufgefordert setzen würde. Doch ich finde es nicht. Stattdessen hängt Jesus Christus an der Wand mit seinen schönen betenden Händen, die ich so liebe. Das gibt mir Hoffnung. Aber Hoffnung ist doch diese ungute Sache, die einem eine bessere Zukunft verspricht, obwohl es die Zukunft ja gar nicht gibt! Nur der jetzige Moment zählt. Ich gebe also die Hoffnung, so gut es geht, wieder auf und setze mich auf den Stuhl, den mir der Haarkünstler anbietet.

Er fragt, was ich mir vorgestellt habe. Ich sage, ich will *meinen* Haarschnitt. Ich gehe davon aus, dass er weiß, was ich meine. Er schaut mich etwas angewidert an und beginnt, mein Haar zu bürsten.

»Ah, Sie bürsten jetzt sicher die schlechte Energie raus!« Er soll ruhig wissen, dass ich mich über ihn informiert habe.

Unvermittelt bricht es aus ihm heraus: »Stress, alles Stress. Sie stressen Ihr Haar.«

Sofort fällt es wallend über meine Schultern, als sei es eben um einige Zentimeter gewachsen. Ich sehe ganz anders aus: weiblicher, schöner. Ich fasse Vertrauen zu dem Figaro. Er meint, alle meine negativen Überzeugungen würden meine Haare beeinflussen, ich müsse an ihnen arbeiten.

Ich fühle mich wie unter Gleichgesinnten und frage ihn: »Ist mir klar, aber mal ganz ehrlich – können Sie das? Alle negativen Überzeugungen fallen lassen?« Falsche Frage!

Er erwidert: »Das ist schon wieder eine negative Überzeugung.«

»Aber niemand kann dauerhaft positiv sein oder positiv denken.«

Jetzt wird er richtig sauer: »Schon wieder. Sie können gar nicht damit aufhören.«

Der Mann maßregelt mich! Wer ist hier eigentlich der Kunde? Ich habe den Impuls, aufzuspringen und zu gehen. Aber ich bleibe wie angewurzelt sitzen. Eigentlich müsste ich sagen: »Was bilden Sie sich eigentlich ein, Sie mieses Nichts von einem solariumsgegrillten Angeberfriseur? Sie Möchtegernguru, Sie!« Aber das sage ich nicht, weil ich an das Gute im Menschen glaube.

Er meint, mein Gesicht bräuchte mehr Sicht, mehr Freiraum, mehr Ausstrahlung. Und dann fragt er, ob er jetzt die Schere ansetzen dürfe. Ich sage mit einem Blick auf Jesus: »Ja.«

Wieder kriege ich eins aufs Dach: »Ich meinte nicht Sie, ich frage mein höheres Selbst, ob ich schneiden darf.«

»Ach so.«

Ich bekomme die Anweisung, mich zu entspannen, sonst könne er nichts tun. Dann fängt er an. Ich lasse ihn machen. Nach nicht mal zwei Minuten legt er ungeduldig die Schere weg und baut sich vor mir auf: »Ich kann so nicht schneiden, Sie sind viel zu angespannt.« Er klingt aggressiv.

Das sage ich ihm auch: »Ich glaube, das geht von Ihnen aus. Da ist es schwer, mich zu entspannen.«

Doch er beharrt darauf, dass es meine Schuld ist.

Wo bin ich hier gelandet? Es ist zu spät, um zu gehen. Bereits einige Zentimeter Haar sind ab. Bei genauerem Hinsehen wächst mein Argwohn zur Größe eines Wolkenkratzers. Es sieht sehr seltsam aus auf meinem Kopf. »Was machen Sie da?«

»Entspannen Sie sich. Sie sind ziemlich misstrauisch.«

Nun legt er Hand an die linke Seite und meint, hinten würde er gar nichts wegnehmen. Aber dann passt ja nichts zusammen! Ich kann nicht mehr weg, ich sitze in der Falle – es ist schon wieder passiert. Er schneidet, er föhnt, er kämmt, er guckt grimmig.

Ich befinde mich mitten in einem Albtraum, als ich das fertige Werk im Spiegel sehe: Ich habe einen Haircut im Trutscherl-Style, nur noch schlimmer als befürchtet. Die Realität ist hart. »Selffulfilling Prophecy« nennen die Amerikaner das: Ich habe mich so sehr auf das Negative konzentriert, dass es prompt eingetreten ist! Bärbel Mohr und Konsorten haben doch Recht: Ich habe mir mein Unglück selbst gebacken.

»Jetzt sieht man viel mehr von Ihnen«, sagt er und hält mir zufrieden den Spiegel hin, damit ich mich von allen Seiten ausgiebig bewundern kann. Er hat an den Seiten einfach ein Stück abgeschnitten. Einfach ab. Den Rest hat er schräg nach hinten geföhnt, wie man es in den Achtzigern gemacht hat. Ich sehe aus wie Jürgen Drews! Ich stammle: »Ich find's jetzt erst mal gewöhnungsbedürftig …«

»Ja, ja, weil Sie sich immer verstecken!«, weist er mich zurecht.

»Nein, meine Haare bleiben einfach nicht stromlinienförmig hinten, sie fallen von allein immer wieder nach vorn. Sie sind sehr dick und schwer, verstehen Sie … Die machen, was sie wollen.« Meine Stimme wird immer leiser.

»Das ist wieder Ihre alte Vorstellung von sich. Die müssen Sie loslassen, das ist genau Ihr Problem.«

Ich stehe auf, blättere ein halbes Vermögen hin und spüre, wie der Schwanz an Erwartungen von mir abfällt, als wäre ich eine Eidechse, in die ein Bussard seine Klauen geschlagen hat. Nur ein zappelnder Stummel bleibt übrig.

Auf dem Heimweg singe ich mir mein Mantra vor: »Es sind nur Haare. Das bin nicht ich.« Dann versuche ich es mit der Umkehrmethode von Byron Katie: »Ich sollte einen anständigen Haarschnitt haben. Ist das wahr? – Nein. Anscheinend nicht, sonst hätte ich ihn.«

»Leg dich nicht mit der Realität an, sonst verlierst du, und zwar zu hundert Prozent«, höre ich Byron Katie mit mir arbeiten.

»Wie fühle ich mich, wenn ich glaube, dass ich einen superguten Haarschnitt haben sollte, aber keinen habe?«

Es hat keinen Sinn, gegen die Wirklichkeit anzukämpfen. Das

Leben ist mehr als brutal. Wut und Reue übermannen mich. Sonja kann ich nicht anrufen – sie hat mir diesen Verbrecher empfohlen, allerdings unter Vorbehalt. Ich kann ihr keinen Vorwurf machen, tue es aber trotzdem. Sie steht ja nur im dunklen Synchronstudio, niemand sieht es, wenn der Auraverstümmler bei ihr mal danebenschneidet. Ihr Majoran-Wildwuchs liebt sie sowieso, egal, wie sie aussieht. Kinder sind da hart im Nehmen.

»Sonja hätte mir diesen Schwerverbrecher nicht empfehlen dürfen. – Aber sie hat ihn mir empfohlen.« Das ist die Realität.

Ich arbeite während der gesamten Radfahrt an mir und meinen Überzeugungen, bis ich von den komplizierten Sätzen einen Knoten im Kopf habe. (Man muss Byron Katies »Work« schriftlich machen, sonst dreht man durch.)

Vor Sybilles Wohnungstür schelle ich Alarm. Währenddessen höre ich auf, darüber nachzugrübeln, dass ich eigentlich kein Pech haben dürfte, und Stille kehrt in mir ein. Ich mache weiter: »Und nun dreh es um. ›Ich sollte Pech haben. Weil ich gerade Pech habe. Das ist die Realität.‹«

Da lockern sich alle Krampfmuskeln, nicht der Hauch eines Widerstands regt sich mehr in mir. Ich bin im Paradies.

Ich kämpfe nicht mehr. Alles ist gut.

Sybille öffnet die Tür und fast synchron dazu den Mund: »Wer hat dir das angetan?«

Das Paradies verflüchtigt sich sofort, und ich fange an zu weinen.

»Es tut mir so leid«, flüstert sie.

Und dann gestehe ich ihr das Schlimmste: »Ich drehe ab Montag für *Soko München* eine Doppelfolge. Eine große Rolle. Ich bin die Mörderin.«

»Mit dem Look weiß man gleich, dass du es bist«, bemerkt sie trocken.

Ich sehne mich nach Herbie zurück. Ich muss eine Lösung finden. Morgen habe ich Geburtstag, und zwei Tage später ist der erste Drehtag. Ich gehe in meine Wohnung und vermeide jeden Blick in den Spiegel. Ich telefoniere mit der Maskenbildnerin der Produktionsfirma; sie empfiehlt mir, Petra, die Friseurin der Serie, anzurufen. Alle Schauspieler seien bei ihr glücklich. Prompt hat Petra am nächsten Tag Zeit. Sie ist mein Geburtstagsgeschenk!

Petra schüttelt immer wieder den Kopf, während sie mir mit den Händen durchs Haar fährt: »Dem müsste man die Lizenz entziehen. Das ist eine Frechheit.«

Ich nicke nur.

»Aber wir können was retten.«

»Gut«, sage ich. »Retten Sie.«

»Ich arbeite mit dem Messer«, erklärt sie. Das ist dieses Ding, mit dem man Männern den Nacken ausrasiert.

»Ich mag das Messer nicht besonders«, sage ich vorsichtig. »Damit bin ich vor Kurzem wahnsinnig verschnitten worden. Können Sie nicht die Effilierschere nehmen?«

Nein, meint sie, mit der Effilierschere könne sie nicht so genau arbeiten. Die Effilierschere sei bei meinem Haar ganz schlecht.

Ich platziere meine rechte Hand unbemerkt links auf meinem Brustkorb und lasse sie mit leichtem Druck auf dem Muskel kreisen, wie die Asiaten es schon vor sechstausend Jahren getan haben. Ich wiederhole jeden Satz dreimal lautlos:

»Obwohl ich schon wieder Angst habe, dass das hier schief geht, liebe und akzeptiere ich mich so, wie ich bin. Obwohl ich es nicht verdient habe, dass es diesmal gut geht …«

Letzteres ist starker Tobak, gehört aber dazu. Ich muss leider das Klopfen unterbrechen, es wird zu auffällig. Ich überlasse mich ganz der Angst vor dem nächsten Verschnitt und schäme mich, dass mich diese Lappalien so aufregen, während in Afrika Tausende von Kindern verhungern und wirklich ein Problem haben. Ja, dieses Schämen kann ich fühlen. Mein Mich-fertig-Machen kann ich fühlen. Und meine Versuche, damit umzugehen, kann ich fühlen.

»Mach dich nicht fertig«, sage ich mir. »Mach dich nicht fertig.« Ich finde, das ist ein gutes Mantra. Die tibetischen Mönche sollten es in ihr Gebetsrepertoire mit aufnehmen.

Petra redet sehr viel. Das macht mich nervös. Es erinnert mich an Herbie. Manche Friseure glauben, sie müssten die Kunden auf Teufel komm raus unterhalten. Ich nehme all meinen Mut zusammen: »Entschuldigung, ich kann Ihnen leider nicht richtig zuhören, ich muss mich auf die Haare konzentrieren.«

Puh, das war eine kleine Beleidigung für sie. Aber ich bin diesmal rechtzeitig für mich eingestanden.

Schlussendlich sind die Haare kurz. Sehr kurz. Ich sehe aus wie als Achtzehnjährige, als ich nachts in der Disko rumhing, immer in irgendwen verliebt war und André Heller hörte. Ich muss mit meiner Jugendfrisur weiterleben und fühle mich mir selbst entfremdet.

Da kommt mir Robert Scheinfeld in den Sinn, der Mann mit den energetischen Eiern. Ich konzentriere mich auf meinem Friseurstuhl, fühle mein Entfremdungsgefühl bis zum Anschlag und ziehe ihm alle Energie raus, bis nichts mehr davon vorhanden ist. Ich brauche einige Versuche, weil ich es unauffällig machen muss, ohne die Augen zu schließen – aber es gelingt. Sofort stellt sich ein gewisses Maß an Souveränität ein; ich muss mir keine Schrotflinte besorgen.

Ich zahle noch einmal ein mittleres Vermögen und freunde mich, so gut es geht, mit meinem Schicksal an. Mit einer Mütze auf dem Kopf verbringe ich den restlichen Tag mit meinen Freunden, die mir alle zum Geburtstag das Geschenk machen zu sagen, es sei »doch gar nicht so schlimm«.

Als meine Gäste gegangen sind, krame ich die alte André-Heller-Kassette hervor und suche eine Apparatur in meiner Wohnung, die noch Musikkassetten abspielen kann. Ganz hinten in der Küchenschublade finde ich meinen alten Walkman und Batterien, die passen. Auf Knopfdruck setzt sich das technische Relikt von 1987 in Bewegung. Ich setze die Kopfhörer auf und lausche André Heller: »Die wahren Abenteuer sind im Kopf, und sind sie nicht in deinem Kopf, dann sind sie nirgendwo ...« Und weiter: »Die Wirklichkeit, die Wirklichkeit trägt wirklich ein Forellenkleid und dreht sich stumm und dreht sich stumm nach andern Wirklichkeiten um.« André Heller muss damals schon an dem Punkt gewesen sein, an dem ich erst jüngst gelandet bin: am Rande des Nervenzusammenbruchs.

Die lange Mordgeständnisszene beim Drehen in der darauffolgenden Woche gelingt mir gut, habe ich doch in der letzten Zeit viele emotionale Zustände durchleiden dürfen, die ich nun alle nacheinander prima in meinem Close-up verwerten kann. Der Regisseur ist jedenfalls angetan und der Cutter schneidet alle meine Szenen mit Fingerspitzengefühl. Er ahnt wohl, wie allergisch ich auf einen Fehlschnitt reagieren würde.

Wie ich eine Lady vermisste

Ich sitze in einem der vielen Cafés in meinem Viertel, und es zieht. Jeder, der hereinkommt, lässt die Tür offen. Früher war ich unempfindlich gegen Zug und verschwendete keinen Gedanken an offene oder geschlossene Türen. Aber ich arbeite mit Hochdruck an der Endfassung eines Drehbuchs. Das ist ein sensibler Ausnahmezustand, begleitet von Nächten, in denen man aufwacht und aus einer plötzlichen Eingebung heraus ein paar unleserliche, unglaublich wichtige Wörter auf einen Fetzen Papier schmiert, die dem Filmstoff den alles verändernden Kick geben werden. Am Morgen kann man das Gekritzel dann leider nicht mehr lesen und verflucht seine Handschrift. Oder man kann es lesen, versteht aber beim besten Willen nicht mehr, wieso man deswegen so euphorisch war. Zwischendurch werfe ich einen Blick auf den Nachbartisch, wo sie hart getoasteten Toast mit Gorgonzola und Birnen essen und es bei jedem Bissen laut knuspert. Ich frage mich, ob heute Dienstag oder Donnerstag ist. Das passiert immer, wenn ich beim Schreiben Zeit und Raum vergesse und die äußere Welt auf einen Stuhl, einen Tisch und mein Notebook zusammenschrumpft.

Ich stehe auf und schließe die Eingangstür, aber kaum, dass ich sitze, lässt sie wieder jemand offen. Ich werde sauer. Haben die zu Hause Säcke an den Türen? Wieso machen die nicht die Tür zu? Sind die dazu nicht fähig? Ich habe *immer* das Bedürfnis, die Tür zu schließen. Weil ich mitdenke! Weil man es so macht! Weil ich so erzogen worden bin! Die denken nicht mit, und ich frage mich, was sie dann denken. Das würde mich wirklich interessieren. Wenn ich wüsste, was sie sonst denken, würde ich vielleicht für offen gelassene Türen, durch die es wie Hechtsuppe zieht, mehr Verständnis aufbringen. Vielleicht. Aber nur vielleicht, grummelt es in mir.

Jetzt schiebt auch noch jemand wortlos meine Tasche zur Seite und quetscht sich neben mich an den Tisch. Geht auf Tuchfühlung mit mir. Die Frau könnte bequem das gesamte Drehbuch lesen. Noch nie was von gebührendem Abstand gehört? Von Intimsphäre?

Sämtliche Gutfühlmethoden, die mich jetzt in bessere Laune versetzen könnten, interessieren mich nicht. Ich bin renitent. Ich bestehe auf meinem Recht, einfach nur grätzig zu sein. Wie andere Leute auch. Ich habe das Bedürfnis, mich nicht um meine Gefühle zu bringen, indem ich sie mit blöden Tricks manipuliere. Ich will mich ausnahmsweise mal grottenschlecht fühlen dürfen!

Ich wehre mich gegen die dumme Idee, dass schlechte Gefühle eigentlich nicht mehr sein dürften, wenn man im Wassermannzeitalter den Weg der Selbstfindung beschritten hat. Tatsächlich kann es einem passieren, dass man von spirituellen Fanatikern für seine schlechte Laune scheel angesehen wird: »Sie müsste doch eigentlich schon viel weiter sein«, oder mitleidig: »Sie ist auf einem niedrigen Bewusstseinslevel, sie hat noch viel zu lernen«, oder gar: »Sie verletzt sich mit ihrer schlechten Laune nur selbst. Ich hab so viel Mitgefühl mit ihr.«

Jetzt kann ich schon das Haarshampoo meiner Sitznachbarin riechen, so nah rückt sie mir. Es juckt mir in den Fingern, ihr ihre Tasche um die Ohren zu hauen.

»Oh oh, da hat aber jemand eine ziemliche Ladung unterdrückte Wut«, höre ich meine interne spirituelle Klugscheißerin reden. »Da müsstest du aber mal genauer hinschauen.«

Einen Teufel werd' ich tun!

Ich habe neuerdings Lust, bis kurz vor dem Fall in den Tief-schlaf in den Fernseher zu starren oder im Internet zu surfen, bis der Akku streikt, und morgens schlecht gelaunt aufzuste-hen – wie die Leute, die mir täglich mit griesgrämigen Gesich-tern auf der Straße begegnen. Ich will wie die Leute sein, die sich über das schlechte Wetter beklagen und sich nicht mit der Vor-stellung herumschlagen, sie hätten das Wetter »erfunden«. Ich möchte den Typen in der U-Bahn, der mich anrempelt, anraun-zen dürfen: »Kannst du nicht aufpassen, du Vollidiot!« Ich will nicht mehr *fühlen*, wie es sich anfühlt, angerempelt zu werden, und ich will mir auch nicht mehr Sätze ausdenken wie: »Er ist auch ich, er ist mein Spiegel, wir sind alle eins.« Und noch weni-ger will ich das miese Verhalten der anderen durchdringen müs-sen, um fieberhaft den Juwel in ihrem Inneren zu suchen, der in jedem Menschen vor sich hin strahlt. Schluss mit der leidigen Dauertoleranz.

Schluss mit der Arbeit an mir!!!

Ich möchte Menschen, Dinge und Situationen beschissen fin-den dürfen, wenn sie beschissen sind. Möchte mich über einen lauwarmen Kaffee aufregen dürfen und Menschen dazu zwingen, von mir aus auch unter Anwendung von Gewalt, ordentlich die Lokaltür zu schließen, wenn es zieht. Bis zu meinem allerletzten Tag möchte ich mit Genugtuung und Rücksichtslosigkeit so sein, wie ich nun mal bin. Weil ich machen kann, was ich will! Weil ich mich von keinem Lebensrezept mehr unterjochen lassen will. Und dann, wenn der letzte Atemzug kommt … Ja, was dann?

Will ich wirklich so gehen? Ohne mich selbst ein kleines biss-chen mehr verstanden zu haben, ohne diese verrückte Welt mit ihren verrückten Menschen ein klein wenig mehr gemocht zu ha-ben, ohne die Möglichkeit genutzt zu haben, über meinen Teller-rand zu gucken? Das wäre schade.

Die Frau neben mir schaut jetzt wirklich auf meinen Monitor. Deshalb klappe ich mein Notebook vor ihrer Nase zu. Sie rückt ein paar Zentimeter von mir weg, und ich will nach Hause.

Ich kriege Sehnsucht, während ich zwei Cappuccino zahle. Viel Sehnsucht. Ich vermisse irgendwas. Gebe Trinkgeld und habe Sehnsucht. Ich vermisse, mal wieder einen Linseneintopf zu kochen, wie meine Mutter ihn macht, mit einem Schuss billigem Essig am Schluss. Ich vermisse Dauer und Beständigkeit. Vermisse Tage, die sich hinziehen. Und Zeit, die sehr langsam vergeht, die ich nur für mich habe und in der nichts passieren muss, was irgendwie von Bedeutung wäre.

Ich vermisse die pudrige, altmodische Lady mit ihrem Lavendelgeruch: Lady Geborgenheit. Die Lady, der ein Fußschemel und eine Wärmflasche auf dem Schoß zum Glücklichsein reichen. Und die ich manchmal sogar fürchte, weil mich zu viel Lavendelgeruch benebeln könnte, sodass ich faul werde und mich mit allem zufriedengebe. Die ich fürchte, weil mir mein schlimmster Feind begegnen könnte: die Stagnation.

Ich stehe auf, packe mein Notebook in die Tasche und gehe. Ich lasse die Lokaltür sperrangelweit offen. Die Frau, die mir auf den Monitor geguckt hat, ruft: »Tür zu!« Ich gehe nicht noch mal zurück.

Wenn ich mich wirklich betrachten wollte, wie ich bin, müsste ich innehalten, wenigstens für ein paar Sekunden, sonst verwackelt das Bild. Gar nichts mehr tun! Das ist der Knackpunkt. Die Dinge mal lassen, wie sie gerade sind. Beim Nichtstun einfach weiteratmen. Damit ich was fühlen kann. Vielleicht fühlt man dabei, dass man noch lebt. Das wäre schon mal nicht schlecht. Fühlen wäre nicht schlecht, damit etwas anderes passieren kann als das, was immer passiert. Und das kann bedeuten, dass man plötzlich in seinem geliebten Hamsterrad rückwärts läuft oder zum ersten Mal wirklich um Hilfe ruft. Es kann auch bedeuten, dass man urplötzlich mit der zum x-ten Mal offen gelassenen Zahnpastatube auf den Spiegel eine Botschaft an den Liebsten schreibt: »Ich bin dann mal für immer weg.« Oder man eines Tages feststellt, dass man eigentlich nie als Single in einer Singlewohnung leben wollte.

Was würde passieren, wenn ich innehalte? Vielleicht würde

ich gar nicht feststecken … Mir wird ein wenig schwummerig. Im Grunde ist Innehalten dasselbe wie das, was Eckhart Tolle vorschlägt: Man soll »der Raum« dafür sein. Jetzt verstehe ich ihn völlig anders: Man soll sich selbst in Ruhe lassen.

Zuhause, nachts um halb zwei, beende ich mein Drehbuch, maile es an den Produzenten und sage mir: »Es ist ein gutes Drehbuch. Möge es hervorragend umgesetzt werden.« In der Nacht träume ich, dass ich die Schauspielerei und das Schreiben aufgebe, dass ich nach Ibiza auswandere, einen Sonnenschirmverleih am Strand eröffne, abends Eckhart-Tolle-Gruppen leite, mit ehemaligen Osho-Anhängern in einem Haus mit großer Küche zusammenlebe und mit einem Meditationsleiter aus dem Breisgau verheiratet bin. Ich wache schweißgebadet auf.

Ich bin mir nicht mehr sicher, ob sich das Innehalten für mich lohnen würde. Wer weiß, was ich dann zu Gesicht bekäme … Reicht gelegentliches Übertünchen, Reparieren und Meditieren nicht auch für ein durchschnittlich gutes Leben? Nein, zu viel »Anhalten« kann nicht gut sein. Nie und nimmer. Und damit ist das Thema erledigt.

Das Gute im Hähnchen

Fast einen Monat hat es geregnet. Heute scheint die Sonne, und ich schlendere über den Viktualienmarkt. Ich erinnere mich an meine Ambitionen, auf der Obstkiste Eckhart-Tolle-Reden zu schwingen. Heute reicht die Energie nur für den Kauf eines Suppenhuhns. Zuhause koche ich eine Suppe daraus. Über Stunden köchelt sie auf meinem Herd. Ab und zu rühre ich um, und wenn ich nicht umrühre, sortiere ich meine Steuerbelege. Als ich eine Rechnung in den Ordner hefte, überkommt mich eine überraschende Gefühlsregung.

Es ist ein Gefühl, als würde eine verhärtete Stelle in einem weich werden. Es ist so etwas wie »wärmendes Mitempfinden«.

So etwas wie Freundschaft, die nicht vergeht, egal, was passiert. Eine Träne tropft in die Suppe. Ich weiß auch nicht, wo die herkommt. Ich rühre im Topf und rühre und habe dieses warme Gefühl in mir und muss unweigerlich an sehr viel früher denken und an eine besondere Freundschaft.

Goggo war ein kleiner Hahn, den mein Vater von seinem alljährlichen Legehühnerkauf mitbrachte. Als ich meinen Vater auf dem Moped mit Anhänger in die alte Scheune fahren sah, rannte ich aufgeregt zu ihm. Ich konnte es kaum erwarten, dass er den Motor abstellte, um zu sehen, was sich in der Spankiste mit den Luftlöchern befand. Er hob den Deckel: Acht kleine Hühner und zwischen ihnen ein noch viel kleinerer männlicher Artgenosse saßen eng aneinandergedrückt in Holzwolle wie Weihnachtskugeln in stoßfester Verpackung. Der Hahn war grauweiß geschiefert und sah total ängstlich aus. Ich adoptierte ihn sofort und nannte ihn Goggo. Goggo wie das Automobil.

Auf dem Hühnerhof hinter der Scheune wurde er vom ersten Moment an von den Hühnern gepiesackt. Jeden Abend setzte ich ihn im Hühnerhaus in gebührendem Abstand zu den Hennen auf die Stange und übte mit ihm »aufrecht sitzen«. Es dauerte, bis er auf seinen dünnen Krallen sein Gleichgewicht fand. Die Hühnerbrut äugte permanent herüber und malträtierte ihn sofort wieder, kaum, dass ich weg war. Am liebsten hätte ich ihn in mein Bett mitgenommen, aber das ging nicht. Irgendwann legte er seinen filigranen Hahnenkopf mit den schwarzen Blitzaugen und dem rosa Kämmchen an meine Brust, und unsere Freundschaft war besiegelt. Ich liebte es, sein zartes, glattes Gefieder zu streicheln und seinen aufgeregten Herzschlag darunter zu spüren.

Goggo lief mir entgegen, wenn ich ihn nach der Schule im Hühnerhof besuchte, und ließ sich beibringen, wie man über ein Holzstöckchen springt. Er tat es sogar unaufgefordert. Wenn die Terroranschläge der Hühner zu schlimm wurden, sperrte ich ihn stundenweise in den leeren Hasenstall, aus reiner Liebe und Mitgefühl. Ich versuchte, ihn zu hypnotisieren, und flüsterte ihm eindringlich zu: »Es ist nur zu deinem eigenen Schutz!« Aber er verstand mich nicht und starrte mich anklagend durch den Maschendrahtzaun an.

Dann hatte Goggo plötzlich einen Wachstumsschub. Innerhalb kürzester Zeit überragte er seine Hühnerhofgenossinnen um Längen. Er triumphierte über sie, krähte, plusterte sich auf, und sie kuschten vor ihm. Er ließ sich nicht mehr streicheln und wurde sogar gegen mich böse, sodass ich den Hühnerhof nur noch mit einem langen Stock betreten konnte, den mein Vater zu meiner Selbstverteidigung geschnitzt hatte. Und selbst dann flatterte Goggo mir noch wütend ins Gesicht.

Ich verstand nicht, warum er das tat. Es musste ihm furchtbar schlecht gehen, so schlecht, dass nicht mal ich ihm mehr helfen konnte. Ich war hilflos. Aber meine Freundschaft zu ihm war ungebrochen, und ich betete täglich darum, dass er sich beruhigen und ein glücklicher, zufriedener Hahn werden möge. Wahrscheinlich hatte der liebe Gott zu jener Zeit Mittelohrentzündung und sich Watte in die Ohren gestopft. Denn meine Gebete wurden nicht erhört. Aus Sicherheitsgründen betrat ich den Hühnerhof irgendwann nicht mal mehr zum Eierholen.

Nicht lange danach gab es zum Mittagessen Geflügelsuppe. Ich hatte keinen Appetit, mir blieb jeder Bissen fast im Hals stecken, bis ich aus einer seltsamen Anwandlung heraus fragte, wie es denn Goggo gehe. Meine Mutter druckste herum, und anstelle einer Antwort angelte sie geschäftig in der Suppe nach Geflügelbrocken. Mein Bruder musste dringend aufs Klo. Ich sah, wie meine Mutter stumm ein Stück Fleisch auf ihren Teller bugsierte und sich im Anschluss daran ausgiebig die Nase schnäuzte.

Ich legte meinen Löffel langsam auf den Tellerrand und ließ ihn dort liegen. An diesem Tag musste ich meinen Teller nicht leer essen. Meine Mutter kaufte am Nachmittag eine Schachtel »Mohrenköpfe«, wie sie früher politisch unkorrekt hießen, und zwar nur für mich. Aber ich mochte keinen einzigen.

Während ich an meine Zeit mit Goggo denke, simmert die Suppe im Topf. Irgendwann lässt sich das Hühnerfleisch mit der Gabel von den Knochen lösen. Eine Prise jenes Mitgefühls, das ich meinem gefiederten Freund damals so bedingungslos bis zum Schluss habe zukommen lassen, würde auch mir nicht schaden. Dann geht alles leichter: Suppe, Drehbücher, Beziehungen, das Leben. Ich muss mir nur die Zeit dafür nehmen. Für dieses Mitgefühl.

Ich fahre mit der Suppe zu Irma. Sie erwartet mich schon, sie liegt mit Grippe im Bett. Die Suppe ist eine Überraschung. Als ich sie ihr vorsetze, protestiert sie. Ob ich vergessen hätte, dass sie Vegetarierin ist? Ich erkläre ihr, dass das Huhn gar kein Huhn mehr ist. Ich habe es über Stunden, begleitet von Gebeten, zu reiner Medizin transformiert: »Was du isst, ist nur noch der Wirkstoff. Das ist eigentlich gar kein Fleisch mehr.« Ich glaube schon fast selbst, was ich sage. »Außerdem ist die Suppe nicht für dich, sondern für deine Grippe. Und die ist ja wohl keine Vegetarierin.«

Irma lacht gequält und besteht darauf, dass ich mein Mitbringsel wieder mitnehme. Ich mache ihr eine Gemüsebrühe und esse meine Hühnersuppe an ihrem Bett selbst. Denn soweit ich weiß, soll die auch gut für die Seele sein.

Irma erzählt, wie es ihr geht: nämlich mäßig. Aber sie sagt auch, dass ihr das Leben auf diese Weise die nötige Einkehrpause ermöglicht, die sie dankbar annimmt. Als sie sich nach meinem Befinden erkundigt, kommen plötzlich folgende Worte deutlich hörbar aus meinem Mund: »Ich möchte gern mal eine Schweigewoche machen. Exerzitien oder Einkehr. 'ne Auszeit. Ich möchte wissen, wie es ist, zu schweigen und gar nichts zu tun. Ich brauche Ruhe.«

Ich bin ziemlich überrascht von mir. Irma nicht. Sie kriegt keinen Lachanfall, keinen Schaum vorm Mund und keinen anaphylaktischen Schock. Sie krächzt aus ihrem viel zu dicken Federbett heraus: »Geh doch ins Kloster.« Aber da durchblitzt mich die Erinnerung an einen Kotzeimer vor dem Eichenbett, und ich schüttle den Kopf.

Dann sagt Irma: »Da gäbe es Samarpan.« Mehr nicht.

»Was ist das?«, will ich wissen. Ich denke an eine spirituelle Diät oder eine neue Meditationsform für vegane Vegetarier.

»Ein spiritueller Lehrer. Ein Erleuchteter.«

»*Wie* heißt der?«

»Samarpan. Das bedeutet Hingabe.«

»Woher kennst du den?«

»Ich gehe öfter hin.«

»Und wieso weiß ich das nicht?«

»Du hast nie gefragt, und der Meister kommt, wenn der Schüler so weit ist.«

Ich überhöre ihre vielsagende Bemerkung geflissentlich. »Und er ist erleuchtet?«, frage ich.

Irma schweigt mal wieder eine Weile. Dann sagt sie: »Samarpan ist gerade in München und gibt Satsang.«

»Satsang?«

»Das ist Sanskrit, Altindisch, und bedeutet: Zusammensein in Wahrheit. Man redet mit ihm.« Irma hustet. »Er macht auch Schweige-Retreats.«

»Ein Inder?«

»Amerikaner.«

»Und der ist seriös – also kein Sektentyp?«, bohre ich weiter.

Irma verzieht das Gesicht. »Für die meisten Leute ist doch alles eine Sekte, was über ihre Denkgewohnheiten hinausgeht und keine Messdiener kennt.«

Ich nicke. So gesehen war ich schon bei ganz vielen Sekten. Da kommt es auf eine weitere auch nicht mehr an.

9.

Sprachlos

Der Meister ruft, ich folge

Man muss früh da sein, sonst bekommt man keinen Platz mehr. Die ersten Reihen sind längst von Leuten besetzt, die sich auskennen. Sie haben alles Mögliche an Equipment dabei: Wasserflaschen, Schultertücher – falls es zieht –, dicke Socken, Decken und Papiertaschentücher, Schreibzeug und Notizhefte. Sie sitzen im Behandlungsraum einer Heilpraktikerpraxis im Münchner Bahnhofsviertel. Viele fläzen auf unförmigen Sitzen mit Polstern und Stofflehnen auf dem Boden. Diese Art von Sitzgelegenheit habe ich noch nie gesehen. Es sind Bodenstühle, so genannte »Backjacks«, wie mir gesagt wird. Sie wirken, als hätten sie schon viele Hinterteile gesehen. Das ist nur etwas für Hardcore-Meditierer.

Ich will mich auf keinen Fall auf so ein abgewetztes Teil setzen. In der letzten Reihe, hinter einer dicken Frau mit toupierten Haaren, finde ich noch Platz. Der Raum ist überfüllt, und alle paar Minuten steht jemand auf, um das Fenster zu kippen, zu öffnen oder zu schließen. Auch hier gibt es ein Zugproblem. Ganz vorn im Raum steht eine Art Thron mit einem roten Samtüberwurf. Erst später erfahre ich, dass sich ein ordinärer Plastikgartenstuhl darunter verbirgt. Daneben ein weiterer Stuhl, nicht ganz so groß, für die »Gäste«, wie ein Schild verkündet. Daneben ragt ein Ständer mit einer Art Ahnengalerie in die Höhe.

An der Spitze der »Ahnen« ein altbekanntes Gesicht: Osho mit einem Blick, als wollte er mich in Trance versetzen. Darunter lacht mich ein Kahlköpfiger an: Papaji, ein spiritueller Lehrer aus Lucknow, Indien. Unter ihm ist eine seiner Schülerinnen verewigt: Gangaji, eigentlich eine Amerikanerin, die lächelt, als ob sie mich gerne adoptieren wollte. Samarpan war lange Oshos und Gangajis Schüler, aber erst bei Gangaji fiel der Groschen respektive fand er Erleuchtung, hat Irma mir erklärt. Unter dem Foto von Gangaji blitzen mich die Augen eines alten, faltigen Mannes an: Ramana Maharshi. Er hat jahrelang in einer Hütte auf dem heiligen Berg Arunachala in Südindien meditiert und gelehrt: Er sieht »am erleuchtetsten« von allen aus. Durch Ramana Marharshi erlangte auch Papaji Erleuchtung. Und ganz unten ist der Großmeister meiner Kindheit auf dem Turiner Grabtuch abgebildet: Jesus. Von dem haben sie wahrscheinlich alle in irgendeiner Weise gelernt. Ein Haufen Gleichgesinnter. Vereinsmeier. Vier der fünf tot, und der Sechste soll hier gleich auftauchen.

Ein Mann von der Veranstaltungscrew kommt nach vorn und macht ein paar organisatorische Ansagen. Er trägt Lammfellhausschuhe, und mein einziger Gedanke während der ganzen Ansage ist: »Wieso ist ihm das nicht peinlich?« Mich überkommt die wahnwitzige Vorstellung, dass ich, wenn ich hierbleibe, mich irgendwann auch in fremden Räumlichkeiten mit alten Hausschuhen wohlfühlen, meine gesamte Persönlichkeit verändern, meine Freunde verlieren und alle Restchancen auf einen potenziellen Lebensgefährten endgültig verspielen könnte. Ich will aber nicht anders werden. Nicht weltfremd, nicht süßlich, nicht weichgespült. Eigentlich will ich nur noch mehr »ich« sein, meine Ruhe haben und mein Leben nach meiner Fasson leben.

Als ich fertig gedacht habe, höre ich nur noch, dass man sich anstellen muss, wenn man mit Samarpan sprechen will. Endlich wieder eine Warteschlange, seit Amma bin ich etwas aus der Übung geraten. Wieselflink setzt sich eine Frau an die Spitze, obwohl der Meister noch gar nicht da ist. Ich vermerke positiv, dass hier offenbar auf das Heranrobben auf den Knien keinen Wert gelegt wird. Man darf auf zwei Beinen gehen.

Ich nehme mir fest vor, dieser Warteschleife nicht beizutreten, und fürchte gleichzeitig, dass ich es doch tun könnte. Da ist nämlich schon wieder diese dubiose Sehnsucht. Die, die mich immer an- und weitergetrieben hat. Die namenlose Sehnsucht, die sich wie ein roter Faden durch mein Leben zieht. Vor meinem inneren Auge ergreife ich das Ende dieses Fadens, wickle ihn auf, und finde heraus, dass ganz am anderen Ende haargenau die gleiche Sehnsucht auf mich wartet:

Ich sitze auf der hölzernen Treppenstufe des Kindergartens, öffne mein Kindergartentäschchen aus rotbraunem Leder und hole einen halben Apfel aus der Papiertüte. Er ist schon ein wenig angebräunt und schmeckt nach Taschenleder. Dazu gibt es aus einer weiteren Papiertüte ein Mettwurstbrot. Manchmal verhakt sich eine Fettfaser zwischen den Zähnen, und ich brauche eine Weile, bis ich sie mit der Zunge wieder herausgeangelt habe. Unterdessen sind die anderen Kinder schon wieder beim »Vater-Mutter-Kind-Spielen«. Sie streiten sich darum, wer das Baby in der Familie sein darf, das noch so klein ist, dass es nicht mal die Augen aufkriegt, wie ein Katzenjunges. Ich beobachte, wie sie ihr Blindgeborenes »aufziehen«, es umsorgen, reglementieren und manipulieren.

Dann sehe ich, dass die Kindergärtnerin, Tante Gertrud, mit einem geheimnisvollen Lächeln auf mich zukommt. So hat sie mich noch nie angelächelt. Sie setzt sich neben mich und öffnet ihre Hand. Darin liegt ein brauner, glänzender Brocken: ein Malzbonbon. Ich kaue mein Brot schneller, aus Angst, sie könnte die Hand wieder schließen und den Brocken jemand anderem schenken, wenn ich nicht sofort zugreife. Ich stecke das Bonbon in den Mund, und dort vermischt sich die Süßigkeit mit den Wurstbrotkrümeln, bis ich sie alle am Bonbon vorbei hinuntergeschluckt habe. Jetzt entfaltet sich der reine Malzgeschmack. Köstlich! Mein Mund fühlt sich süß und geschmeidig und groß an. Tante Gertrud und ich gucken uns schweigend an, dann lächelt sie wieder. Sie lächelt so schön, so strahlend, dass ich heute nicht nach Hause gehen, sondern ein Zelt aufbauen und mit Tante Gertrud hier übernachten möchte. Und dieses Malzbonbon ist das Allerbeste, was es auf der Welt gibt.

Dann steht Tante Gertrud aus heiterem Himmel auf und geht weg. Mit jedem Schritt, den sie sich mehr von mir entfernt, verliert das Bonbon seinen Geschmack. Es ist bitter und zu groß und zu eckig. Ich lasse es auf der Zunge liegen und warte. Tante Gertrud kommt bestimmt gleich zurück. Aber das tut sie nicht. Ich verharre auf der Treppenstufe, bis der Brocken sich allmählich aufzulösen beginnt. Hin und wieder schlucke ich widerwillig die malzige Brühe herunter. Ich würde gerne die Zeit zurückdrehen bis zu dem Augenblick, an dem sie sich neben mich setzte. Da war alles gut. Aber sie kommt nicht.

Den kleinen letzten Bonbonrest zerkaue ich hektisch. Ich bin froh, dass mein Mund leer ist und mich bald nichts, gar nichts mehr an das Malzbonbon von Tante Gertrud erinnern wird. Sogar Tante Gertrud selbst will ich vergessen. Aber das ist unmöglich. Sie sieht mich noch immer auf den Stufen sitzen und schickt mich zu den anderen Kindern zum Spielen. Sie fragt mich nicht, was mit mir los ist. Ich könnte ihr ohnehin keine Antwort darauf geben. Für die namenlose Sehnsucht gibt es keine Worte.

Die Sehnsucht ist seither noch lauter geworden. Ich hoffe nun, dass Herr Samarpan mir in dieser Angelegenheit ein paar Tipps geben kann. Vielleicht erübrigt sich dann sogar die angedachte Schweigewoche. Ich gebe mir selbst vorsichtshalber das Versprechen, dass ich diesem Erleuchteten aus Sicherheitsgründen nie, niemals die Füße küssen werde, falls dies zu den Gepflogenheiten seiner Klientel gehören sollte. Ich suche nach einem Stück Papier in meiner Tasche, finde einen Parkzettel und kritzle darauf: »Keine Füße, keine Abhängigkeit.« Damit ich es nicht vergesse. Außerdem könnte die Verbindung von »Füßen« und »Abhängigkeit« für irgendeine Filmfigur in einem meiner nächsten Drehbücher noch interessant werden.

Eine Band fängt an zu spielen. Keine Rockband, eine spirituelle Band, mit Flöte, Gitarre, Klangschalen, Keyboard und Effekten. Die Keyboarderin singt Sanskrit-Mantras, also unverständliches indisches Kauderwelsch. Manche Worte kenne ich aus den Yoga-stunden, weiß aber nicht genau, was sie bedeuten. Die Stimme ist hart und dünn, kein bisschen warm. Sie gefällt mir nicht, deshalb schließe ich die Augen. Ich höre zu, wie nach und nach immer mehr Anwesende in den Singsang einstimmen: »Om namo bhaga-vate vasu devaja.« Je mehr Leute mitsingen, umso annehmbarer wird die Musik. Ich halte die Augen immer noch geschlossen und beruhige mich ein wenig. Was soll schon groß passieren? Ich bin robuster, als ich früher dachte. Einen Schweige-Retreat-Meister werde ich auch noch verkraften.

Der aber lässt auf sich warten. Er kommt und kommt nicht. Immer wieder linse ich zur Tür. Nach einer halben Stunde ist es dann endlich so weit. Er betritt den Raum: Samarpan, ein Mann in schwarzer Cordhose und rosafarbenem Rohseidenhemd. Eine Maßanfertigung einer seiner Schülerinnen, darüber hat Irma mich schon informiert. Diese Frau näht all seine Hemden, und zwar in den verrücktesten Farben: Lila, Petrol, Knallrot, Gold. Und Samarpan zieht alles kritiklos an. Ich glaube, er will seiner Schnei-derin einfach den Spaß nicht nehmen.

Der Mann ist sehr groß und hat ein breites Kreuz. Seine Augen-brauen sehen aus wie die von Theo Waigel. Nur nicht ganz so buschig.

Alle heben die Hände in Gebetshaltung vor die Brust. »Das Göttliche in mir grüßt das Göttliche in dir: »Namasté« – ein in-zwischen vertrautes »Grüß Gott« für mich. Samarpan sieht lang-sam von einem zum anderen, als wollte er jeden einzeln be-grüßen. Vielleicht zählt er aber auch nur die Leute. Ich hoffe, dass er mich hinter der Hochfrisurdame übersieht, und das tut er offenbar auch. So kann ich ihn besser beobachten.

Als er auf seinem Thron sitzt, verdreht er die halb geschlos-senen Augen nach oben. Man kann das Weiße sehen, und das befremdet mich. Ist ihm bewusst, wie unschön das aussieht? Ist es ihm egal? Handelt es sich dabei um eine besondere Medita-tionstechnik? Die meisten lächeln ihn an und machen sich nichts daraus. Das finde ich eigenartig. Irgendwann öffnet er die Augen wieder ganz und sieht einzelnen Leuten sehr lange in die Augen. Bei manchen ist der Blickkontakt so intensiv, dass sie zu weinen anfangen. Und er schlägt wissend die Augen nieder.

Die Musik spielt sehr lange, und viele nutzen die Zeit, um zu meditieren. Ich kann das nicht. Ich kann auch nicht einfach im Sein weilen. Ich mache es auf die altmodische Art: Ich warte ab. Und dann beginnt Samarpan zu sprechen. Er sagt, dass immer alles okay sei. Es sei nur der programmierte Verstand, das kranke Denken, das uns alles vermiese. Wenn wir auf dieses Denken nicht mehr hörten, dann seien wir »im Frieden«. Übersetzt wird all das von einer toughen Anfangdreißigerin. Ich habe eigentlich etwas völlig Neues erwartet, etwas, das einfacher zu bewerkstelligen ist. Aber so viel Neues gibt es im Universum nun auch wieder nicht.

Zu meiner Überraschung tun sich in mir zwei Parteien auf. Ich kann zusehen, wie es passiert. Die eine erscheint in Gestalt von Woody Allen in Cordhose und V-Ausschnitt-Pulli zu meiner linken Seite. Die andere ist Udo Lindenberg mit Hut und Sonnenbrille zu meiner Rechten. Ich denke noch, dass das Unterbewusstsein seltsame Wege geht, wenn es mir derartige Visionen schickt, da tippt mir Woody Allen schon mit spitzem Finger auf die Schulter. Er wirkt äußerst beunruhigt: »Ich wäre vorsichtig mit dieser These. Ich meine, es ist offensichtlich, dass nicht immer alles okay ist. Eigentlich ist nur ganz selten etwas okay. Meistens ist sogar nie was okay.«

Sofort meldet sich Udo Lindenberg mit Nölstimme zu Wort und nuschelt: »Keine Panik, Süße, lass mal gucken, lass mal jucken, nimm 'nen Eierlikörchen, Prösterchen und ruhig mal gegen die Strömung, is doch easy-peasy, relaxomat, trallafitti!«

Das ist doch nicht der echte Udo Lindenberg! Nicht, dass der echte keinen derart raffinierten Wortschatz hat. Trotzdem bin ich überzeugt, dass er ein »Doppelgänger« ist, ein »Look-alike«. Der Abend verspricht spannend zu werden.

Samarpan weist mit einer einladenden Geste auf den Gästestuhl, und ein Mann aus dem Publikum setzt sich. Er atmet ein paar

Mal tief durch und sagt erst gar nichts. Samarpan sieht ihn ruhig an; der Mann weicht dem direkten Blick nicht aus. Vielmehr gibt er den Blick ebenso offen zurück – etwas, das man im alltäglichen Leben nicht oft wagt. Die beiden schweigen immer noch. Sie scheinen es sogar zu genießen. Auf diese Art wirkt ihr Zusammensitzen nicht mehr wie Schweigen, eher wie eine wortlose Unterhaltung. Sie müssen zusammen im Sein sein!

Samarpan nickt irgendwann bestätigend, und auch der Mann nickt, als hätten sie gemeinsam die Lösung für ein unausgesprochenes Problem gefunden. Woody Allen schüttelt hinter meinem Rücken fassunglos den Kopf, und Udo L. schlürft ein Eierlikörchen. Dann erzählt der Mann, dass er nun doch seinen Job verloren habe und arbeitslos sei. Er wirkt auf einmal wieder besorgt. Samarpan bringt das nicht aus der Ruhe. Er scheint die Vorgeschichte seines Gegenübers zu kennen und sagt: »No problem. Jetzt hast du Zeit für dich. Du kannst zum Arbeitsamt gehen.«

Die Leute im Saal lachen, und Woody nimmt wieder Kontakt zu mir auf. Er stottert fast vor Aufregung: »Er verdreht alles! Das ist Gehirnwäsche! Ich kann das gar nicht glauben! Wenn alle so denken würden, also wirklich, wenn alle die Augen vor ihren Problemen verschließen würden … Das ist ein ganz fieser Sektenmeister!«

An diesem Punkt interveniert Udo Lindenberg: »Die Panikseele braucht 'ne Schonzeit, keine Burnoutzeit, braucht 'n Schönheitsschläfchen, asiatische Gelassenheit und ein kleines Tütchen Zeit, mach dein Ding, yeah!«

Dann präsentiert er einen beispiellosen Mikrophonschleuder-Test, und jetzt weiß ich, dass es doch der echte Lindenberg ist.

»Das Leben gibt uns alles, was wir brauchen«, meint Samarpan gerade auf seinem Thron.

»Ja, das stimmt«, bestätigt sein Schüler. »Aber im Moment kann ich das nicht sehen.«

»Ich verstehe«, sagt Samarpan. »Der Verstand kann nicht sehen.«

»Lüge!« Woody Allen schwitzt und sucht im Saal nach Gleichgesinnten: »Das nenne ich den Leuten Sand in die Augen streuen!

Das Einzige, womit man die Realität begreift, *ist* durch den Verstand. Ohne Denken, ohne Analysieren würden wir alle …, ja, wir würden den Verstand verlieren, das heißt, wir wären alle völlig verrückt!«

Udo tangiert das ganz und gar nicht: »Hör nicht auf den Schwachmaten!« Er meint entweder Woody Allen oder den Weisheitsmeister da vorn. »Öfter mal improvisieren, so spontimäßig, das Leben is 'ne Wundertüte, mach's auf die charmante Art! Unbescheidenes Vorgehen, vom Kindergarten bis zum Altersheim …«

Samarpan schaut dem Mann schon wieder sehr lange in die Augen. Es hat etwas ganz Selbstverständliches. Keiner macht Verlegenheitskommentare oder versucht, das Schweigen zu brechen. Das fasziniert mich. Ich habe noch nie zwei erwachsene Männer so einander gegenübersitzen sehen.

Dennoch fühle ich mich nicht gerade behaglich, weil mir Udo und Woody beidseitig ins Ohr trompeten, dass ich fast taub werde:

»Der Greis da vorn ist heiß!«

»Achtung, Sektenguru!«

Ich bin hin und her gerissen, wie ich Samarpan finden soll. Er kommt mir vor wie der Papst, der Audienz hält. Außerdem bringt er die Frauen zum Weinen. Ist das gut oder schlecht? Gut ist, dass mich das nicht erschreckt. Tränen gehören zu meinem Beruf, sie sind nur ein Gefühlsausdruck, wie Lachen, nur anders herum – nichts Schlimmes also.

Nach fast zwei Stunden ist das »Treffen in Wahrheit« vorbei. Noch habe ich nicht den Eindruck, dass ich Antworten auf meine Fragen bekommen habe. Am nächsten Tag gehe ich deshalb noch einmal hin. Ich bin neugierig, welche Wirkung diese Veranstaltung beim zweiten Mal auf mich haben wird. Ich ergattere diesmal eins der Hardcorestühlchen in der ersten Reihe. Ich will den Meister aus der Nähe sehen. Auch Irma ist heute dabei. Gestern steckte sie genau für die Dauer des Satsangs in der U-Bahn in einem Tunnel fest. Aber das sollte wahrscheinlich so sein. Sie begrüßt einige ihrer Freunde mit einer innigen Umarmung.

Die Musik beginnt, die Stimme der Frau kommt mir weicher vor. Vielleicht hat sie auch das Mikrofon anders eingestellt. Die meisten Anwesenden singen die Mantras mit. Ich schließe wieder die Augen. So entgeht mir, wie die Kerze angezündet wird, wie das Wasserglas für den Meister gefüllt und mit einem geschliffenen Kristall abgedeckt wird, und wie die Batterie Schüssler-Salze auf dem Beitisch aufgereiht wird. Samarpan hat sie schon gestern zwischendurch immer wieder eingenommen. Das verleiht ihm etwas Irdisches, und das beruhigt mich.

Als Samarpan hereinkommt, halte ich noch immer die Augen geschlossen. Ich spüre ihn. Ich fühle, wie sich mein Körpergefühl verändert. Nicht in sanften Wellen, wie damals bei Eckhart Tolle, sondern unerwartet, als würde eine Bombe explodieren. Man muss sich das so vorstellen – man läuft ein Leben lang mit einem überquellenden Rucksack voller Sorgen durch die Gegend: Was muss ich tun, um glücklich zu werden? Was muss ich tun, um erfolgreich zu werden und trotzdem nicht oberflächlich zu sein? Und was muss ich tun, damit ich zukünftig niemanden mehr um Rat fragen muss? Oder wie lerne ich, mich selbst zu lieben?

Dieser Sorgenrucksack ist in dem Moment geleert, als Samarpan den Raum betritt. Die Wucht der Rucksackentleerung ist so gewaltig, dass ich in Tränen ausbreche und hemmungslos weine. Mir ist, als hätte man mir alles weggenommen, worüber ich mich aufregen oder weshalb ich traurig sein müsste. Nun ist nichts mehr davon da. Es ist ein Schock.

Als Samarpan auf seinem Stuhl sitzt, schließt auch er kurz die Augen. Aber dann öffnet er sie, und: Er sieht mich an. Sehr direkt. Tief. Er kennt mich, und ich kenne ihn. So fühlt es sich an. Aber auf einer anderen Ebene, vielleicht sogar auf der einzig wahren Ebene. Auf jeden Fall gibt es keinen Unterschied mehr zwischen Ich und Du. »Mein« oder »dein« ist völlig wurst. Man kann es mit Worten nicht beschreiben, weil es nicht in den Kopf hineinpasst. Der Meister und ich sind »eins«! Vollkommen unerwartet. Ich bin nicht mehr ich, sondern etwas viel Besseres: Ich bin der große Geist, der endlose Raum, stilles Glück, bedeutungsvoll bedeutungslos.

Es ist genauso, wie ich es in einigen spirituellen Büchern gelesen habe. Das waren die Stellen, die ich manchmal nur grob überflog, weil die Autoren sich reichlich abmühten, ihre kosmische Erfahrung so detailliert wie möglich zu beschreiben: seitenlange Schilderungen von Glücks- und Freiheitsgefühlen, die kein normaler Mensch nachvollziehen kann, die tödlich langweilen und die Sehnsucht nach Selbstfindung reichlich schmälern. Es klang immer nur übertrieben. Jetzt weiß ich, was sie meinten.

Nach zirka dreißig Minuten legt sich dieser Zustand, und ich werde wieder »normal«, bin nicht mehr eins mit Samarpan, nicht mehr stilles Glück. Meine Tränen sind getrocknet. Dabei höre ich, wie mir Udo einflüstert, dass ich »cool und elastisch« bleiben soll. Und Woody Allen macht: »Tsss.«

Als Höhepunkt dieses Abends beobachte ich, wie ich mich wie ferngesteuert von meinem Platz erhebe, den Pulli zurechtzupfe und mich in die Warteschlange vor dem Meister einreihe. Je näher ich ihm komme, umso nervöser werde ich. Keine Ahnung, was jetzt noch möglich ist. Mehr als eins kann man ja eigentlich nicht mit jemandem werden. Und sollte sich herausstellen, dass das alles hier für die Katz war, so will ich mir wenigstens die Gefühle merken, um sie schauspielerisch zu verwenden oder zumindest unter »Lebenserfahrung« abzuheften.

Auf dem Besucherstuhl sitze ich wie auf einer Bühne; es mangelt weder an Scheinwerfern noch an Kameras, und ich schwitze. Wenn man nicht gefilmt werden will, muss man der Kamerafrau ein Zeichen geben, sonst ist man im Kaufvideo zu sehen. Ich versäume es abzuwinken, weil ich zu aufgeregt bin, und riskiere nun, dass jeder Zuschauer in seinem Wohnzimmer die Schweißperlen auf meiner Stirn nachzählen kann, sooft er will. Meinen nächsten Filmdreh habe ich mir anders vorstellt.

Ich konzentriere mich auf den spirituellen Meister. Er meint: »Es ist so wunderbar, dir zu begegnen. Wir haben uns sofort ineinander verliebt.«

Hä? Das kommt mir nun doch ein wenig verwegen vor. Gut, er hat etwas Väterliches, Liebevolles. Doch sein Humor ist gewöhnungsbedürftig. Er sagt, dass mein Leben für mich maßgeschneidert sei, es sei geradezu perfekt. Und dass es nichts zu verbessern gebe.

»Und das, obwohl ich so kompliziert bin«, sage ich.

»Was ist denn so kompliziert?«, will er wissen.

»Die Art, wie ich denke und lebe«, erkläre ich.

»Das ist nicht kompliziert, solange du deinen Gedanken über dich selbst keinen Glauben schenkst. Dein Leben ist perfekt, oder etwa nicht?«

Samarpan ist einfach unverschämt. Er behauptet, mein Leben sei perfekt, obwohl er mich gar nicht kennt. Dennoch beantworte ich seine rhetorische Frage mit »Ja«.

Als ich nach der Veranstaltung auf die Straße zwischen Dönerläden und Fahrradständern trete, spüre ich die Blicke der anderen auf mir. Irma schießt aus der Menge auf mich zu: »Das war aber wirklich besonders liebevoll. So redet er nicht mit jedem.«

»Aber was hat das zu bedeuten?«, will ich von ihr wissen.

»Na ja, das wirst du schon rausfinden.«

Ich hasse es, wenn sie so tut, als wüsste sie mehr als ich. Was sie immerhin nicht weiß, ist, dass ich mich für ein paar Tage »Schnupperschweigen« im Schwabenland angemeldet habe.

In der Nacht kann ich kaum schlafen. Wenn Samarpan sich einbildet, dass ich mit ihm ein Verhältnis anfange, hat er sich aber geschnitten! Er ist mir viel zu alt und zu schrumpelig und auch sonst nicht mein Typ. Seine Groupies soll er sich bitte schön woanders suchen. Ich betrachte die Lamellen an meiner Schlafzimmerlampe. Ich bin ruhig, wie der Starnberger See, wenn kein Wind geht. Ich stelle fest, dass ich die schönste Schlafzimmerlampe habe, die es überhaupt auf der Welt gibt. Wieso ist mir das nicht früher aufgefallen?

Ich liege wach und beobachte mit einem Lächeln, wie es langsam hell wird. So seltsam dieser Typ ist, ich freue mich unbändig auf das Schweige-Retreat.

Für viele muss es ein großes Opfer sein, zu schweigen und sich nicht unterhalten zu können, wenn man will. Da aber das

»Unterhalten« mein Beruf ist, bin ich ziemlich neugierig auf das Schweigen. Erlaubterweise nichts sagen zu müssen, das kommt mir entgegen. Endlich Ruhe geben können und niemandem gerecht werden müssen – nicht mal mir.

Schweigen ist Gold

Abrati hat ein strenges Gesicht, einen schleichenden Gang und rotbraun gefärbte Haare. Sie niest dreimal hintereinander, als ich mit meinem Koffer das »Wohnstudio« betrete. Ich habe auf den letzten Drücker für das Schweige-Retreat ein Zimmer in einem Zwei-Zimmer-Appartement in der Nähe von Stuttgart bekommen. Ich sage »Hallo«, stelle mich vor und wuchte mein Gepäck in das leere Zimmer.

Es ist karg möbliert, nur ein kleines Schild ziert die Wand. Darauf steht: »Coffee, Chocolate, Men ... some things are just better rich.«

Ich sage: »Das ist ja lustig.«

Sie antwortet nicht und guckt zu Boden. Sie ist eine langjährige Samarpan-Schülerin und lässt sich nicht mehr zu Gesprächen hinreißen, die sie für überflüssig hält oder die sie unnötig Energie kosten. Darin kann ich sicher noch einiges von ihr lernen, denn ich bin zu den meisten Menschen immer sehr nett, auch wenn die nicht nett zu mir sind, und ahne vorausschauend, was sie zu ihrem Glück noch brauchen. Das habe ich mir immer noch nicht ganz abgewöhnen können. Aber jetzt habe ich eine neue Gelegenheit dazu.

»Rauchst du?«, fragt sie.

Ich verneine.

»Ein Glück«, sie klingt erleichtert, »sonst ginge es gar nicht.« Und dann klärt sie mich darüber auf, dass sie ein Nachtmensch sei.

»Das ist okay«, meine ich. »Ich bin ein Tagmensch.«

Das behagt Abrati nicht besonders. Sie druckst ein wenig herum, als ich den Reißverschluss meines Koffers aufziehe. »Ich schlafe tagsüber, weißt du. Und da wäre es ganz schlecht, wenn du zum Beispiel auf meiner Hälfe vom Balkon rumlaufen würdest. Bis zum Tisch gehört er mir. Am besten, du hältst dich gar nicht dort auf.«

Ich nicke und nehme ihre Forderung nicht ganz ernst.

»Und die Sojamilch im Kühlschrank ist meine.« Sie steht im Türrahmen und blickt auf mich und meinen Koffer herab.

Ich muss zu ihr hochschauen, als ich antworte: »Ich mag lieber richtige Milch.«

»Die musst du dir selbst besorgen, ich brauche meine Sojamilch«, bestimmt sie. Ich mache »Mhm« und zögere, meinen Kulturbeutel, der obenauf liegt, in die Hand zu nehmen. Sie fragt mich, ob ich Musik dabeihätte, was ich verneine. Sie höre am liebsten nur *ihre* Meditationsmusik und nicht meine auch noch, vor allem nicht tagsüber. Das sei ihr zu viel.

»Ich höre keine Meditationsmusik«, beschwichtige ich.

Daraufhin geht sie nervös ins Bad und kommt gleich wieder zurück. »Ich hab dir Platz auf dem Regal gemacht, aber ich brauche sehr viel Platz, das ist für mich ganz wichtig.« Sie lacht verlegen.

»Du willst mir sagen, dass du mehr Platz brauchst als ich?«, frage ich mehr im Spaß als im Ernst.

Sie antwortet: »Richtig.« Dann kaut sie auf ihrer Unterlippe herum und spielt mit dem Wohnungsschlüssel. Der Wohnungsschlüssel, meint sie streng, müsse immer an ein und demselben Platz deponiert werden, damit sie wisse, ob ich zu Hause bin oder nicht.

Sie ist so gestresst, dass *ich* Sehstörungen bekomme. Ich sehe Verzerrungen in ihrem Gesicht, als blickte ich in einen alten Schwarzweißfernseher. Ich schließe meinen Koffer wieder, stehe auf und sage: »Das wird, glaub ich, nichts mit uns, tut mir leid.«

Und sie: »Das hab ich mir gleich gedacht.«

Sie hat einen enttäuschten Gesichtsausdruck, und das macht

mich sauer. Ich suche mir noch am gleichen Tag eine andere Bleibe, zahle den doppelten Zimmerpreis und habe meine Ruhe.

Das Seminarhaus ist umringt von alten Bäumen, der Kräutergarten duftet betörend, es gibt lauschige Sitzecken, und die verwilderten Gartenbeete strotzen nur so vor Biogemüse. Drinnen ist es leise, ganz leise. Die Wände schlucken jedes Geräusch, die Möbel auch, die Teetassen klirren nicht, selbst der Haushund bellt nicht, und die Angestellten flüstern, wenn sich die Seminarteilnehmer am Check-in anmelden. Vor dem Meditationsraum steht eine große Auswahl an Hausschuhpaaren: Fußbettlatschen in allen Variationen, Kunstlederslipper, Espandrillos, Alt-Oma-Puschen. Und nun auch meine neuen roten Schweigefilzpantoffeln.

Viele haben sich schon vorab einen Platz mit Schals und Wasserflaschen reserviert, wie routinierte All-inclusive-Urlauber ihre Poolliegen mit Handtüchern. An das irre Tempo des Platzeinnehmens muss ich mich jedoch noch gewöhnen. Das scheint Teil der spirituellen Orientierung zu sein, denn bei Eckhart Tolle war es ähnlich. Als ich endlich sitze, kann ich Samarpan nur mit Mühe und Not und von ganz hinten durch die Ständer des Lichtstativs erspähen. Aber auch dort ist es leise. Und das ist vorerst das Wichtigste. Ich bin voller Vorfreude.

Zweimal täglich gibt es von nun an ein zweistündiges Treffen mit dem Meister. Hier »tuned« man sich in des Meisters absichtsloser Präsenz auf die Stille in sich selbst ein. Oder man setzt sich auf den Besucherstuhl und genießt einen kleinen Meister-Schüler-Plausch. Den Rest des Tages verbringt man ohne Worte mit sich allein. Beim ersten Satsang sehe ich Abrati gleich den Besucherstuhl erklimmen: »God cares for me, he gave me se total appartement for myself.« Sie triumphiert und schert sich kein bisschen um ihr schlechtes Englisch. »I don't know, I have always luck.«

Samarpan lacht: »Großartig, perfekt.«

Wie bitte? Das fängt ja gut an. Ich habe erwartet, dass Samarpan ihr Toleranz beibringt und ihre offensichtlich vorhandenen Neurosen repariert. Aber da ist nichts zu machen.

Es wird interessant. Als ich am nächsten Tag mit dem Meister über das Thema Gerechtigkeit spreche, sagt er, Gerechtigkeit gebe es nicht, das hätte ich ja sicher auch schon bemerkt.

»Allerdings«, sage ich.

Es gehe darum, die Gefühle körperlich zu fühlen, die das Verhalten des anderen bei mir auslöse. Es sei der *Mind*, der versuche, Gerechtigkeit herzustellen. Und das funktioniere nicht. »Fühle die Gefühle«, rät er mir.

»Nur die Gefühle fühlen? Um mehr geht es nicht?«

»Nein«, meint er. »In der Mitte der Gefühle findest du Frieden.«

»Und was ist mit der Erleuchtung?«

Er lacht schallend: »Will jemand hier erleuchtet werden?« Gelächter im Saal wie auf Knopfdruck. Ich frage mich, wieso alle lachen. Wissen die so viel mehr als ich?

»Nur der Verstand will erleuchtet werden, das Ego.«

Ich sei schon erleuchtet, meint der Meister. Aber der Verstand könne niemals erleuchtet sein. Das ist nicht das, was ich hören wollte.

»Es ist Gnade«, sagt er. Am nächsten Vormittag sagt er, Erleuchtung gebe es überhaupt nicht. Und am Abend: »Wenn der Sucher verschwindet, dann ist da Erleuchtung.«

Also was nun? Das ist doch das totale Durcheinander. Weiß der Meister selbst nicht, wovon er spricht? Ist es egal, was er sagt? Ich habe gehört, dass es spirituelle Lehrer gibt, die ihre Schüler gern verwirren, damit sie zur Wahrheit finden. Ich muss aufhören zu suchen, das scheint die Lösung zu sein. Aber warum sind dann all die Leute hier? Die suchen doch auch etwas.

Ich erfinde spontan einen Kinderreim, der, hätte ich ihn als Kind aufgesagt, mich bestimmt vor der vermaledeiten Glücksucherei bewahrt hätte:

Der Sucher sucht Erleuchtung
Der Sucher sucht das Glück
Und wenns Erleuchtung gar nicht gibt
Fällt er auf sich zurück.
Und wenns Erleuchtung gäbe

Und wenns Erleuchtung gibt
Findet sie doch der Sucher nicht
Denn der wird nur verrückt.
Nur wer nichts sucht, der findet
Nur wer nichts braucht, der kriegt's.
Und der, der's kriegt, der merkt's nicht mal
Denn eigentlich wollt' der nix.

Immer, wenn ich mich wie einem geheimnisvollen Sog folgend in die Warteschlange einreihe und dann vorn bei Samarpan sitze, leide ich unter spontanem Gedächtnisschwund, einer Krankheit, die ich übrigens auch an anderen feststelle. Ich suche in meinem Gehirn nach meiner Frage, doch mein Kopf kommt mir plötzlich vor wie ein leeres Parkhaus an Heiligabend. Dann zucke ich mit den Schultern, weil es nichts mehr zu sagen gibt. Das Reden und der ganze Aufstand ums Wissenwollen verlieren jede Bedeutung.

Zuerst bin ich fassungslos, dass mir rein gar nichts mehr von dem einfällt, was ich sagen will. Ich zweifle an meinem Verstand, denke an die Warnungen von Woody Allen und kann mir plötzlich vorstellen, wie es ist, wenn man allmählich das Gedächtnis verliert. Bis ich begreife, dass das Gehirn in der Präsenz des Meisters nur Urlaub macht. Und dann ist es sehr beruhigend, wenn man nichts mehr wissen und sagen will. Dann kommt man endlich mal dazu, so zu sein, wie man gerade ist.

Samarpan nickt und schenkt mir diesen speziellen Meisterblick, voller Güte, liebend und unendlich geduldig. Ich, das heißt mein Körper minus Denkvermögen, expandiere dabei zur Größe eines Dorfteichs. Meine Körperkonturen verschwimmen und verschwinden. Es bleibt einfach nur ein großes Nichts. Und in diesem Nichts ist alles schwerelos, und alle Sehnsucht weicht einer heiteren Gelassenheit. Ist es das, was übrig bleibt, wenn ich tot bin?, frage ich mich hinterher. Das wäre schön.

Den Rest des Tages beobachte ich, wie ich gemächlich und mit seligem Lächeln durch das Seminarhaus wandle, so wie manch anderer, den ich vorher müde belächelt habe. Ich häufe vegetarisches Essen auf den Teller, starre verliebt den Salzstreuer vor mir an und bin glücklich. Es ist zu spät, diesem Mann zu misstrauen.

Ich buche die zweite Wochenhälfte noch dazu. Als ich Samarpan das mitteile, lacht er wieder und meint, ich sei reif. Es sei Zeit. Ich würde das Wasser der Quelle riechen. Ich müsse ihr nur noch folgen, um zu trinken. Er ist romantisch und benutzt manchmal altmodische Metaphern wie Jesus. Ich kann mich gut darauf einstellen.

»Wo ist die Quelle?«, will ich wissen.

Er schaut mich schweigend an.

»Worum geht es hier überhaupt?«, bohre ich weiter.

»Um die Wahrheit.«

»Okay, und was ist die Wahrheit?«

Er wird ernst. Dass die Wahrheit nichts damit zu tun hat, nicht zu lügen oder zu stehlen, ist mir klar. Vielleicht geht es um das Gleiche wie das, was Eckhart Tolle das Jetzt nennt, durch das man zum wahren Selbst kommen kann.

»Du kannst der Wahrheit vertrauen, auch wenn du nicht weißt, was die Wahrheit ist.«

Ich muss das wiederholen, damit ich es nicht vergesse: »Du kannst der Wahrheit vertrauen, auch wenn du nicht weißt, was die Wahrheit ist.«

Das schlägt dem Fass den Boden aus. Keine weiteren Fragen. Ich hülle mich wieder in Schweigen und schwelge im Sein.

Wer hat meinen Stuhl verstellt?

Und weil's gerade so schön ist, blubbert ein klitzekleiner Ehrgeiz in mir hoch, ganz gegen meine Abmachung mit mir. Ich nehme mir vor, für den Rest des Retreats mein weiträumiges, friedvolles Dorfteichfeeling beizubehalten. Um dessen längstmögliche Dauer zu gewährleisten, plane ich, gegen nichts Widerstand aufzubauen, sondern alles zu fühlen, was ich fühle, nichts zu verdrängen und nichts und niemanden, auch mich selbst nicht, zu beurteilen, weder positiv noch negativ. Ich will nur beobachten. Denn darum geht es ja.

Es gibt nichts, was mich hier im Schweigen davon ablenken kann. Ich habe Zeit für mich. Aber John Lennon hatte schon recht: Wenn man den lieben Gott zum Lachen bringen will, muss man ihm nur seine Pläne erzählen. Denn in den nächsten Tagen verflüchtigt sich mein Glücksgefühl so schnell wie Alkohol beim Kochen. Ausgelöst wird mein spiritueller Niedergang durch meinen Meditationsstuhl, den ich nun schon dreimal erfolgreich in der ersten Reihe – der »Loge« der Selbstsucher – in Beschlag nehmen konnte.

Die ersten zwei Reihen des Saales sind immer mit explosiver Energie aufgeladen: Dort ist man der Präsenz des Meisters am nächsten, das Feuer der Erleuchtung brennt dort am heißesten, und die meisten wollen so viel wie möglich davon profitieren, weil man dort so friedlich wird, als hätte man ein Zaubermittel eingenommen. Ab der dritten, vierten Reihe nimmt die Wirkung deutlich ab.

Wenn man also nah beim Meister sitzen will, muss man starke Nerven mitbringen. Einige benutzen sogar die Ellenbogen, um den angepeilten Stuhl zu erreichen. Regelmäßig gibt es nonverbale Kämpfe um die besten Sicht- und Sitzplätze, als hinge das Leben davon ab. Sitzt man endlich vorn, ist man für die nächsten zwei Stunden gerettet und kann ein Bad in des Meisters Aura nehmen.

Ich komme nach dem Abendessen frohgemut, aber eine halbe Minute zu spät in den Satsangraum, suche meinen liebgewonnenen Stuhl, den ich – ich habe dazugelernt – diskret mit einem Päckchen Taschentücher markiert habe. Und: Er ist weg. Nicht, dass er besetzt wäre. Nein. Der Stuhl steht nicht mehr in der ersten Reihe. Auch nicht in der zweiten. Nicht mal in der dritten. Und in der vierten auch nicht. Ich bin total angepisst. Wie ein Storch im Salat stelze ich durch die Meditationsstuhllandschaft und suche meinen Sitz. Das ist ein schwieriges Unterfangen, denn der Raum füllt sich gerade mit achtzig Leuten, und es wird immer schwieriger, mir einen Weg durch die Menge zu bahnen und eventuell die Person auszumachen, die es sich schon auf meinem Stuhl bequem gemacht hat. Ich finde ihn lieblos an den Rand der vorletzten Reihe gequetscht. Er steht schief auf einem Bündel Stromkabel.

Da kann mich jemand nicht leiden, und dieser Jemand ist hier im Raum, macht ein heiliges Gesicht, wiegt sich in Sicherheit und sonnt sich im Schutz des Meisters! Es kann praktisch jeder sein.

Ich werde misstrauisch und wütend, fühle mich schlecht behandelt und leide spontan unter beschleunigtem Puls. Mein Glücksgefühl hat sich ebenso verflüchtigt wie meine Freiheit von Urteilen und Bewertungen. Ich bebe vor Ärger. Und das zu fühlen, ist bitter und zutiefst demütigend.

Nichts mehr mit »einfach nur beobachten«! Davon hat Irma nichts gesagt: dass hier richtig viel kleinkarierter Mist an die Oberfläche kommt, den man im Alltag übersieht. Zu Hause gehe ich über solche Kleinigkeiten hinweg, ich würde mich – großzügig – mit einem hinteren Platz arrangieren. Vielleicht würde ich ein klein wenig grummeln, mir die Wut mit MET wegklopfen und dem Schuldigen spontanen Dauerdurchfall wünschen. Aber hier ist es, als hätte jemand in meinem Tagebuch gelesen oder als hätte man mir meine allerletzten fünf Euro aus dem Portemonnaie geklaut. Hier stehe ich wie unter einer Lupe, die meine porentiefsten Defizite aufs Hundertfache vergrößert.

Ich halte mir vor, dass ich die Sache viel zu wichtig nehme. Ich finde mich nachtragend und korinthenkackerisch, während ich den ganzen Satsang über nach dem Übeltäter Ausschau halte und mich auf nichts, was da vorn gesagt wird, konzentrieren kann. Obwohl es gerade jetzt wichtig wäre. Jedes Räuspern, jedes Schniefen, jedes Kichern kann den Täter verraten. Aber alle blicken unauffällig wie die Lämmchen zum Meister, lächeln oder gucken wahlweise betroffen, als könnten sie kein Wässerchen trüben. Am schlimmsten ist die Vorstellung, dass der Stuhlverbrecher mich heimlich beobachtet und mit Genugtuung sieht, wie sehr ich leide.

Ich hatte die Vorstellung, angesichts des überbordenden Selbstfindungspotenzials, das ich mitbringe, sofort von Klarheit durchdrungen zu werden und mit einem Heiligenschein vom Durchmesser eines Autoreifens nach Hause fahren zu können. Doch das Thema, um das es letztlich geht, lautet: Wer hat verdammt noch mal meinen Stuhl verstellt?

Es wird noch schlimmer. Beim Abendessen komme ich zu spät, und jemand schnappt mir vor meinen Augen absichtlich den letzten Nachtisch weg. Ich stehe vor dem leeren Backblech und starre auf die Krümel. Ich bezichtige diesen Typen sofort auch des Meditationsstuhlverbrechens. Doch auf meinen feindseligen Blick reagiert er nicht. Weil hier ja jeder lernt, dass die Stimmung des anderen nichts mit einem selbst zu tun hat und alles nur Projektion ist.

Als ich mir einen Tee nehmen will, ist die Kanne leer (natürlich!), auch die, die daneben steht. Ich spüre die Blicke der anderen auf mir und komme mir vor, als hätte *ich ihre* Meditationsstühle entwendet. Ich fühle mich grässlich. Es ist mir unerklärlich, wo meine plötzliche Kleinlichkeit herkommt – und meine Vermutung, dass alle hier Gauner sind.

Während ich ohne Tee und ohne Kuchen am Tisch sitze und schwarze Löcher in die Luft stanze, braut sich ein übler Verdacht in mir zusammen: Ich sollte eigentlich nicht hier sein. Dieser Ort ist gefährlich, weil es hier nur böse Menschen gibt. Und weil ich durch das Schweigen mit meinen ungeliebten Seiten immer mehr auf Tuchfühlung gehe. Nicht, weil ich das will, sondern weil es einfach passiert.

Die großen Ereignisse sind die kleinen Ereignisse: Ich werde ungehalten, wenn Samarpan die Leute ewig lang reden lässt. Ich werde aggressiv, wenn jemand neben mir ständig hustet. Ich werde stinksauer, wenn die Toilette im Seminarhaus nicht gelüftet ist. Ich werde fuchsteufelswild, als mir eine Frau geräuschvoll ins Genick gähnt. Und ich klage Samarpan insgeheim an, dass er nichts unternimmt, damit hier Ordnung herrscht. Er sitzt mit gleichbleibender Präsenz vorn auf seinem Thron und liebt alles, wie es ist – wahrscheinlich sogar dieses Irrenhaus.

Da ist es mit meiner Zuneigung zu ihm nicht mehr weit her, und ich beschließe, erst mal freiwillig hinten sitzen zu bleiben, bevor ich mich auch noch mit ihm anlege.

»Gut so«, raunt Woody Allen in mein linkes Ohr. Ich habe ihn schon fast vergessen. »Bleib kritisch, ich kann dich vor diesem Blender nur warnen!« Und dann guckt er etwas beleidigt.

Natürlich hat auch Panik-Udo einen Kommentar für mich in petto: »Ich find dich reichlich verspannt, so von der Verklemmtenfraktion, mach dich mal wieder locker, locker vom Meditationshocker.«

Da kommt mir der Verdacht, dass mir vielleicht Woody Allen den Stuhl verstellt hat, um mich arglistig zum Abreisen zu bewegen. Aber Udo L. weist mich gleich zurecht und säuselt, ich müsse aufpassen, dass ich nicht der »gemeinen Beklopptomanie« anheimfalle.

Beim Abendessen schreibe ich einen Text auf eine Serviette, den ich nach meiner Heimkehr in meinem elektronischen Ordner »Tierisch schlechte Texte« ablegen will:

Kleinlichkeit
Allzeit bereit
Für miese, fiese Krisen
Die man nicht braucht
Der Schädel raucht
Durchlaucht,
Darf ich eintreten?
Ich hätte da eine Zimperlichkeit
Eine schöne Egomanie
'nen falschen Stolz
Im Angebot
Willst du sie nehmen?
Sie treten?
Oder beten?

Was tun, wenn man nichts tut ...

Am nächsten Tag zieht ein Unwetter über die Region. Der Regen peitscht auf das Dachfenster meines Pensionszimmers. Es kracht und blitzt, und ich kauere mich mit einem Tee ins Bett.

Ich bin ein Tier im Käfig. Der Käfig bin ich selbst: meine Gedanken, meine Gefühle, meine Handlungen. Ich kann mir nicht entfliehen. Ich weiß nicht, was ich tun soll. Lesen, Fernsehen, Telefonieren, im Internet Surfen soll man möglichst unterlassen. Selbstverständlich kein Alkohol. Pures Sein wird zum Kraftakt. Ohne Tätigkeit kann ich wenig mit mir anfangen.

Ist Dasitzen auch eine Tätigkeit? Gehe ich vom Tisch zum Stuhl, um was zu tun? Oder gehe ich, weil ich gehe? Gehe ich, weil ich muss oder weil ich will oder weil es mich geht?

Ich bekomme einen Schweige-Retreat-Koller. Ich spüre die Getriebenheit in mir, meine alte Bekannte, die schwer auszuhalten ist. Die besänftigt und durch etwas Sinnvolles verdünnt werden will. Und wenn es nur »den Müll runterbringen« ist. Aber irgendetwas muss ich mit ihr machen.

Das ist der Moment, in dem ich normalerweise die Vielfalt der Selbsthilfetechniken bemühe, um Wohlbefinden herzustellen. Ich komme mir vor wie eine Süchtige, der der rettende Stoff verweigert wird. Aber diesmal tue ich nichts dagegen. Deshalb komme ich auf Entzug: Ich vibriere vor Unruhe. Ich schwitze. Kriege Kopfschmerzen. Werde wütend. Tausend Gedanken schwirren durch meinen Kopf, aber einer bleibt und baut sich in großen Lettern vor mir auf: alles Zeitverschwendung!

Andere machen gerade Karriere, werden mit Filmpreisen überhäuft, arbeiten mit ihrem PR-Manager oder ihrem Schönheitschirurgen an ihrem Image, tüfteln an Projekten, heiraten, zeugen und kriegen Kinder und genießen das Leben. Und ich verfalle in eine Lebenskrise, weil mir jemand ins Genick gähnt, und zahle auch noch Geld dafür. Muss das sein?

Ich muss dieser Unzufriedenheit ausweichen. Ausweichen ist legitim. Ausweichen kann Leben retten. Ich kann auf pures Sein durchaus verzichten. Ich muss nicht jede meiner Körperzellen sezieren, um mich selbst zu finden. Ich bin mein ganzes Leben lang ohne mich ausgekommen. Und zwar nicht schlecht!

Nach dem Gewitter zieht es mich nach draußen. Es riecht nach Sommer, und es ist warm. Ich fange an zu laufen und jogge in den Wald. Dort offenbart sich mir ein unglaublicher Anblick: Riesige Bäume sind entwurzelt, Baumstämme und Äste liegen kreuz und quer über den Weg verstreut. Ich beneide die Natur: wie kompromisslos sie ist. Ohne Rechtfertigung und ohne Ausrede. Klaglos. Mächtig. Im Herbst fallen die Blätter, und im Frühjahr kommen neue. Und das geht so lange weiter, bis nichts mehr weitergeht. Auf dem Rückweg suche ich den riesigen Ameisenhaufen, den ich vor zwei Tagen bewundert habe. Ich finde nicht mal mehr die Stelle, an der er sich befunden hat. Das Kornfeld ist verwüstet, die Ähren vom Sturm plattgewalzt. Keine Ernte diesmal.

Ich befürchte, dass ich nach dieser Schweigewoche auch ohne Ernte abreisen muss. Vielleicht bin auch ich nur das Überbleibsel eines unberechenbaren Sturms. Vielleicht bin ich wie der Baumstamm, der sich nicht mehr in der Erde halten kann. Nicht, weil ich zu schwach bin, sondern weil meine Wurzeln einfach nicht tief genug reichen. Das ist Veranlagungssache. Dafür kann keiner was. Ich habe mich überschätzt.

Ich setze mich auf den Gartenstuhl vor das Seminarhaus. Jemand hat ein Steinmännchen gemacht. Es steht auf dem Tisch vor mir. Auf den obersten Stein sind Augen, Nase und Mund gemalt. Der Mund ist mit einem X durchgestrichen. Ich kann den Künstler nicht ausfindig machen. Mehrere Seminarteilnehmer sitzen auf der Steinmauer, da, wo die Sonne hinscheint. Ich will wissen, was sie tun, wenn sie nichts tun dürfen. Und wie sie mit sich klarkommen, wenn sie nichts haben außer sich selbst und ihre Gedanken. Ein Mann sammelt Tannenzapfen und legt sie zu einem seltsamen Muster aus: Später lese ich das Wort »Peace«. Eine junge Frau summt vor sich hin. Dann wird sie still, holt einen Handspiegel aus ihrer Handtasche und überprüft den Wuchs ihrer Augenbrauen. Die Kochhilfe, die auch am Seminar teilnimmt, sitzt im Schatten und schält Kartoffeln. Ab und zu verscheucht sie eine Fliege. Und eine Anfangdreißigerin mit Bubikopf rennt plötzlich barfuß den Weg hinunter zum Parkplatz, breitet die Arme aus und jauchzt, als wäre George Clooney gerade angekommen und nur noch in ihrem Zimmer ein Bett frei.

Und dann ist da noch Rabyia. Zur Mittagszeit hat sie mich noch fröhlich angeschaut und mir in der Warteschlange vor der Essensausgabe einen angewärmten Teller gereicht. Jetzt bedenkt sie mich mit einem Blick, als wäre sie Gollum aus dem *Herrn der Ringe* und ich hätte den Ring. Sie hat sich von Samarpan einen neuen Namen geben lassen. Das tut er auf Anfrage, wenn jemand sein Leben auf den »Weg der Wahrheit« ausrichten will. Gefällt ihr der Name nicht? Oder habe ich ihr was getan? Ich überlege, ob ich sie vielleicht mal aus Versehen aus der ersten Reihe verdrängt habe. Aber ich kann mich nicht erinnern.

Ich komme mit den blitzartig wechselnden Stimmungen der Leute nicht klar. Noch weniger als mit meinen eigenen. Ich habe tollkühne Vermutungen, die ich fantasievoll ausschmücke: Weil alle auf ihre Gefühle achten, werden sie weicheiig und regredieren zu Kleinkindern. Sie versteifen sich auf ihre Gefühle, weil es unablässig heißt: »Fühlt die Gefühle.« Sie blasen die Gefühle zu riesigen Ballons auf, die sie vom Boden abheben lassen, bis sie der Sonne entgegenschweben. Sie schweben so lange, bis jemand hineinpiekst, indem er sich in der Warteschlange vordrängelt und sie auf den kalten Boden der Tatsachen krachen. Und schon haben sie ein neues Gefühl, das sie aufplustern können: den Ärger. Sie laufen verkrampft durch die Gegend und signalisieren: »Schau mich bloß nicht an, ich fühle Ärger!«

Manche sehen dabei gehetzt aus wie kurz vor einem Amoklauf. Ich fürchte mich vor ihnen. Manchmal wirkt es, als wären sie froh, überhaupt was zu fühlen. Meiner Meinung nach bleiben sie dadurch der Erleuchtung so fern wie der Teufel dem Weihwasser. Ja, ich habe diese Anfänger allesamt durchschaut.

Also: Es geht darum, im jetzigen Moment körperlich zu fühlen, was da ist. Einfach nur *präsent* zu sein. Das lernt man in jedem guten Schauspielseminar. Kann ich. Und schon habe ich das gleiche Problem wie die anderen: Ich strenge mich an. Und weil ich mich anstrenge, fühle ich mich auch entsprechend und denke darüber nach, was ich tun müsste, um mich nicht anzustrengen. Damit es mir besser geht, müsste ich bloß wieder im jetzigen Moment sein. Die Katze beißt sich in den Schwanz.

Nichts tun – das, weswegen ich hergekommen bin – ist unmöglich! Weil ich das Nichtstun beabsichtige!

Ich wünsche mir, dass einer kommt, der mir diese Bürde abnimmt, die mir weit größer erscheint als die, mit der ich hierhergekommen bin. Klar, dass Grübeln und Willensanstrengung nichts bringen. Dahinter steckt das Ego, aus dessen Fängen ich mich ja langfristig befreien wollte. Aber was würde dann helfen? Eigentlich wollte ich nur zur Ruhe kommen. Doch dafür hätte ich wahrscheinlich eine Wellnesswoche buchen müssen und niemals den Weg der Selbstfindung einschlagen dürfen.

Das Ergebnis meiner Beobachtungen ist, dass ein durchweg glücklicher Mensch hier nicht zu finden ist. (Die Glücklichen geben wahrscheinlich bereits im nächsten Seminarhaus einen Workshop über Glücksfindung.) Deswegen wird hier jeder Furz ernst genommen und vorn auf Samarpans Gästestuhl zum Thema aufgerüstet. Das kann in einer so großen Interessengemeinschaft auf Dauer ganz schön bitter machen. Ich sage Samarpan, dass es hier doch um wichtige Themen gehen sollte und nicht um Kleinkram.

Er lässt sich Zeit mit der Antwort. »Was ist wichtig?«, fragt er und sieht mich lange und ernst an.

Man könnte eine Stecknadel fallen hören. Ich denke an mein Meditationsstuhlabenteuer, eine Lappalie, die mir selbst in der Rückschau noch den Magen umdreht. Samarpan wartet.

Dann gebe ich widerborstig zu, dass jede vermaledeite Kleinigkeit groß genug sein kann, um einen so anzupieksen, dass man etwas daraus lernt.

»Alles bietet uns eine Chance, Frieden damit zu schließen.«

Ich verstehe. Man fühlt, wie sich alles anfühlt, begegnet seinen ungeliebten Seiten, öffnet sich ihnen, statt sie zu verdrängen, und entspannt sich. Das müsste jeder Lehrer seinen Schülern konsequent vorleben und sie dazu ermuntern, es täglich selbst zu praktizieren. Und zwar ab der ersten Klasse.

Samarpan nickt mitfühlend: »Hier kannst du üben. Hier ist es leicht und sicher.«

Er holt mich aus meinen unbewussten Verurteilungen heraus. Das schaffe ich allein nicht. Allmählich verstehe ich, wozu ein Meister gut ist. Zum Erinnern.

Das Gummistiefelmädchen

Und dann habe ich Glück. Denn ein Wesen kommt zu mir. Es ist das Wesen, das ich recht oft verdrängen muss. Es taucht im Alltag in den unpassendsten Momenten auf, immer dann, wenn ich besonders tough sein will. Es nennt sich »das innere Kind«. Es verkleidet sich gern als Kontrollsucht, Wut, Traurigkeit, Größenwahn, Unsicherheit, Angst. Bei mir hat es lange gedauert, bis es sich in diesem Retreat zeigte. Es verschanzte sich hinter meiner Haltung, stark, kontrolliert und den anderen haushoch überlegen zu sein – bis es sich am fünften Morgen unter dem Namen »Einsamkeit« vorstellt.

Ich bestreiche beim Frühstück im Seminarhaus ahnungslos eine Scheibe Dinkelbrot mit Butter und Erdbeermarmelade, und plötzlich bin ich einsam. Aus dem Stand heraus.

»Hallo, ich bin's«, sagt die Einsamkeit, setzt sich neben mich auf einen Stuhl und schaut mich erwartungsvoll an. Ich erinnere mich, dass ich sie schon öfter gesehen, aber sie tunlichst nie beim Namen genannt habe. Und schon ist ein Text in meinem Kopf, den ich unbedingt aufschreiben muss, wenn ich ein Stück Papier in die Finger kriege:

Einsamkeit
Das heißt:
Nicht zu zweit
Nicht zu dritt
Nicht zum Spaß
Nicht zum Zeitvertreib
Sondern
Zum Wegrennen
Zum Verpennen
Zum Heulen
Wie ein Ding sein
Sich fremd sein
Schockgefroren
Spontan verloren
Herzlos allein

Das Einzige, was ich tun kann, um diese Einsamkeit zu bekämpfen, ist: essen. Bei einem Schweige-Retreat bleiben auch sonst nicht viele Möglichkeiten. Ich schaufle die vegetarischen Köstlichkeiten in mich hinein und fühle mich aufgedunsen und voll. So aufgedunsen und voll, dass ich Sodbrennen bekomme und in der Nacht nur noch aufrecht im Bett sitzen kann. Es hilft nichts, ich muss die Gelegenheit nutzen und zum Meister gehen, wenn ich die Schweigewoche nicht mit Übergewicht und einer Speiseröhrenentzündung beenden will.

»Deine Einsamkeit ist dein inneres Kind«, erklärt Samarpan. »Die Kleine hat so lange auf dich gewartet. Jetzt kannst du dich um sie kümmern. Wir alle haben dieses kleine Kind in uns, das wir viel zu lange verdrängt haben.«

Ich frage ihn, was ich mit diesem inneren Kind machen soll.

»Umarme es mit all deiner Liebe, tu, was es gern hat, und amüsiere dich mit ihm.«

Ich wehre mich gegen die Vorstellung, ein Unterhaltungsprogramm für ein einsames, fremdes inneres Balg aus dem Boden zu stampfen, das nicht mal real existiert. Samarpan rät mir, nicht

257

mit den Augen des konditionierten Verstandes darauf zu schauen, sondern – eine Etage tiefer – aus dem Herzen heraus zu schauen, das nicht urteilt. Und aus dem Bauch.

Ich spüre dennoch Widerstände gegen seinen Vorschlag. Er kommt mir albern vor. Aber als ich wieder auf meinem Platz sitze, unbeobachtet, wage ich einen kurzen Blick in mein Inneres, dahin, wo es so dunkel ist. Wo es leer und stumm ist. Nach ein paar Atemzügen stelle ich fest, dass ich nicht daran sterbe, wenn ich noch einige Atemzüge länger bleibe.

Und da ist es, das kleine Mädchen. Das Kind, das zu mir gehört und das ich nicht kenne. Es sitzt allein in einem Sandkasten, mit roten Gummistiefeln an den Füßen, und schaut mich aus großen Augen an. Es ist zart und vorsichtig und fremd. Und traurig. Es hat braune Haare und einen kurzen Pony, wie ich als Kind. Ich, die Erwachsene, komme mir vor wie eine alleinstehende, kinderlose Tante aus Amerika, die alle Schaltjahre zu Besuch kommt und dem Kind Geld auf ein Sparkonto überweist, statt lustige Sachen zum Spielen mitzubringen. Ratlos betrachte ich dieses Mädchen.

»Ich weiß nicht, was sie von mir will«, gestehe ich Samarpan am nächsten Tag. Es ist ein wenig peinlich, von jemandem zu sprechen, der nur in meiner Vorstellung existiert.

»Sei geduldig mit ihr«, beruhigt er mich. »Es geht nicht mehr darum, etwas zu tun. Es geht nur noch darum, dich zu lieben, so wie du bist.« Er fährt fort, dass das Kind eine Quelle der Freude und Inspiration, der Lebenslust und Leidenschaft sei: »*Relax.*«

Ich muss dieses zarte Wesen schon lange in mir unterdrückt haben. Aus Sicherheitsgründen. Die Welt war schon zu Kinderzeiten ein gefährliches Pflaster. Mütter konnten aus dem Zimmer gehen und nie mehr wiederkommen. Väter konnten nicht da sein, wenn man nachts aus einem bösen Traum aufwachte. Schulkameraden konnten einen triezen, und das Lieblingshaustier konnte im Suppentopf landen. Die Muttergottes konnte einem hinter jeder Tür erscheinen, und am Ostersonntag konnte man im Weihrauchdunst in Ohnmacht fallen. Man konnte Lieblingspullis und Lieblingsfreunde verlieren und nie mehr wiederfinden. Man konnte falsche Dinge sagen und tun, die einem nicht verziehen wurden. Und man konnte die richtigen Dinge sagen und sich erst recht Feinde machen.

Vorsicht war geboten. Das Herz konnte so schnell ausbluten. Es war gut, frühzeitig eine kleine Mauer drum herum zu errichten. Es war noch besser, die Mauer mit der Zeit aufzustocken und Schusswaffen darauf zu postieren – um Angreifer rechtzeitig abzuwehren, bevor sie die Mauer durchbohren und dieses kleine, weiche, empfindsame Herz treffen konnten.

Das war sehr gut, weil es funktionierte. Jetzt war das Herz sicher verschlossen. Keiner konnte ihm was antun. Es hatte zwar nicht mehr genug Platz zum Weitwerden und Pochen und war auch ziemlich isoliert, aber dafür ging es leichter, durch dieses Leben zu kommen. Zwar nicht mehr ganz so fröhlich und unbefangen, dafür mit mehr Widerstandskraft, einem gesundem Misstrauen und einer gehörigen Portion Distanz. Damit kam man sowieso besser durch.

Mein Herz und das Mädchen mit den roten Gummistiefeln sind identisch. Auf einmal finde ich all die Glückssucher um mich rum gar nicht mehr so schlimm. Ihre Verschrobenheit, ihr nicht zu deutender Gesichtsausdruck im Schweigen, dann wieder die Überschwänglichkeit, wenn sie beim Meister sitzen – das wird mir allmählich angenehm vertraut. Ihre inneren Kinder sind auch Waisen und suchen verzweifelt Anschluss. Weil die andern auch nicht perfekt sind, kann sich mein Gummistiefelmädchen endlich entspannen. Ich bin erleichtert, weil ich es endlich gefunden habe, und müde von all der Anstrengung, die es gekostet hat, mich ein Leben lang von ihm fernzuhalten.

Ich spreche es endlich an: »Was willst du?«

Es sitzt immer noch in diesem Sandkasten mit der Schaufel in der Hand und guckt mich an. Dann öffnet das Mädchen den Mund und sagt hoffnungsvoll: »Kuchen backen.«

Einen echten Kuchen oder einen Sandkastenkuchen?, analysiere ich blitzschnell. Ich werde mich auf keinen Fall mit einem unsichtbaren, eingebildeten inneren Kind in einen echten Sandkasten hocken und das Sandschippchen schwingen. Dann denke ich an das fabelhafte Marmorkuchenrezept von meiner Mutter, verwerfe es aber gleich wieder und nehme mir vor, mich nicht aus der Ruhe bringen zu lassen.

Ich fange an, mit diesem inneren Kindanteil spazieren zu gehen, betrachte eingehend Rosenblüten und Grashalme (wie die anderen verhaltensgestörten Leute im Seminar auch), sammle Steine, staple sie zu Männchen und schaukle auf dem Kinderspielplatz, bis mir schlecht wird. Das habe ich nicht mehr getan, seitdem in unserem Hühnerhof, in dem die Schaukel hing, die Hühner abgeschafft wurden. Denn ohne gackernde Hühner schaukelte es sich gar nicht gut.

Wieder höre ich die Kinderstimme: »Kuchen backen.«

Plötzlich kann ich mich treiben lassen. Ich grüble nicht mehr so viel darüber, was das wohl bedeuten könnte. Es wird aufregend. Ich lasse die Erwachsenenhaltegriffe los und stemme mich gegen den aufkommenden Wind, bis er mich trägt. Richtung Seminarhausparkplatz.

»Kuchen backen. Kuchen backen.«

Ich bekomme auf einmal Lust, blauzumachen und den Meister zu schwänzen.

»Kuchen backen.«

Ich setze mich ins Auto, fahre in den nächsten Ort, parke und steuere die Eisdiele am Marktplatz an.

»Kuchen backen.«

Ich setze mich an einen der runden Tische und durchforste die Eiskarte: Amarenabecher, Nussbecher, Pinocchio-Becher. Wann habe ich zuletzt ein Spaghettieis mit dieser süßen, pappigen Erdbeersoße gegessen? Ich kann mich nicht erinnern, überhaupt jemals so etwas gegessen zu haben. Weil eine Eiskugel, die überflüssigerweise durch eine Presse gequetscht wurde und dadurch ihre Konsistenz und die natürliche Form verlor, das Allerletzte ist, was ich essen würde. Spaghettieis ist indiskutabel. Dann kommt die Bedienung. Ich kneife die Lippen zusammen.

Sie schaut mich nach ihrem schwäbischen »Was kann i Ihna bringa?« geduldig an.

Ich hüstelte und bin geneigt, mich zu rechtfertigen: »Ihr Spaghettieis soll das beste im Landkreis sein, hab ich gehört.« Ich unterlasse es und sage laut und deutlich: »Ich hätte gern das Spaghettieis.«

Die Bedienung zieht kommentarlos von hinnen.

Kurz darauf löffle ich etwas viel Besseres als profanes Spaghettieis mit künstlicher Erdbeersoße: Ich löffle mit meinem Gummistiefelmädchen »kalte Regenwürmer in Blutsuppe«. Sie schmecken köstlich, und ich verspreche ihm, von nun an öfter ein Eis zu spendieren. Ich zahle und schlendere zur Drogerie neben der Eisdiele.

»Kuchen backen.«

Ich streune durch die Gänge; es sind zwei Seniorinnen im Laden, die sich lautstark über die »Alterserscheinungen« eines Angehörigen unterhalten: dass man sich kümmern müsse, solange es noch gehe. Ich dagegen habe »Kindheitserscheinungen«, das ist auch nicht ohne. Am Regal mit den Haarspangen bleibe ich stehen.

Ich trage keine Haarspangen, sie stehen mir nicht. Und als Mädchen benutzte ich für meine Zöpfe immer die Gummis, an denen zwei rote, kirschartige Kugeln hingen. Meine Hand greift nach einer großen Haarspange, deren glitzernde Flügel nach allen Seiten abstehen. Bevor mir klarwerden kann, dass ich damit wie ein aufgedunsener Schmetterling oder wie ein Travestiekünstler aussehe, bin ich schon mit der Spange in der Hand weitergegangen. Ich will zur Kasse, doch – »Kuchen backen!« – kurz davor biege ich plötzlich in den Parallelgang ab und finde mich vor einem Sonderregal mit Plüschtieren wieder.

»Kuchen backen!«

Nein, das ist zu viel! Ramsch kommt mir nicht ins Haus! Und schon gar nicht »Made in China«! Ich will schon weitergehen, doch da ist dieser kleine Teddy mit dem beigen Fell und den weißen Tatzen. Ich erkenne sofort, dass er der schönste im Regal ist.

Er guckt mich herzzerreißend an. Paul, denke ich. Er heißt Paul. Paul fühlt sich flauschig und knuffig an, und mein Gummistiefelmädchen strampelt vor Freude mit den Beinen, während ich mit undurchdringlichem Pokerface und Paul in der Hand zur Kasse gehe. Es ist ein Mädchen, denke ich, sie muss Pauline heißen. Ich habe einen Kloß im Hals.

Und schon liegt Pauline zusammen mit der Goldglitzerhaarspange im Schmetterlingsdesign auf dem Warenband. Auf Knopfdruck setzen sich beide ruckartig in Bewegung und fahren der Kassiererin entgegen. Ich bin nun die Einzige im Laden, der weibliche Teddy und ich stehen im Mittelpunkt. Gleich wird mich die Verkäuferin schief angucken.

»Meine Freundin hat ein Kind bekommen«, sage ich tonlos und finde mich zum Kotzen. Vor allem, weil die Kassiererin nichts antwortet, sondern Pauline nur respektlos über den Scanner zieht, als wäre sie ein totes Ding.

»E Gugg?«, fragt sie. Ich verstehe nicht. Ich gucke auf Pauline, aber die ist gar nicht gemeint. Da fällt mir wieder ein, dass ich in Schwaben bin.

»Wie bitte?«

»E Tüde?«

Ich schüttle vehement den Kopf. Da drin kriegt Pauline doch keine Luft! Mit der Spange verlangt die Kassiererin zwölfachtundneunzig und betrachtet beim Warten versonnen ihre blendend weißen künstlichen Nägel. Pauline ist dieser Schwäbin tatsächlich schnurzpiepegal.

Nun bin ich Besitzerin eines Staubfängers aus reiner Chemie, und mein inneres Kind ist stolz wie Oskar, dass es endlich mal was Anständiges geschenkt bekommen hat.

Ich gehe mit Teddy Pauline zum Auto, setze sie auf den Beifahrersitz, lasse den Motor an und heize durchs Schwabenland. Ich komme mir vor wie im Film *Thelma und Louise*. Ich bin Thelma, mein inneres Kind ist Louise. Und Pauline? Nun, die ist eben auch dabei. Aber bei uns dreien wird es im Gegensatz zum Film gut ausgehen, dafür werde ich sorgen.

In der Pension angekommen setze ich Pauline aufs Bett, klemme mir die Glitzerspange ins Haar und lasse die ganze Aktion auf mich wirken. Ganz ehrlich: Ich fühle mich wunderbar und zutiefst unvernünftig. Jetzt habe ich eine kleine Reisebärin, die in jeden Koffer passt und künftig jedes Hotel weltweit in ein kuscheliges Zuhause verwandeln kann.

Ich sage meinem Gummistiefelmädchen, dass wir zwar leider keinen Kuchen gebacken haben, aber dass ich mir für heute ganz schön Mühe gegeben habe mit Made-in-China-Pauline und so. Da meint das Mädchen: »Alles ist der Kuchen.«

Bloß nicht betteln

Das Schweigen nagt an jedem der Seminarteilnehmer. Jeder hat nur noch sich selbst. Und wenn man sich genauer in Augenschein nimmt, gibt es immer wieder blinde Flecken. Stellen, an denen man sich fremd ist. Doch gegen Ende der Woche sieht keiner mehr so aus wie zu Beginn. Die Gesichtszüge sind weicher, der Gang ist geschmeidiger. Manche Leute, die von Samarpan weggehen, wirken so selig, als hätte er ihnen einen Platz im Himmel garantiert. Sie haben etwas von seiner immerwährenden friedlichen Gelassenheit aufgeschnappt, die sie nun mit sich herumtragen – mit nicht vorhersehbarem Verfallsdatum, wie ich seit Eckhart Tolle weiß.

Andere müssen hinnehmen, dass er sie schweigend auf dem »heißen Stuhl« sitzen lässt, und das ist schwer auszuhalten. Für sie wie auch für die Zuschauer. Sie schmoren in ihren Fragen, warten auf eine bestimmte Antwort, die sie nicht kriegen, bleiben widerspenstig, beharren auf ihrem Problem. Wenn es ganz hart kommt, schließt Samarpan die Augen und meditiert. Dann bleibt den Widerspenstigen nichts anderes übrig, als irgendwann still und leise das Feld für den nächsten Besucher zu räumen.

Samarpan gibt selten Ratschläge und wenn, sind sie radikal: »Du brauchst keine Beziehung, wozu soll die gut sein?« Das sagt er zu einer Frau, die dringend einen Mann will wie andere ein neues Auto.

Sie greift nach einem Taschentuch und verliert die Contenance: »Ich will nicht allein sein.«

Sie klingt erbarmungswürdig. Alle im Raum spitzen die Ohren. Ich auch.

»Gott ist dein Bräutigam«, sagt er.

Ich finde diese Formulierung an dieser Stelle etwas zu rustikal.

»Das nützt mir nichts«, schnieft sie.

»Auch Jesus war am Kreuz allein. Gib deiner Einsamkeit deine liebende Aufmerksamkeit«, rät er ihr. »Lass Gott ihre Arbeit machen. Wenn ein Mann vorbeikommt – wunderbar. Wenn nicht, auch gut. Du bist frei.«

Ein Seufzen geht nahezu durchgängig durch den Raum. Samarpans Lust auf das Männerthema wächst. »Kein Mann kann dich glücklich machen«, spricht er weiter.

»Doch«, sagt die Frau trotzig. »Ich hab das schon erlebt.«

»Super. Und was ist passiert, nachdem er dich glücklich gemacht hat?« Samarpan guckt sie neugierig an.

Die Frau wischt sich den Schweiß von der Stirn: »Er hat mich verlassen. Er hat eine andere kennengelernt, sie ist zehn Jahre jünger ist als ich.«

Ein paar Leute seufzen wieder im Publikum. Ich höre sogar eine weibliche Stimme: »Ist doch Kacke.«

»Ich hab die Trennung immer noch nicht verdaut, ich bin immer noch sauer auf ihn«, klagt sie.

Und Samarpan erwidert bedeutungsschwanger: »Wenn du dein Zentrum in einen Mann verlegst, bist du am Arsch.«

»Ja«, sagt sie. »Absolut.« Und dann lacht sie unfreiwillig.

»Gib deine Macht nicht ab. Sonst wirst du zur Bettlerin. Ein Bettler trifft den anderen, und das nennen wir dann ›Beziehung‹.«

Einige im Raum gucken, als hätte man sie auf frischer Tat ertappt. Die Frau nickt nachdenklich. Ich bin glücklich, dass ich Freundschaft mit meinem Gummistiefelmädchen geschlossen habe.

Der Abschied naht. Als ich nach der Schweigewoche abreise, kann ich meinen Heiligenschein nur mit Mühe ins Auto quetschen. Zwei langjährige Samarpan-Schülerinnen – *devotees* nennt man sie in spirituellen Kreisen – machen sich mitsamt ihrem Reisegepäck auf den Sitzen breit. Ich nehme sie nach München mit.

Kaum ist das Redeverbot aufgehoben, höre ich mir an, wie es jetzt aller Voraussicht nach mit dem Selbstfindungstrip für mich weitergeht und dass Samarpan sogar E-Mails beantwortet. Kostenlos. Aus alter Gewohnheit spitze ich eifrig die Ohren bei all dem Tratsch. Doch wenn ich ehrlich bin, will ich nichts wissen. Der Grund liegt auf der Hand: Ich bin angekommen. »Meine jahrelange Suche hatte ein Ende«: So formulieren es die spirituell Erwachten feierlich in ihren Autobiografien. Sie benutzen alle die gleichen Worte; ich vermute stark, dass man in diesen Kreisen voneinander abschreibt. Um die Tradition nicht zu brechen, werde ich es auch tun, und überlege, welcher Verlag am besten passen würde.

Ich bin wunschlos zufrieden mit allem, wie es ist. Völlig unsentimental. Ich habe nichts mehr gegen den Rest der Welt einzuwenden. Ich hadere mit nichts. Ich habe vor nichts mehr Angst. Es gibt keine Probleme, und das ist sogar auszuhalten.

Ich bin endlich und endgültig und diesmal für immer gelandet: Ich habe mich gefunden. Alles andere ist egal, und ich beobachte, wie sich die Idee der Selbstfindungsautobiografie augenblicklich wieder in Luft auflöst – denn die könnte ja nur mein Ego schreiben. Und das habe ich von mir abgestreift wie einen Wintermantel bei Frühlingseinzug. Ich trete aufs Gas.

Erleuchtet bei der Arbeit

In meiner Wohnung angekommen, klingelt das Telefon. Ich bekomme grünes Licht aus der Fernsehredaktion – man hat mein drehfertiges Drehbuch abgenommen. Außerdem habe ich ein

Drehangebot und übernehme eine Rolle in einem Krimi an der Ostsee. Mein Leben groovt. Ich packe meinen Koffer nur kurz um. Es geht nach Norden.

Schon auf dem Flughafen habe ich den Verdacht, dass dieser Dreh völlig anders werden wird. Ich mag alle Leute, die vor mir einchecken. Es sind so liebevolle Menschen, mit ihren Handys, in die sie bellen oder nuscheln, mit ihren Zeitungen unterm Arm und ihrer Art, mich vor lauter Eile fast über den Haufen zu rennen! Ich mag es, wie sie auf ihren Notebooks herumhämmern, weil es so viel zu tun gibt! Und wie sie sich in der Schlange am Gate vordrängeln, um schneller nach Hamburg zu kommen! Die Männer sehen so toll aus in ihren schicken Designeranzügen, und die Frauen mit ihren sündteuren Handtaschen! Manche sitzen da und starren Löcher in die Luft, genau wie ich: Sie genießen das Warten! Ich bin versucht, hinzugehen und zu fragen: »Waren Sie auch bei Samarpan oder bei Eckhart Tolle?«

Auf dem Monitor läuft n-tv. Es wird zwischen zwei Korrespondenten hin und her geschnitten. Ich sehe, dass auf der Welt vieles nicht in Ordnung ist, aber es löst in mir nur ein friedliches Ja aus. Frieden und Krieg – das gehört auf einmal zusammen und bedingt sich gegenseitig, wie Schwarz und Weiß, wie Warm und Kalt, wie Arm und Reich.

Während des Fluges denke ich: Wenn wir jetzt abstürzen, wäre ich einverstanden.

Ich rühre in meinem Tomatensaft und stelle mir vor, ich sei ein Pfefferkorn, das an der Oberfläche treibt und mit einer Umrührung in der roten Flut für immer verschwindet. Ich trinke meinen Becher in einem Zug aus, und als die Stewardess ihn mir abnimmt, habe ich Liebesgefühle für sie.

An der Ostsee ist es eisig. Ich habe meinen Badeanzug umsonst eingepackt. Wunderschön für mich, da kann ich ihn im Koffer lassen und muss ihn nicht auspacken. Das Drehmotiv ist ein Schiff, das ich mit meinem Spielpartner entführen muss, nachdem ich den Kapitän in eine Kajüte eingesperrt habe. Ich vermute, dass wir auslaufen und auf dem offenen Meer drehen. Es ist stürmisch. Ich rechne damit, dass ich seekrank werde. Aber ich mache mir keine Gedanken wie früher – damals hätte ich im Vorfeld den Aufnahmeleiter wegen Reisetabletten oder Akupunkturnadeln genervt. Wenn es so weit ist, werde ich schon sehen, wohin ich mich übergeben kann. Neben dem halbwegs zarten Schollenfilet esse ich den geschmacklosesten Kartoffelsalat, der mir je untergekommen ist. Es gibt nicht mal Salz zum Nachwürzen.

Ich habe nicht den Eindruck, dass die Erdkugel sich andersrum dreht und es nichts mehr zu beanstanden gibt. Nein. Mich stört nur nichts mehr. Ich bin zufrieden und gebe am Nachmittag eine Runde Kuchen aus, der dem Kartoffelsalat verdammt ähnlich ist. Nicht nur in der Farbe, sondern auch im Geschmack.

Der Praktikant erzählt mir seine Lebensgeschichte – über drei Tage verteilt. Früher hätte ich einen großen Bogen um ihn gemacht oder im schlimmsten Fall gefakte Telefonate geführt, sobald er in meine Nähe gekommen wäre. Jetzt bin ich ganz Ohr. Ich brauche niemanden, der mich »bespaßt«. Ich brauche gar nichts. Das macht den Tag furchtbar einfach. Es passiert nichts Besonderes, eigentlich gar nichts, was irgendwie von der Norm abweicht. Ich bin auch nicht sonderlich unterhaltsam. Im Gegenteil: Ich schweige die meiste Zeit, grinse manchmal unmotiviert und ein wenig zu lange. Ein professioneller Selbstsucher würde mich sofort daran erkennen. Und für einen Nichtsucher ist Erleuchtung oder das, was ich als solche erlebe, ohnehin das Langweiligste, was es gibt. Langweiliger als abgestandener Champagner. Da prickelt gar nichts.

Ich verstehe allmählich, was Samarpan damals mit der Bemerkung »In-Liebe-Fallen« meinte: Ich lasse mich einfach nicht mehr allein. Ich habe keine besonderen Bedürfnisse mehr und sehr wenig Lust auf Süßes. Ja, Erleuchtung macht auch schlank.

Ich bin in einem anhaltenden, unspektakulären, vertrauensvollen Glückszustand, der nicht mehr aufhören will. Ich bin Maria The Deep Trust Bachmann.

10.

Grenzenlos

Zu entspannt im Hier und Jetzt

Schreibzeug, Tee, Butterbrezen. Zehn gestandene Schauspieler haben sich um einen langen Holztisch versammelt. Erster Tag des Schauspielworkshops. Alle sind gut, können aber noch besser werden. Training ist alles. Nicht umsonst hat Meryl Streep so viele Auszeichnungen im Regal. Sie ist immer noch im Training.

Niemand merkt mir was an. Niemand merkt, dass mein Ego nicht mehr da ist. Dass ich es praktisch aufgelöst habe oder es dahingeschmolzen ist – auch ohne vorher furchtbar gelitten zu haben wie Byron Katie.

Johanna sagt, ich hätte eine »schöne Energie«. Na bitte! Nur die »richtige« Arbeit an sich selbst zahlt sich aus. Jetzt werden alle sehen, wie wunderbar meine Erleuchtungsenergie im Schauspieltraining zur Geltung kommt. Wir haben uns Susann aus Los Angeles geleistet. Sie ist Schauspielcoach und inzwischen auch in Deutschland sehr begehrt. Das Ganze wird ein Heimspiel für mich, todsicher. Ein letzter Biss in die Butterbreze, und los geht's.

In der Szene soll ich an einer bestimmten Stelle nach einem Streit meinem Kollegen Markus eine Ohrfeige verpassen. So steht es im Text. Kleinigkeit. Wir bauen uns voreinander auf, spielen die Szene. Dann kommt die Stelle. Ich hole aus und ... stoppe.

»Ich kann Markus nicht schlagen«, sage ich.

269

»Du sollst ihn nicht schlagen, du sollst ihm nur eine kleben.«
Susann reagiert gelassen.

»Das geht auch nicht.« Ich stehe unschlüssig vor meinem
Kollegen.

»Du kannst ruhig zuschlagen«, ermutigt mich Markus und wird
rot – warum, weiß ich nicht. »Nur nicht mit der flachen Hand.«

»Es geht nicht um die Technik«, erkläre ich. »Die Technik kann
ich … Aber es geht einfach nicht.«

»Wieso nicht?«, fragt Susann.

Ich trete von einem Bein aufs andere. Spüre die neugierigen
Blicke der Kollegen auf mir.

Immer, wenn etwas nicht gelingt, wird's für alle Nichtbeteilig-
ten unheimlich aufregend. Dann denkt jeder für sich: »Ein Glück,
dass ich das nicht bin!« Und jeder schaut in einer Mischung aus
Voyeurismus und Mitgefühl zu, wie man auseinandergenommen
wird, bis das schmerzhafte, über Jahre sorgfältig weggesperrte
Defizit gefunden, an die Öffentlichkeit gezerrt, zerpflückt und
ausgemerzt ist (ein wenig wie im Satsang mit dem Erleuchteten,
nur nicht ganz so liebevoll). Das Defizit, das mich davon abhält,
eine wirklich atemberaubende Schauspielerin zu sein, nach der
sich alle Regisseure die Finger lecken.

»Du, das war eben ganz toll«, sagen alle verständnisvoll, wenn
alles vorüber ist. »Ich fand dich so mutig. Ich kenne das so gut
von mir selbst. Ich hab jetzt richtig viel gelernt.« Und man selbst
steht da, emotional ausgezogen bis auf die Knochen, und wenn
man noch Kraft hat, kann man stolz auf sich sein, weil man sich
für alle geopfert hat.

»Ich bin zu friedlich«, sage ich zu Susann. »Ich kann ihn nicht
schlagen.«

Susann guckt mich ungläubig an. »Der Text gibt dir Grund genug, richtig sauer auf Markus zu sein. Er hat dich mit deiner besten Freundin betrogen, während du nach deinem Autounfall auf
der Intensivstation lagst. Da ist man nicht friedlich.«

Susann steigert sich in die Sache hinein, als müsste sie selbst
die Szene spielen. Sie schreit fast.

Ich bleibe ruhig: »Ich weiß auch nicht. Der Text zieht nicht. Er hat mich betrogen, als es mir schlecht ging – gut, das ist für mich okay. Ich akzeptiere das. Wer weiß, vielleicht war es wichtig für ihn, mich zu betrügen. Ich weiß nicht, was für meinen Partner gut ist. Und überhaupt: Nichts bleibt, wie es ist. Das Einzige, was bleibt, ist die Veränderung.«

Der letzte Satz wirkt. Auf Susanns Gesicht erscheint ein riesiges Fragezeigen in Leuchtlettern. Dann raunzt sie mich an: »Das sind doch nicht die Gedanken deiner Rolle!«

Ich bin selbst verwirrt, dass ich mich in diese betrogene Frau nicht einfühlen kann und kein einziges Gefühl, das sie empfinden könnte, bei mir andockt. Wo ist meine Fantasie geblieben? Dabei tue ich normalerweise nichts anderes, als mir etwas vorzustellen, Gefühle dazu aufzubauen, an sie zu glauben und entsprechend zu handeln, als wäre alles real. Meine Kollegen sitzen vor lauter Spannung stocksteif da.

»Ich glaub, ich komme aus meinem Frieden nicht raus«, erläutere ich meine Gemütslage. »Klingt komisch, ist aber so.«

»Das hab ich noch nie gehört«, sagt Susann.

»Mir geht's zu gut, verstehst du?«

Ich muss lachen. Alle anderen gucken mich an, als hätte ich den Verstand verloren. »Vielleicht hab ich heute zu viel meditiert«, versuche ich abzuwiegeln. Obwohl ich gar nicht so viel meditiere.

»Du *willst* ihm doch eine Ohrfeige verpassen. Du hast ein definiertes Ziel in der Szene. Du willst was.« Susann redet mit mir wie mit einem kranken Gaul.

»Also, wenn ich ehrlich bin, will ich eigentlich nichts. Oder sagen wir so, ich komm nicht an das ran, was ich wollen sollte.«

»Was?«

»Wahrscheinlich kann ich in Zukunft nur noch friedliche, freundliche Rollen spielen«, entschlüpft es mir in einem Anfall von Selbsterkenntnis. »Sympathieträgerinnen, Märtyrerinnen, Langweilerinnen und Frauen, die nichts wollen.«

Alle schweigen. Markus setzt sich hin und beißt in die Butterbreze: »Hätte nicht gedacht, dass die so knusprig ist.« Er ist extra aus Berlin angereist und kennt keine Butterbrezen.

»Kämpf mit mir.« Die Schauspieltrainerin baut sich vor mir in Kampfhaltung auf. Ich unterdrücke ein Gähnen. Der Impuls will nicht kommen. Ich bin schlichtweg zu entspannt im Hier und Jetzt.

»Du steigst in das Spiel nicht ein, das ist alles«, kritisiert Susann.

»Genau, ich steige nicht ein. Ich kann nicht.«

Die Erklärung, dass ich eine Überdosis Erleuchtung abbekommen habe, erspare ich uns.

Mir wird schmählich klar, dass zu viel positive Satsang-Erfahrung im Berufsleben keinen Pfifferling wert ist. Ein Schauspieler braucht das leidenschaftliche Interesse an dem Kleinkram, der sich »menschliches Drama« nennt. Er sollte das sehr, sehr ernst nehmen, so, als hinge sein Leben davon ab. Er muss sich bedingungslos und leidenschaftlich mit den Problemen der Rolle identifizieren. Er muss Probleme lieben! Man muss total verrückt sein, um diesen Beruf auszuüben. Das ist genau das Gegenteil von dem, was jede spirituelle Lehre predigt.

»Du brauchst Kontur und Spannung.« Susann wird sachlich. »Du bist zwar durchlässig, aber viel zu ätherisch.« Ich müsse was mit »Schmackes« machen, meint sie. Das hat mir gerade noch gefehlt.

»Ich mache Yoga«, erkläre ich.

Sie verdreht die Augen wie Samarpan, wenn er sich langweilt, nur nicht ganz so perfekt: »Du musst an dir arbeiten, Maria.«

Als ich an diesem Tag endlich im Bett liege, stiere ich meine nachtdunkle Lamellenlampe an. Der Vollmond wirft einen weißen Lichtstreifen an die Wand. Ich bin emotional erledigt und völlig durch den Wind. Mein Plan mit der Selbstfindung ist nicht aufgegangen.

Frieden allein macht das Kraut nicht fett. Frieden ist nicht alles. Frieden ist nicht das einzige Ziel. Frieden kannst du in der Pfeife rauchen. Vor allem, wenn du Teil der Gesellschaft bleiben willst. Es kommt einfach nicht gut, wenn man bei einem privaten Produzentenessen mit fünf Gängen wie eine sphärische Lichtgestalt auf dem Philippe-Starck-Stuhl sitzt, während der filmpolitischen Debatte ein glorifiziertes Dauerlächeln in die Runde wirft und selbst dann nicht damit aufhört, wenn der Produzent am Ende erzählt, dass seine Frau am Vortag mit dem Praktikanten durchgebrannt ist.

Es kommt erst recht nicht gut, wenn man auf die Frage: »Bist du verliebt?«, antwortet: »Ja, und zwar in mich.«

Das Allerschlimmste ist, dass es einem im Zustand des egobefreiten Friedens völlig schnuppe ist, welche Wirkung man auf die Außenwelt hat. Das kann verheerende Folgen haben. Im Grunde müsste man Erleuchtete wegsperren, damit sie nicht zur Gefahr für sich selbst werden. Sie könnten sonst auf der Parkbank landen, wie Eckhart Tolle in seinen Anfangszeiten oder wie Samarpan, der ein Jahr lang in Ekstase in einem geschenkten Auto sein Dasein fristete.

Wie soll ich meine Selbstfindung und meinen Beruf unter einen Hut bringen? War die ganze Reise umsonst? Hört das Herumschrauben an mir selbst denn nie auf? Ich stehe auf und gehe an die Isar. Es ist so früh, dass noch nicht mal die Hundebesitzer unterwegs sind. Nieselregen benetzt mein Gesicht. Ich überquere die Flaucherbrücke. Sie ist von Nebel umhüllt. Ich kann trotz des ersten Tageslichts nicht weit sehen. Möwen kreischen. Ich möchte eine von ihnen sein. Sie denken nicht nach und wollen kein Ego loswerden, weil sie keins haben. Es geht ihnen nur ums Überleben, um Futter, um Paarung, ums Fliegen. Ich höre so was wie Pferdegetrappel, aber da sind keine Pferde. Es sind die Flügel der Schwäne, die sich rhythmisch und schwer arbeitend in die Lüfte erheben.

Ich wünschte, ich wäre hundert Jahre früher geboren. Dann würde ich auf dem Feld arbeiten und wäre abends müde. Ich würde gern auf das Ankommen bei mir verzichten. Aber Krieg, Hungersnöte und Epidemien sind auch keine diskutable Alternative. Ich wünschte, ich hätte fünf Kinder, viele Alltagsprobleme, die mich ausfüllen, und keine Zeit, mich um mein Seelenheil zu kümmern. Ich weiß aber auch nicht, ob das so viel besser wäre.

Ich beneide diejenigen, die mit sich im Reinen sind, im Einklang mit dem Universum leben und kaum Anstoß an was auch immer nehmen. Sie arrangieren sich mit den Gegebenheiten, und wenn was schiefgeht, legen sie sich in die heiße Badewanne, beten, fluchen oder rufen einen guten Freund an. Vielleicht sind sie oberflächlicher, aber manchmal bezweifle ich das. Ich gehöre jedenfalls nicht zu ihnen. Ich kann nicht zaubern. Und Resignieren hilft nichts. Ich muss schnellstmöglich den fein gesponnenen, spirituellen Schleier loswerden, in den ich mich gehüllt hatte und durch den ich nur noch schemenhaft die echte Welt sehe.

Der Morgennebel lichtet sich, und die Sonne kommt raus. Der Bäcker rollt das Eisengitter hoch und öffnet den Laden. Wie in New York, denke ich. Wenn ich sonst hier entlang laufe, ist das Gitter längst schon oben. Mich fröstelt. Ich kaufe einen Milchkaffee im Pappbecher, was ich sonst nie tue, und ein Croissant. Gehe mit beidem an meinem Haus vorbei, setze mich auf die Parkbank unter dem Kastanienbaum und stelle mir vor, ich sei fremd in der Stadt. Ich stelle mir vor, ich sei eine New Yorkerin, und esse mein erstes Croissant als New Yorkerin in München. Es ist das beste Croissant seit Langem.

Ich denke plötzlich, dass die Selbstsuche, wenn man nicht aufpasst, schnell zur Selbstsucht werden kann. Man tanzt nach ihrer Pfeife, ohne es zu merken, und gewöhnt sich an sie. Und mit Gewohnheiten kann man viel übertünchen und sich noch besser etwas vormachen. Vielleicht muss man manchmal nur alte Gewohnheiten ändern, um Land zu sehen. Aber davor muss man erkennen, dass es eine Gewohnheit ist. Ich nehme mir vor, morgen mein Croissant als Vietnamesin zu essen. Und übermorgen als Französin.

Bloody Mary schlägt zurück

Eine Woche später stehe ich in der Sporthalle der alten Volks-
schule in meinem Viertel. Der Geruch kommt mir bekannt vor. Es
riecht wie in der Turnhalle meiner eigenen Grundschule.

In der dritten Klasse trat ich in den Turnverein ein. Ich war fit
auf dem Schwebebalken, auf dem Reck und beim Bodenturnen.
Und ich beherrschte den Salto vorwärts auf dem kleinen Tram-
polin. Der Vorturner, der tolle Lothar, holte mich aus der Masse,
und ich durfte mit einer kleinen »Elitetruppe« in einem gesonder-
ten Teil der Halle trainieren. Ich wollte Bodenturnerin werden
und übte jeden Tag auf dem glatten PVC-Boden in unserer Küche
Spagat. Doch schon vier Wochen später konnten meine Schulkameraden urplötzlich Handstandüberschlag ohne Anlauf und
schlugen beidseitig perfekte Räder. Und Lothar schickte mich
ohne Erklärung wieder zurück zu den Durchschnittskindern zum
Purzelbaumschlagen.

Ich verstand nicht, warum. Hatte ich nicht alles gegeben? Gut,
mein linksseitiges Rad sah ein wenig eckig aus. Aber ich weiß
bis heute nicht, wieso die anderen Kinder auf einmal so viel
konnten; vielleicht gab Lothar ihnen heimlich Extrastunden und
schloss mich aus.

Sehnsüchtig guckte ich zur Leistungsriege hinüber, wo Lothar
Hilfestellung beim Hochdrücken aus der Rückwärtsrolle in den
Handstand gab, während ich mich mit Babykram abgeben musste.
Ich verzog mich in den Geräteraum hinter die großen Kästen,
legte mich auf den Boden, rollte rückwärts und versuchte, mich
von da aus hochzudrücken. Aber es war unmöglich. Ich versuchte
es wieder und wieder und konnte es nicht glauben. Irgendwas
war mit meinen Armen los. Sie konnten nichts bewegen. Dann er-
wischte mich die Gruppenleiterin in meinem Versteck und nötigte
mich zu den anderen zurück.

Ich wagte einen weiteren Blick zur Leistungsriege hinüber. Die
Mädchen scherzten mit Lothar, knufften ihn und erzählten Witze.
Dazu war ich ohnehin nicht in der Lage. Außerdem kannte ich

nur einen Witz. Das war der von dem Mann, der im Pralinenladen rumkugeln wollte. Ich stand im Abseits und musste zuschauen, wie sich die anderen amüsierten. Es war eine Niederlage für mich.

Nach Niederlage riecht es auch jetzt in der Turnhalle, in der das Frauenboxen stattfindet. Nach Niederlage gemischt mit süßlichem Kinderschweiß, Sauerstoffmangel und dem Leder der Medizinbälle. Aber das wird mich alles nicht abschrecken, denn hier werde ich die mir fehlende Kontur und Substanz bekommen. Thomas, der Trainer – früher selbst Turnierboxer –, scheucht uns im Kreis durch die Halle. Er kann nur halbe Sätze: »Aus dem Liegen aufspringen, zur anderen Seite. Los geht's. Rennen! Tempo, nicht einschlafen, weiterweiterweiter!«

Zehnmal hintereinander. Mich so zu triezen, hat sich schon lange keiner mehr getraut. Lieber mauere ich mich in einen fensterlosen Meditationsraum ein, als bis zum Herzstillstand durch eine von traumatischen Kindheitserinnerungen geschwängerte Turnhalle zu hechten. Ich japse nach Luft.

Die anderen Frauen sind drahtig und fit, bis auf zwei moppelige sechzehnjährige Mädels, denen man Boxen zur Gewichtsabnahme verordnet hat. Danach stehen zwanzig Minuten Basketball auf dem Programm. Ich kann Ballspiele nicht ausstehen! Es sei denn, es geht um die Fußballweltmeisterschaft und ich sitze mit einem Bier und Knabberzeug vorm Fernseher. Ich verstehe einfach nicht, wieso ich mit diesem runden Ding durch die Halle dribbeln soll, um es dann durch diesen lächerlichen Ring zu werfen. Dort bleibt es ja nicht mal liegen, was immerhin ein nachvollziehbares Erfolgserlebnis wäre. Nein, es kommt unten wieder raus, damit das dumme Spiel von vorn anfängt. Was soll daran Spaß machen?

Ich überlege, ob ich mit dem Boxen aufhören soll, noch bevor es angefangen hat. Aber da geht es auch schon in den Trainingsraum. Der Boxring besteht aus provisorisch gespannten Seilen aus der Nachkriegszeit. Die Kraftmaschinen sehen wie Relikte aus der Max-Schmeling-Ära aus, die gleichermaßen als Museumsstücke und Trainingsgeräte dienen. Beinmaschine und Bauchtrainer funktionieren noch.

Es folgt ein Zirkeltraining mit minutenlangem Seilspringen. Meine Füße schaffen es mit Mühe, sich zwei Millimeter vom Boden zu heben, damit sich das Seil durchzwängen kann. Ständig trete ich darauf und verheddere mich. Aber dann platzt der Knoten plötzlich, und es flutscht: einszweidreivierfünfsechssiebenachtneunzehn … Ich habe keine Zeit zum Fühlen oder Loslassen. Keine Zeit zum Akzeptieren. Keine Zeit, mich im Glücksrausch zu sonnen. Und keine Zeit, mich zu ärgern.

Liegestütze. Dann in Bauchlage den Medizinball an die Wand werfen, wieder auffangen und danach Männergewichte stemmen. Ich denke inzwischen schon so, wie Trainer Thomas spricht. Meine spirituellen Gene werden derart durcheinandergeschleudert, dass ich schneller als das Jetzt werde. (Das muss ich unbedingt Eckhart Tolle erzählen.) Wieder Seilspringen. Ich triefe vor Schweiß. Pause.

Ich bandagiere zum ersten Mal meine Hände und mache mich für den ersten Boxschlag bereit. Die Binde schmiegt sich an meine feuchte Hand. Ich mache eine Faust. Kraft oder das, was ich dafür halte, durchzieht meinen Körper. Die Boxhandschuhe verwandeln meine Hände in Kampfmaschinen. Ich zurre den Klettverschluss fest und bin eine andere. Wie im Film.

Wenn bloß Markus hier wäre. Jetzt könnte er sich über eine gesalzene Ohrfeige freuen, auch ohne Text, eine, bei der es seine Münchner Butterbreze nur so zerbröselt.

Ich lehne mich, die Arme bequem auf den Ringseilen ausgestreckt, in meine Ecke, als wäre sie mein Wohnzimmer. Das öffnet die Lungen. Thomas winkt mich in die Ringmitte und hält die Pratzen hoch, die Schlagpolster: »Eins – fünf – zwei – drei – zwei – drei. Schneller, weich in den Knien. Vorhand. Deckung! Wo ist deine Deckung?!« Und er langt mir mit der Pratze eine. Nur angedeutet, aber es reicht mir, um zu vergessen, dass ich jemals auf der Suche nach mir selbst war.

Hier muss mein spiritueller Geist in die Beine fliehen und

schnell sein. Ich weiche zurück, und das Spiel wird ernst. Ich greife wieder an.

»Drei – fünf – sieben«, kommandiert Thomas.

Ich dresche dreimal, fünfmal, siebenmal abwechselnd rechts und links auf die Pratzen ein. Danach bin ich fertig und falle in meine Ecke.

»In Ordnung«, brummelt der Trainer.

Die Runde hat vielleicht zwei Minuten gedauert. Mein Körper ist ausgelaugt, und es denkt in mir nur einen einzigen Satz: Boxen ist Schinderei.

Nach eineinhalb Stunden schließe ich mit zittrigen Fingern mein Fahrrad auf und bin nicht mehr ich. Ich bin ein Wandschrank. Breit, stark, hoch und schwer. Da ich nicht aufs Rad passe, schiebe ich es nach Hause und wünsche mir, dass jemand mich blöd anmacht. Über Substanzlosigkeit kann ich mich nicht mehr beklagen.

Auf einmal interessiere ich mich für Boxkämpfe und sitze gebannt vorm Fernseher, als Wladimir Klitschko gegen Chris Byrd gewinnt. Ich bin sicher, dass die alle partiell erleuchtet sind, zumindest, wenn sie boxen. Sie erreichen diesen Zustand nur anders. Vielleicht durch Körperlichkeit, Konzentration. Sie sind im Flow, leben aus dem Moment für den Moment.

Ich schwärme Susann von meinen Erfolgserlebnissen vor. Daraufhin meldet sie sich in Berlin auch gleich beim Boxverein an.

Seit einiger Zeit trainiert ein Mann in froschgrüner Retro-Adidas-Hose beim Frauenboxen mit. Er heißt Kenan, ist einige Jahre jünger als ich und drückt sich jedes Mal vorm Seilspringen, weil er es angeblich »in den Knien« hat. Er jammert auf Türkisch-bayerisch: »Isch hasse Seilsprrrringen«, und rollt das R dabei. Im Zirkeltraining stöhnt er wie ein Mädchen, während wir Mädchen diszipliniert wie Kerle unsere Liegestütze absolvieren. Er beschwert sich über jede zusätzliche Runde. Ich mag Fräulein Kenan, weil ich mir neben ihr noch stärker vorkomme, als ich es inzwischen sowieso schon bin.

Als ich eines schönen Trainingstages den Ring betrete, steht nicht Thomas mit den Pratzen, sondern Fräulein Kenan mit Boxhandschuhen vor mir.

»Was ist mit einem Kopfschutz?«, frage ich.

Er deutet auf das Regal, in dem einige Boxhelme herumliegen, die schon viele Treffer abbekommen haben. Aber einen Kopfschutz findet der Trainer nicht zwingend nötig, es sei ja nur ein kleines Training, zum Ausprobieren. Ich soll versuchen, Kenan zu treffen. Der tänzelt schon ganz hibbelig vor mir hin und her. Ich bekomme einen Adrenalinschub. Hat der noch nichts von Ahimsa gehört, Gewaltlosigkeit, die man gleich in der ersten Yogastunde gepredigt bekommt?

»Was ist los, Maria? Greif an!«

Ich muss zurück ins Jetzt, hier spielt die Musik. Mein innerer Klitschko sagt: »Tu's!« Aber ich traue mich nicht. Kenans Fäuste sehen nicht so einladend aus wie meine geliebten Pratzen.

»Ich will ihm nicht wehtun«, jammere ich und komme in Bewegung.

»Du trrrriffst misch ja eh ned«, versucht Kenan, mich zu provozieren.

Ich nehme allen Mut zusammen, hole aus und – schlage zu!

Ich hab's getan!

Es fühlt sich gut an, und ich bekomme vom Trainer ein Lob, weil ich ihn am Kinn getroffen habe: »Gut, weiter so, Bloody Mary.«

Es fängt an, Spaß zu machen. Weil ich mir zu viel Zeit für meine Freude nehme, platziert Kenan in der Zwischenzeit einen Treffer in meinem Gesicht. Und schon ist die Lippe dick.

»Was ist mit deiner Deckung?«, schreit Thomas mich an. »Du warst total frei!«

Ich breche ab. Kenan ist jetzt richtig in Fahrt und hat gar keine Knieprobleme mehr. Meine Lippe blutet.

»Macht nichts, weiter«, feuert Thomas mich an.

Aber ich kläre ihn darüber auf, dass ich aus beruflichen Gründen mein Gesicht noch brauche. Auf dem Heimweg – diesmal

als Schrankwand Eiche rustikal – bemerke ich Durchblutungs-
störungen im Handrücken. Das muss ich beobachten.

Boxen meets Satsang

Nach dem nächsten Boxtraining gehen wir Mädels inklusive
Kenan noch einen trinken, und ich treibe Smalltalk mit meinen
Mitboxern. Wir sprechen über unsere Freizeitgestaltung. Als dabei rauskommt, dass ich öfter an Schweige-Retreats teilnehme,
fragen sie, was ich dort mache, außer nicht zu sprechen.

Ich antworte: »Zu mir kommen.«

Allgemeines Gelächter. »Weil sonst keiner zu dir kommt?«,
fragt eine der beiden übergewichtigen Sechzehnjährigen.

Noch größeres Gelächter. Sollten kleine Moppelmädchen
um diese Urzeit nicht längst im Bett liegen? Ich lache trotzdem mit.

Kenan bohrt nach: »Ist das ned langweilig, wenn du nix quas-
selst?«

»Nein, der Kopf quasselt doch auch, wenn du still bist. Ist ein
Superunterhaltungsprogramm.«

»Äh?«, fragt er und ich wünschte, jemand würde mich anrufen
und mich ganz dringend für einen Spontanumzug als Helferin
brauchen.

»Na ja, du merkst doch, wenn du denkst.« Ich gebe mir Mühe,
nicht zu esoterisch zu klingen.

»Da hab ich noch nie drauf geachtet«, kichert Kenan, und ich
glaube ihm sofort. »Beim Boxen denk ich nur, dass ich treffen
will.«

»Oder du denkst: Hoffentlich muss ich nicht noch Seilspringen«, souffliere ich.

»Genau!« Kenan lacht sich scheckig und klopft sich auf die
Schenkel. Ich finde ihn einfach süß. »Was soll des bringen, wenn
ich mich mit mir selbst unterhalt und ned laut?«

»Darum geht's ja: dass man damit aufhört.«

Er deutet auf sein Oberstübchen: »Eigentlich geht doch permanent da oben was ab. Ey! Das nervt manchmal. Da geht nur nix ab, wenn du total konzentriert bist. Oder beim Ficken, wenn's gut is.«

Die sechzehnjährigen Mädeln halten sich glucksend die Hände vor den Mund. Ich nicke erfreut: »Genau das mache ich im Schweige-Retreat. Ich konzentriere mich darauf, dass ich nicht so von mir selber genervt bin.«

»Ey, das is cool.« Wieder lacht er. »Und da sitzt einer vorne, der sagt dir, dass du dich wieder konzentrieren sollst oder so.«

»Ja, so ungefähr.«

»So 'n Moderator oder so was.«

»Ja, der hat halt schon mehr Erfahrung als alle anderen.«

»Und auf was konzentrierst du dich?«

Jetzt schwitze ich: »Auf alles, was so kommt, das ist ziemlich abenteuerlich manchmal. Und wenn was hochkommt, also Gefühle oder so, sagst du dir: Das bin nicht ich.«

Kenan klopft sich wieder auf die Schenkel, er lacht hell auf: »Das bin ich ned! Hammer.«

Eins der beiden Pummelchen meldet sich zu Wort: »Und was bist du dann?«

Alle, mich inbegriffen, schweigen, und kein Telefon klingelt.

»Na ja, das kann man so nicht sagen. Das findet man dann raus. Irgendwann. Vielleicht. Das ist schon sehr mysteriös.«

Alle gucken mich an.

»Also, ich bin anders, als ich immer dachte.« Ich räuspere mich, aber eigentlich will ich mich lieber übergeben.

»Und des is ned langweilig?« Kenan grübelt. Er wirkt jetzt hochkonzentriert.

»Nur, wenn man viel nachdenkt.«

Fräulein Kenan schaut aus dem Fenster, als würden Feen und Elfen vorbeifliegen. »Und für was soll des gut sein?«

Ich glaube, mein Stuhl brennt. »Für alles. Beruflich, privat … dir geht's dann besser, weißt du.«

Das Argument kommt leider nicht an.

»Kost des was?«, fragt er.

»Wer kein Geld hat, kriegt es manchmal auch umsonst.«

Er macht große Augen. »Cool.«

Auch die anderen schauen mich ungläubig an. »Also eine Woche lang kein Wort? Auch ned ›Guten Tag‹ oder so?«

»Nein, nichts. Du redest nur mit dem Moderator bei den täglichen Treffen. Sonst nichts.«

»Mhm«, macht Kenan, immer noch nachdenklich.

Dann rufe ich die Bedienung, weil ich zahlen will.

»Ey, ich lad dich ein, Schwester«, sagt Kenan großzügig. »Des is lustig.«

Er schüttelt fassungslos den Kopf, während ich hektisch meine Sporttasche unter dem Stuhl hervorzerre. »Ey. Nix quasseln. Zieh dir des mal rrrrein!«

Die schrecklichen Mädchen glucksen.

Beim Hinausgehen höre ich Wortfetzen von »Kloster« und »Zen-Mönche« und »Poppen, ohne ein Geräusch dabei zu machen« und schallendes Gelächter.

Ab jetzt ist Kenan bei jedem Training begierig darauf, mehr über meine Selbsterfahrungserfahrungen zu erfahren. Er fragt nach, macht sich sogar Notizen in sein Smartphone, meint, dass man durch dieses »mentale Gedöns« doch die ganze Welt verändern könne. Er sieht regelrecht beseelt aus. Er nennt mich »die Priesterin«, und ich wiegle ab, dass das alles nicht so schnell gehe und ich eigentlich immer weniger wisse, was das Richtige sei. Da gebe es kein Pauschalrezept. Je mehr er nachfragt, umso wortkarger werde ich. Weil ich wirklich nicht mehr weiß, was nun der bestmögliche Weg für ein gutes Leben ist.

Ein paar Tage später helfe ich Kenan bei seinem Umzug von München nach Bad Tölz. Er macht dort eine Ausbildung zum medizinischen Bademeister. Bisher war er Pizzaausfahrer und Personal Fitnesstrainer. Ich schleppe mit Kenans Freunden seine Habseligkeiten, die hauptsächlich aus Sportklamotten, Sportschuhen und Hi-Fi-Equipment bestehen, die Treppen hinauf, und als wir fertig sind, essen wir Pizza und flirten.

Auf dem Weg zum Auto berichtet er mir, dass er sich bei einem Zen-Meister zum Meditieren angemeldet habe. Aber auf Alkohol werde er nicht verzichten. Lieber auf sein Ego. Mit diesen Worten zieht er einen fertig gedrehten Joint aus der Tasche, zündet ihn an und nimmt einen tiefen Zug. Dann benetzt er die glimmenden Papierränder mit Spucke und hält ihn mir hin. Ich will nicht ziehen. Als er sich für meine Umzugshilfe bedanken will, falle ich ihm um den Hals.

»Was geht ab, Schwester?« Er schiebt mich mit sichtlichem Missfallen von sich, als wäre ich ein Baby mit vollen Windeln.

Ich sage: »Nichts. Berichte mir vom Meditieren.«

Kenan ist einfach Kenan.

Ich rolle in meinem Wagen langsam die abschüssige Straße hinunter. Im Rückspiegel sehe ich, wie Kenan mir mit seinem Joint hinterhertanzt und irgendwas rappt, was ich nicht verstehen kann. Auf jeden Fall kommen die Worte »Priesterin« und »Sünderin« darin vor. Als ich ihm durch das Schiebedach zuwinke, hat er sich schon umgedreht und geht ins Haus. Ich höre nie wieder was von ihm.

Alles ist der Kuchen

Das, was ich immer so gern tue, tue ich nicht. Nämlich schreiben. Ich will gern schreiben, denke mich schreibend, weiß, wie schön es ist, zu schreiben. Ich stelle mich mir schreibend vor: die Brille auf der Nase, den Blick abwechselnd auf die Tastatur und aus dem Fenster gerichtet.

Ich habe in den letzten Jahren ständig geschrieben. Geschichten, Drehbücher, Briefe. Das hat abrupt aufgehört. Ich schreibe nicht mehr. Mir fällt nichts kein, kein Thema, kein Gedanke, nichts. Mein Kopf ist eine unendliche Sandwüste. Mein Hirn vom Sandsturm eingetrocknet. Zerfurcht.

Im Regionalprogramm läuft die Wiederholung eines Films, zu dem ich das Drehbuch geschrieben habe. Ich bleibe beim Durchzappen daran hängen. Frage mich: Wie habe ich eigentlich dieses Drehbuch von einhundertzwanzig Seiten hinbekommen? Ich habe vergessen, was man anstellen muss, damit Worte aus einem heraus wollen.

Ich habe seit genau fünf Monaten und acht Tagen eine Schreibblockade. Das ist eine Krankheit, die auch Ernest Hemingway und Franz Kafka befallen hat. Ich sitze vor dem Notebook, klappe es auf, stiere auf das leere Word-Dokument, zähle, wie oft der Cursor in der Minute blinkt, verzähle mich, bestaune die Buchstaben auf der Tastatur und klappe das Teil wieder zu. Meine Freundin Sybille hat gerade einen Durchbruch. Ein Filmauftrag nach dem anderen kommt rein. Es fließt ihr nur so aus der Feder. Sie hat tausend Ideen. Ich habe keine einzige. Ich kann mich nicht mit ihr freuen, und das kratzt sie. Micht kratzt es, dass sie im Schreibfluss ist und ich nicht. Seit Neuestem halten wir etwas Abstand.

Ich hatte schon öfter schreibfreie Phasen, aber diese ist extrem. »Ich habe nichts zu sagen.«

»Aber das gibt es doch gar nicht«, sagt mein Drehbuchagent bei unserer Besprechung und rauft sich die Haare.

»Doch, das gibt es.« Es hat keinen Sinn, dass ich mich zu irgendwas zwinge; es bringt nichts.

»Schreib spielerisch«, motiviert er mich. »Es soll dir Spaß machen, denk nicht ans Ergebnis.«

»Weiß ich.«

Ich habe vergessen, wo die Buchstaben für »Spaß« auf der Tastatur zu finden sind. Das Einzige, was ich gerade noch schreiben kann, ist: »Käse«, »Butter«, »Brot«, »Tomaten« und »Jack Daniels«. Ist dies das Ergebnis der Jahre meiner jahrelangen Innenschau? Sollte mit meinen vielen Erkenntnissen nicht alles besser werden? Hab ich nicht eine kleine Belohnung verdient? Ich fühle mich nicht imstande, diese Emotionen zu mögen. Eher wäre ich in der Lage, meinen Computer zu zertrümmern und aus seinen Überresten ein lustiges Feuerchen zu machen.

Der Unterschied zu früher besteht darin, dass ich für meinen Ärger vollstes Verständnis habe und jetzt endlich begreife, dass der Ärger das ist, was es zu akzeptieren und, ja, zu lieben gilt. Das muss Byron Katie wohl auch damit meinen, wenn sie sagt: »Liebe, was ist.« Das bringt mir zumindest manchmal ein bisschen Frieden ein. Und dann verstehe ich die Welt für Minuten oder sogar Stunden. Aber es ändert sich nichts. Was ist nun der beste Rat? Die Situation akzeptieren? Oder aktiv dagegen angehen? Und wenn ja, wie?

Ich putze meine Wohnung mit dem neuen Fußbodenreiniger, der nicht nur wie eine ganze Frühlingswiese duftet, sondern auch viel mehr Reinigungskraft besitzt als alle anderen Reiniger auf diesem Erdball jemals zuvor. Das macht mir zwischenzeitlich gute Laune. Ich könnte ersatzweise eine Karriere als Putzfee anpeilen.

Ich gehe kaum noch ans Telefon, weil ich mir einbilde, dass alle Anrufer nach meinen Filmideen fragen könnten; ja, sogar der Typ, der immer stapelweise die Werbung vor den Briefkästen ablegt, oder mein Hausmeister, der mich lediglich darauf hinweisen will, dass jetzt der Haustürschlüssel auch für den Fahrradraum passt. Dafür bin ich jedes Mal geblendet, wenn ich meine blitzsaubere Wohnung betrete. Mein Bankkonto ist übrigens auch schon fast so blank wie mein Boden. So sehe ich mir dabei zu, wie ich von Tag zu Tag einer Wachsfigur von Madame Tussauds ähnlicher werde, sobald ich am Schreibtisch sitze; wie ich immer handlungsunfähiger werde und schnurstracks einer kleinen, trübsinnigen Lebensverstimmung, sprich Depression, entgegenschlittere.

Irgendwann nehme ich mich an die Hand, setze mich an den Küchentisch, zünde eine Kerze an, schließe die Augen und fühle alles, wie es kommt. Das ist schwer auszuhalten. Ich rutsche unruhig auf dem Stuhl hin und her. Aber ich habe mir verordnet, für die nächsten zwanzig Minuten nicht mehr aufzustehen. Im

Grunde habe ich sämtliche Lehren, von denen ich jemals gehört habe, zu meiner eigenen zusammengeschmolzen. Und die lautet: sitzen bleiben, auch wenn das Haus abbrennt.

Ich gucke mir die Sackgasse an, in die ich geraten bin. Ich betrachte das Schweigen meiner Kreativität. Dieses Schweigen ist feindlich, schwer und kalt. Wie schnell kann man bei dieser Kälte krank werden … Ich begebe mich in die Kälte, schnattere, bibbere. Ich springe mitten hinein in die Schwere und falle. Und falle. Unten angekommen, betrete ich eine Kammer, auf deren Tür steht: »Angst«. Ich bekomme Schweißausbrüche und will vom Küchentisch aufstehen. Aber ich verbiete es mir. Ich versuche, immer wieder meinen Atem zu spüren, wie er ein- und ausströmt. Ich versuche, das Schauspiel wie ein Zuschauer zu beobachten. Ich halte die zwanzig Minuten durch. Es fühlt sich wie ein kleiner Sieg an.

Von da an setze ich mich jeden Tag hin und gebe mich in die Hände meiner inneren Dämonen. Ich richte die Bühne für sie her: »Ihr könnt kommen, ich schaue zu.« Das tue ich mehrere Monate lang. Konsequent. Mal morgens im Bett, mal unterm Baum, mal auf dem Balkon, mal auf dem Meditationskissen, mal im Wartezimmer beim Arzt. Manchmal setze ich meine Made-in-China-Pauline dazu, damit mein inneres Kind nicht so allein ist. Ich versuche, wach zu bleiben und mich so zu mögen, wie ich bin. Das regelmäßige Meditieren macht den Tag lebenswerter und gibt ihm einen Sinn. Nach dem Meditieren ist zumindest irgendetwas geschafft, das gut ist. Ich kann am Stück zwanzig, manchmal dreißig Minuten sitzen, ohne aufzustehen.

Aber ich schreibe keine Zeile.

Als Samarpan mit seinem reisenden Zirkus wieder in die Stadt kommt, gehe ich nicht hin. Ich habe ein Problem, bei dem er mir nicht helfen kann. Existenzielle Themen wie meine Schreibhemmung sind letzten Endes nichts anderes für ihn als der abgerissene Knopf einer Strickjacke: »Es ist, wie es ist.«

Aber als ich über ein Jahr nichts geschrieben habe, raffe ich mich doch irgendwann auf. Schlechter werden kann es ja nicht.

Ich fahre mit gemischten Gefühlen zum Veranstaltungsort nach Schwabing. Einerseits freue ich mich, Samarpan gleich wiederzusehen. Es war bisher jedes Mal wie ein Familientreffen, und manchmal ging ich danach mit anderen Satsang-Fans zum Italiener. Wir besprachen, wo wir bei der Wahrheitssuche gerade standen, und amüsierten uns über unsere Blockaden.

Wenn ich Samarpan längere Zeit nicht gesehen habe, bekomme ich normalerweise im Laufe des Abends irgendwann Herzklopfen. Ohne bestimmten Grund. Das ist das Zeichen für mich, nach vorn zu gehen und bei ihm zu sitzen. Dann lasse ich mich auf dem »heißen Stuhl« nieder, schwitze im Scheinwerferlicht wie andere in der Sauna, und am Ende des Gesprächs bin ich wieder mit dem universellen Frieden verbunden.

Ich stelle mein Fahrrad ab und überquere den Hinterhof. Ich bin spät dran. Samarpans Auto steht schon da. Mir ist, als würde ich zu spät zum Schulunterricht kommen, und ich eile die Treppe hoch. Ich bremse mich vor dem Eingang. Durch die Glastür sehe ich mindestens hundert Paar Schuhe vor dem Seminarraum stehen. Alle Größen, alle Formen und Farben. »Wir müssen leider draußen bleiben.« Ich lächle. Ich luge durch die Tür. Aber ich gehe nicht hinein, sondern betrachte das bunte Schuhwerk der Selbstsucher. So unterschiedlich ihre Schuhe sind, so unterschiedlich sind auch die Gründe, warum sie hierherkommen. Irgendetwas treibt sie an, genau wie mich. Etwas Unerfülltes, etwas, worauf sie keine Antwort haben, aber eine finden wollen. Es wäre kein Problem, meine Boots auszuziehen und zu den anderen zu stellen, wie früher. Aber ich entscheide mich anders.

Ich setze mich auf die oberste Treppenstufe. Es riecht nach Land mitten in der Stadt, es ist ein lauer Sommerabend. Amseln zwitschern. Ich habe mal gehört, dass eine Amsel niemals die gleiche Melodie singt. Sie wiederholt sich nie. Dann muss es einer Amsel auch unmöglich sein, sich jemals zu langweilen, schließe ich. Ich frage mich, wieso ich nicht hineingehe und überprüfe, ob mir mein konditioniertes Denken nur mal wieder ein Schnippchen schlägt. Vielleicht erklimme ich gerade die nächste Stufe der Selbstfindung, und mein System wehrt sich nur gegen die Neuerungen. (Ich befürchte insgeheim, dass eine Erleuchtung mit allem Drum und Dran mich vielleicht berufsunfähig machen könnte – und ich bin nicht dagegen versichert!)

Samarpan würde sicher sagen: »Das ist nur der Verstand, der die Macht über dich behalten will. Ignoriere ihn einfach.«

Ich versuche, mich auf das Energielevel einzustimmen, das mich im Satsang-Raum erwartet. Es animiert mich nicht zum Aufstehen. Ich entscheide, dass ich an diesem Abend Samarpan sicher nicht mehr besuchen werde. Und halte meinen eigenen Satsang ab: unter freiem Himmel und bei Amselgezwitscher auf der Treppe.

Ich berichte meinem inneren Samarpan von meiner Auszeit von der Schriftstellerei.

Er antwortet: »Das ist interessant.«

Ich erzähle von den existenziellen Ängsten, dem Verdacht, für immer schreibbehindert zu sein, und frage ihn, was ich tun könnte, um wieder in kreativen Fluss zu kommen.

Er sagt: »Fühl die Gefühle.« Und: »Es ist nicht *deine* Kreativität. Es ist Gottes Kreativität. Du kannst sie nicht erzwingen.«

Das habe ich erwartet. Ja, ich bin letzten Endes verdammt machtlos. Und selbst die Bücher von Leuten, die Tipps parat haben, wie man solche Phasen übersteht, helfen nicht, kein bisschen.

Ich höre Samarpans Stimme in meinem Kopf: Wenn Gott will, dass ich schreibe, wird er schon Mittel und Wege finden, mich zum Schreiben zu bringen. Abschließend meint der inwendige Meister: »Was, wenn du niemals mehr auch nur ein Wort schreiben würdest?«

Ich gebe zu, dass das schrecklich wäre. Ein Desaster. Aber das Leben würde trotzdem weitergehen. (Ich denke in diesem Moment an einen Neubeginn als Putzfee. Und im nächsten daran, dass Franz Kafka und Ernest Hemingway ihre Schreibblockaden auch überlebt haben und ich vielleicht doch keine Putzfee werden muss.)

Er wiederholt: »Es ist jetzt nicht die Zeit zum Schreiben.«

Damit ist meine Audienz bei meinem inneren Samarpan beendet, und ich öffne die Augen. Es ist genauso, als wäre ich persönlich bei ihm gewesen. Ich stehe auf und gehe langsam die Treppe hinunter.

Es hat keinen Zweck mehr mit dem Meister. Samarpan ist kein Schriftsteller, er hat keine Ahnung, was er mir da rät. Er aalt sich in der Fülle des Moments, lässt sich von einem Devotee Wasser nachschenken, wenn sein Glas leer ist, und Gott einen guten Mann sein! Er spielt jede Woche Golf. Er ist überhaupt nicht realistisch, sondern, wie sein Name schon sagt, dauerhaft in der »Hingabe«. Es ist ihm völlig egal, ob ich schreibe oder nicht. Weil er alles gerade so liebt, wie es ist! Sogar mich. Für ihn gibt es nichts zu verbessern. Aber davon habe ich nichts. Ich bin trotzdem mit meinem Problem allein. Egal, ob ich mich dem »hingebe« oder nicht.

Eigentlich bin ich immer allein, denke ich. Kein Weiser der Welt kann das ändern. Ich wäre sogar auf mich allein gestellt, selbst wenn ich keine Probleme mehr hätte und superglücklich wäre. Jeder ist allein. Ich kann es greifen, dieses »Grundalleinsein«. Es ist etwas völlig anderes als Einsamkeit. Es umfängt mich wie ein kühler, großer, leerer Saal, in dem es keine Geräusche gibt, nur große Fenster. Es gibt keine Ausreden mehr, keine Ausflüchte. Niemanden, der einem Honig ums Maul schmiert. Ich muss die Kraft allein in mir selbst finden, denke ich. Und ich werde sie finden. Mit mir selbst als Weggefährtin. Also bin ich doch nicht ganz allein. Ich selbst bin ja auch wer.

Irma hat mir mal gesagt, dass eine Raupe sich komplett auflöst, bis auf das Herz, das bleibt. Erst, wenn sie sich aufgelöst hat, kann sie zum Schmetterling werden. Das fällt mir jetzt ein.

Als ich mein Rad aufschließe, ist mein Fahrradkorb weg. Geklaut. Ich setze mich aufs Rad und fahre los. Eine Windbö kommt auf. Staub fliegt mir ins Gesicht, und eine dünne Plastiktüte erhebt sich in die Luft. Ich kneife die Augen zusammen. Ungeduldig und mit Tatütata lärmt sich ein Krankenwagen seinen Weg quer über die Fahrspuren, obwohl kaum Verkehr ist. Ich bleibe vor einer roten Ampel stehen.

Es macht keinen Sinn, sich im Leben nur die Rosinen herauspicken zu wollen. Das Leben braucht mich für die guten und die grauenhaften Zeiten. Es braucht mich mit allem: mit Gedanken, Gefühlen, Dummheiten, Klugheiten, Ego, Nichtego. Überhaupt: dieses Ego! Eigentlich ist es harmlos, es ist eigentlich nur ein eifriger Dünnbrettbohrer. Den kann ich sicher noch für irgendetwas gebrauchen.

Dann kommt mir ein Gedanke, den ich keineswegs ignorieren sollte: Vielleicht geht es gar nicht unbedingt darum, glücklich zu sein. Wahrscheinlich geht es nur darum, seinen Weg immer weiterzugehen. Und wenn dabei das Herz einen Spalt offensteht, damit Luft und Licht hereinkommen können, schadet das auch nicht.

Die eigentliche Reise geht jetzt erst richtig los. Nun habe ich das Herzklopfen, das ich vor der Satsang-Tür vermisst habe. Ich fühle mich von oben bis unten lebendig. Und, ja, glücklich.

Die Ampel schaltet auf Grün. Ich trete aufgeregt in die Pedale und sehe mein Gummistiefelmädchen mit dem kurzen Pony, für das ich Spaghettieis mit süßer Erdbeersoße in mich geschaufelt habe, bis es mir schmeckte: »Alles ist der Kuchen.« Genau. Alles ist der Kuchen.

Die Geschichte danach

Ich betrete den Fahrradladen, um mir einen neuen Fahrradkorb zu kaufen, als mir ein kleines blondes Mädchen mit einem pinkfarbenen Kinderfahrrad zwischen die Beine fährt. Nun muss sie rückwärts fahren, weiß aber noch nicht, wie sie das auf dem sperrigen Gefährt bewerkstelligen soll. Hilfesuchend sieht sie sich um, als eine mir bekannte Männerstimme »Lulu« ruft. Lulu?!

»Papa!«

Die Kleine bleibt mit ihrem Rad einfach stehen und wartet ab. Ich auch. Und dann kommt Tim. Tim, der Papa dieser süßen Kleinen. Er hat mindestens zehn Kilo zugenommen. Er dreht ihr Rädchen um, sie pest glücklich los, quer durch den Laden, und er guckt mich überrascht an.

»Ich brauche einen Fahrradkorb«, erkläre ich meine Anwesenheit. Es klingt, als sei es die Erläuterung für meine Existenz hier auf Erden.

»Aha«, sagt er. »Lulu kriegt ein Rad zum Geburtstag.«

Er betont es so, als hätte ich ihn danach gefragt.

»Sie ist groß.«

»Ja, sie fängt schon an zu lesen, das macht sie ganz allein.«

Er klingt stolz. In diesem Moment kommt Lulu mit einer Frau zurück. Sie hat lange blonde Haare, lange schwarze Wimpern, lange Beine und volle Angelina-Jolie-Lippen. Sie ist perfekt. Und ich habe mich eine Zeit lang immer gefragt, was sie hat, das ich nicht habe. Außer Sehnenscheidenentzündung …

»Das ist Arielle«, sagt Tim, und ich kapiere nicht ganz.

»Arielle wie die Meerjungfrau?«

Er nickt leicht genervt. Das hat er sicher noch nie gehört. »Sie ist Halbitalienerin.«

Die Sehnenscheidenentzündung heißt wie die Meerjungfrau. Und jetzt spricht sie auch noch: »Lulu hat sich entschieden. Sag, welches du willst.«

Die Meerjungfrau hat sogar eine schöne Stimme und beugt sich leicht zu dem Kind hinunter.

»Das rosane«, sagt Lulu.

»Das rosafarbene«, korrigiert die Meerjungfrau.

Es ist unbeschreiblich, wenn man den Moment erkennt, in dem das allerletzte Fitzelchen Hoffnung stirbt, das einen irrtümlich hat glauben lassen, man hätte den Kerl schon vor Urzeiten diskreiert, verarbeitet, umgedreht, weggeklopft, wegmeditiert und ausgemerzt. »R.I.P. Tim« lese ich in großen Lettern auf dem imaginären Grabstein vor meinem inneren Auge. Und ich beobachte fasziniert, wie es ist, dabei kerzengerade stehen zu bleiben

291

und dazu zu lächeln. Es ist wie ein kleiner Tod, der kommt, sticht und einen anschließend erleichtert.

»Arielle, das ist Maria«, stellt er mich vor. Sie sagt von Weitem »Hallo« und folgt Lulu, die eine bunte Fahrradklingel weiter hinten entdeckt hat. Die Meerjungfrau hinkt dem Kind hinterher.

Tim erklärt: »Sie hatte einen Sportunfall, das Knie ist steif. Die Ärzte haben Mist gebaut.«

»Das tut mir leid«, sage ich irritiert und bringe den kleinen Rest abflauender Eifersucht nicht mit meinem aufwallenden Erstaunen unter einen Hut: Die Meerjungfrau ist nicht makellos.

»Das war damals im Sommer, beim Filmfest«, fährt er fort. Nun weiß ich, was er mir Wichtiges erzählen wollte, nachdem er meine Gulaschsuppe aufgegessen hatte. »Aber ich wollte dich nicht damit belasten.«

Bevor ich etwas darauf erwidern kann, öffnet sich die Ladentür, und ein weiterer Kunde kommt herein. Er wird mir als der Bruder von Arielle vorgestellt, Roberto. Groß, sportlich, mit dunklen Augen, die blitzen können.

»Er ist Maler«, sagt Tim, und Roberto nickt mir zu. Sehr freundlich nickt er mir zu und schaut mich dabei an und hört nicht auf, mich anzuschauen, sehr nett anzuschauen, um dann schließlich seine Schwester im hinteren Teil des Ladens zu suchen. Als er sie gefunden hat, schaut er mich noch mal an. Noch mal freundlich und nett und augenblitzend. Ich selbst schaue ihn kaum an, denn ich bin gerade dabei, Tim zu beerdigen, und fände es pietätlos, auf der Beerdigung meiner langjährigen Glücksprojektionsfläche mit einem anderen Dahergelaufenen zu flirten.

Ich frage, ob Roberto eine Kunstausstellung hier hat, und Tim sagt: »Nein, er streicht unsere Wohnung.«

»Ach so.« Ich werde rot. Und Tim grinst sein unwiderstehliches, hintergründiges Lächeln, das mich nach seiner Beerdigung aber überraschend kühl lässt.

Dann rieche ich mit einem Mal, wie sehr es hier nach Gummireifen und Kettenöl stinkt, und ich suche den Korb für mein Rad aus, zahle sehr schnell und wünsche allen noch einen schönen Tag. Lulu winkt mir, als ich hinausgehe, und dabei erinnert sie mich sehr an mein Gummistiefelmädchen.

Ich schlendere die Straße entlang. Es wird langsam dämmrig. Ich verdaue Tim, Lulu, die Meerjungfrau und ihren Bruder, indem ich mir überlege, was ich mir zur Belohnung heute Abend kochen werde, werfe einen Blick in ein Schaufenster, bleibe stehen und betrachte mich selbst in der Scheibe.

Das bin ich, daran gibt's nichts zu rütteln. Akzeptabel. Ich richte mich auf, recke das Kinn. Ich kontrolliere meine Haltung im Schaufensterglas und finde mich plötzlich in der spannungsvollen Ausgangsposition für eine Pirouette wieder. Ich hebe langsam vor meinem Spiegelbild die Arme, leicht angewinkelt auf Brusthöhe, grazil, halte den Kopf gerade, nehme Schwung und drehe mich.

»Focus, focus, focus!« Ich höre Kim, die Jazzdancetrainerin aus der Hamburger Schauspielschule. Sie feuert mich an. Mir wird schwindlig. Aber ich drehe mich noch einmal um die eigene Achse und lande stabil auf der gleichen Stelle.

Das war sie! Die perfekte Pirouette! Aus dem Stand heraus, nach zwanzig Jahren ohne Tanztraining. Zwar verwackelt, aber dennoch perfekt. Ich habe es auf einmal sehr eilig, nach Hause zu kommen. Ich stürme durch die Wohnungstür, werfe den Schlüssel auf die Anrichte, schleudere meine Tasche auf das Sofa und eile zum Schreibtisch.

Ich krempel die Ärmel hoch. Noch im Stehen klappe ich mein Notebook auf, öffne ein leeres Dokument. Der Cursor blinkt erwartungsvoll wie immer. Ich setze mich. Plaziere meine zehn Finger auf der Tastatur und tippe die ersten Worte nach einem Jahr, zwei Monaten, drei Wochen und drei Tagen in das leere Dokument. Meine Finger brechen nicht ab, und die Buchstaben sind noch an der gleichen Stelle auf der Tastatur wie damals. Ich kann es noch!

Nach der dritten Seite klingelt das Telefon. Es ist Doris. Sie klingt verstört.

»Was ist denn?«, frage ich.

»Es ist so stark«, schluchzt sie in den Hörer.

»Was denn, Doris?«, frage ich noch einmal, nun besorgter.

»Es sind die Buchstaben!«

»Welche Buchstaben?« Ich überlege, welcher Arzt ihr am besten helfen könnte.

»Entschuldigung, ich krieg mich gleich wieder ein.« Ich höre, wie sie sich die Nase schnäuzt. »Ich lerne eine neue Handschrift. Und das lässt meine gesamte bisherige Persönlichkeit bröckeln.«

»Das klingt aber gar nicht gut«, bemerke ich. Nach allem, was ich in den letzten Jahren gelernt habe, ist die Persönlichkeit das Einzige, was einen davon abhält, »nichts« zu sein. Sie ist die kostbare Schutzmaske, die einen vor der völligen Erleuchtung bewahrt, vor dem Nichts-Sein ebenso wie vor dem Nicht-Sein! Ich will schon eine Warnung aussprechen, aber sie lässt mich nicht zu Wort kommen.

»Dein ganzes menschliches Potenzial kommt neu zum Vorschein. Ich bin gerade beim Ypsilon, und das steht für Selbstakzeptanz. Ich merke einfach, wie wenig ich mich immer noch selbst akzeptiere.« Sie fängt sich allmählich wieder.

»Hör doch einfach auf mit dem Ypsilon, das braucht man ohnehin so wenig«, rate ich ihr.

»Nein, es ist toll, verstehst du?« Jetzt hat sie zu ihrer alten Form zurückgefunden und holt Luft. »Du musst dir das Buch kaufen. Es ist perfekt für dich. Jeder Buchstabe steht für einen anderen Aspekt deiner Persönlich –«

Ich falle ihr entschlossen ins Wort und sage, dass das Buch sicher wunderbar sei, ich aber leider keine Zeit mehr für solche Dinge habe und jetzt auflegen muss. Und dann warte ich keine Antwort mehr ab, lege wirklich auf und schreibe weiter, bis mir vor Müdigkeit die Augen zufallen.

Am nächsten Tag sortiere ich in einer Schreibpause sämtliche Selbsthilfebücher aus meinem Regal aus. Nachdem ich erfolglos versucht habe, sie in der brandneuen Disziplin des Sachbuchweitwurfs aus dem fünften Stock in den vorbeifahrenden Müllwagen zu werfen, lasse ich sie in den darauffolgenden Tagen sukzessive auf Münchens U-Bahn-Sitzen, in Umkleidekabinen des Yogastudios und auf dem Fenstersims im Müllraum liegen. Das bereitet mir ein diebisches Vergnügen. Ich fühle mich wie der Osterhase und das Christkind in einem. Mögen die Finder sich daran erfreuen!

Wieder klingelt das Telefon. Ich gehe vorsichtshalber nicht ran. Aber dann spricht ein Mann auf meinen Anrufbeantworter: Es ist Roberto. Ich nehme sofort den Hörer ab. Er lädt mich zu seiner Ausstellungseröffnung ein. Ich frage nicht nach, ob er neben Tims Wohnung nun auch irgendwelche Ausstellungsräume gestrichen hat (und verfluche Tim im Nachhinein, dass er mich veralbert hat). Die Vernissage sei am Freitag, sagt Roberto. Er sagt, er würde sich sehr freuen, wenn ich dabei sei. Er wolle wissen, was ich von seinen Bildern halte. Er arbeite abstrakt.

Ich antworte: »Okay, ja, vielleicht hab ich Zeit. Das heißt, ich hab sicher Zeit. Oder, sagen wir so: Ich werde es einrichten, dass ich sicher Zeit habe.«

Ich werde schon wieder knallrot. Früher bin ich nie so rot geworden. Das kommt durch die gesteigerte Sensitivität bei der Selbstsuche. Man wird so durchlässig und sensibel, dass man sogar unterscheiden kann, ob eine Ameise an einem Reizhusten oder einem Bronchialkatarrh leidet.

Ich merke, dass Roberto am Telefon lächelt. Wahrscheinlich blitzen seine Augen dazu.

»Ich schreibe nämlich ein Buch«, entschlüpft es mir.

»Oh«, sagt er. »Es würde mich interessieren, was du da schreibst.« Er bekräftigt noch einmal das eben Gesagte: »Ich würde mich sehr freuen, dich wiederzusehen.«

Dann ist da diese lange Pause, in der mein Herz anfängt zu galoppieren. Ich lege auf und lasse mich in meinen Schreibtischstuhl plumpsen. Ich habe eine Verabredung! Nicht irgendeine. Eine besondere.

In meiner Vorfreude ploppt eine Mail in mein E-Mail-Fach. Von Christine aus der Mädelsgruppe. Sie leitet mir eine Information

295

weiter, nach der es seit Kurzem eine Schauspielergewerkschaft gibt, die sich für die Rechte von uns Filmschaffenden einsetzt. (Damit wir nicht wegen skrupelloser Gagen- und Produktionskürzungen unter der Brücke landen, was viel unangenehmer wäre, als wegen Erleuchtung.) Ich werde sofort Mitglied. Meine Bemühungen, mit Hilfe von Byron Katies Satz-Hinterfragungs-Methode die Filmbranche zu retten, waren also nicht umsonst ...

Die Welt ist ganz schön schön, denke ich. Und die Leute, die in ihr leben, sind es auch. Ich scrolle die Seiten zurück zum Anfang meines Manuskripts und lese, was ich vielleicht in absehbarer Zeit Roberto vorlesen werde, wenn es ihn wirklich – hoffentlich – so brennend interessiert:

Ich betrete als Erste den Tanzsaal der Schauspielschule in Hamburg, stelle meine Wasserflasche ab und gehe in die Mitte des Raums ...

Sobald du dir vertraust,
sobald weißt du zu leben.

JOHANN WOLFGANG VON GOETHE

Danke schön, ihr seid bezaubernd

Das Schreiben dieses Buches hätte mir längst nicht so viel Spaß gemacht, wenn ich nicht all die wunderbaren Menschen in meiner Nähe gehabt hätte, die über viele Jahre zu meinen Freunden, Verbündeten, Seelengefährten, Traumtanzpartnern, Mitkriegern und Lebensgenießern geworden sind.

Ich danke: Andrea Kunstmann vom Ludwig Verlag für ihr Vertrauen und ihre Offenheit; Christine Paro Bolam, durch die ich so manchen Knoten im Hirn lösen konnte, für ihre Liebe zur Welt der Worte, der Kreativität und zum Leben; Barbara Imgrund, der Lektorin dieses Buches, für die inspirierende Zusammenarbeit; Herbert Hofmann für seine liebevolle Unterstützung und sein gutes Gespür; Martin Kraus für seinen Glauben an mich; Martin B., Deva Rani und Manadeva, Agnes A.; Margit, Susanne, Ursula, Norbert, Sabine, Andrea, Nadine, Ingrid W., Horst – ruhe sanft –, Oliver B., Eveline, René, Wolfgang, Udo Lindenberg, Kim Moke, Sigrid Andersson, Ingrid T., Kirsten und Joe aus dem hohen Norden sowie Maduria und dem Frauenboxverein München. Danke auch an Dominique, Petra, Ditte, Katja und Katarina. Besonderen Dank meinen vielfältigen Lehrern, Weisen, Mitmenschen und Coaches, an denen ich mir zuweilen die Zähne ausgebissen habe, die einen Logenplatz in meinem Herzen haben und die über die Jahre dafür gesorgt haben, dass es immer wieder überfließen kann wie der Schokoladenbrunnen auf den Film-Events.

Literatur

Bachmann, Maria: *Fühl dich und sei frei! Der Weg zur Freundschaft mit dir selbst*, München: Integral 2008

Bolam, Christine: *Kreativität ... Die Kunst im Fluss zu sein*, Bielefeld: Kamphausen 2005

Cameron, Julia: *Von der Kunst des Schreibens und der spielerischen Freude, Worte fließen zu lassen*, München: Knaur 2003

Cameron, Julia: *Der Weg des Künstlers. Ein spiritueller Pfad zur Aktivierung unserer Kreativität*, München: Knaur 2009

Chopich, Erika C. und Margaret Paul: *Aussöhnung mit dem inneren Kind*, Berlin: Ullstein 2009

Dethlefsen, Thorwald: *Schicksal als Chance. Das Urwissen zur Vollkommenheit des Menschen*, München: Goldmann 1998

Franke, Rainer und Ingrid Schlieske: *Klopfen Sie sich frei. M.E.T – Meridian-Energie-Techniken. Einfaches Beklopfen zur Selbsthilfe*, Reinbek: Rowohlt Taschenbuch Verlag 2006

Gangaji: *Der Diamant in deiner Tasche. Licht und Liebe in sich entdecken*, München: Goldmann 2009

Hay, Louise L.: *Heile deinen Körper*, Berlin Lüchow 2003

Kampmann, Irmgard (Hrsg.): *Meister Eckhart Brevier. Worte für jeden Tag*, München: Kösel 2010

Katie, Byron: *Eintausend Namen für Freude. Leben in Harmonie mit dem Tao*, München: Goldmann 2012

Katie, Byron: *Ich brauche deine Liebe – stimmt das? Liebe finden, ohne danach zu suchen*, München: Goldmann 2012

Katie, Byron: *Lieben was ist. Wie vier Fragen Ihr Leben verändern können*, München: Goldmann 2002

LeClaire, Anne D.: *Die Entdeckung des Schweigens. Vom Glück der Stille in einer Welt, die den Mund nicht mehr hält*, München: Ludwig 2009

Maharshi, Ramana: *Sei, was du bist! Die wichtigsten Lehren des großen indischen Weisen*, München: O.W. Barth 1990

Mohr, Bärbel: *Bestellungen beim Universum. Ein Handbuch zur Wunscherfüllung*, Aachen: Omega 2004

Osho: *Das Orangene Buch. Die Osho Meditationen für das 21. Jahrhundert*, Köln: Innenwelt 2008

Osho: *Mut. Lebe wild und gefährlich*, Berlin: Ullstein 2009

Riemann, Fritz: *Grundformen der Angst*, München: Reinhardt 2009

Scheinfeld, Robert: *Raus aus dem Geld-Spiel. Ihr Wegweiser für den täglichen Kampf ums liebe Geld. Ändern Sie die Regeln – dann gewinnen Sie!*, Kulmbach: Börsenmedien 2007

Tolle, Eckhart: *Jetzt! Die Kraft der Gegenwart*, Bielefeld: Kamphausen 2010

Tolle, Eckhart: *Leben im Jetzt. Lehren, Übungen und Meditationen aus »The Power of Now«*, München: Arkana 2002

Alles fließt – nicht nur Champagner

Kann die Philosophie uns tatsächlich helfen, unseren Schuhtick zu bewältigen? Die Unvollkommenheit unserer besseren Hälfte zu tolerieren? Mit körperlichen Problemzonen Frieden zu schließen? Ja, sie kann! Das beweist Autorin Rebekka Reinhard in über 50 witzig-augenzwinkernden Miniaturen, die sich typisch weiblichen Lebenssituationen widmen und Trost und Rat in Form von philosophischen Zitaten bieten.

REBEKKA REINHARD

WÜRDE PLATON PRADA TRAGEN?

Philosophische Überlebenstipps für den Lifestyle-Dschungel

LUDWiG

ISBN 978-3-453-28029-8
Leseprobe auf ludwig-verlag.de

LUDWiG
Bücher für das wahre Leben